高等职业教育市场营销专业精品教材

U0966003

消费者行为分析

CUSTOMER BEHAVIOR ANALYSIS

主　编　庄小将

副主编　孙海哨　梁纪尧　王　曦

中国轻工业出版社

前言

消费者行为是伴随商品经济发展而产生的一种经济现象。在以消费者需求为导向的现代市场经济背景下，消费者的需求、心理及行为已经成为企业制定营销策略的基础。忽视消费者心理也就意味着企业无法取得最大的营销和经营效果。因此，消费者行为研究在市场营销理论体系中占据着越来越重要的核心地位。

从我国来看，改革开放以来，经济飞速发展，国内消费市场也不断扩大和充满生机，消费者的消费理念、消费方式、消费结构均不断发生着变化。无论是企业营销人员，还是研究人员，都对消费者行为的变化投入了更多关注。如何将理论联系实际，更好地服务百姓，对提高我国居民消费文明和消费质量具有重要的现实意义。在这种思想的指导下，我们编写此书时着重体现下面三点特色:

（1）新颖性。本书广泛借鉴国内外研究的最新成果，力求反映消费者行为研究领域发展的最新水平，并尽可能反映我国的营销实践。部分案例来自于最新的企业实践。

（2）系统性。本书的内容设置和章节安排，都遵循结构紧凑、条理清晰、知识系统化和便于读者理解的理念。本书围绕消费者决策、影响消费者行为的个体因素、影响消费者行为的外部因素的三条主线展开。

（3）应用性。本书通过大量企业实例，深入浅出地阐述了有关消费者行为规律的理论，每章开篇均以典型案例引导，便于读者有效地理解理论知识，再由这些理论联想到实际的经济环境，使本书更具应用性。

书中参考和引用了众多专家和学者的珍贵资料，在此向有关作者表示谢意！

消费者行为学是一门新兴学科，其研究内容有待进一步拓展。由于作者能力和水平有限，书中不当之处在所难免，敬请专家学者及广大读者批评指正。

编　者

目录

第1章

消费者行为学概述

学习目标

- 理解消费者行为的核心概念
- 了解消费者行为学产生和发展的历程
- 了解消费者行为研究的意义和方法
- 掌握消费者行为学研究的内容体系
- 掌握消费者行为学的研究方法

导引案例

当今市场，企业想要获得优异的营销业绩，需要时刻关注消费者行为模式的特征及其变化。根据埃森哲公司多年来对消费者行为模式的跟踪分析，认为当今消费者的行为模式可以归结为“不间断购物体验模型”。

在不间断购物体验模型中，评估成了所有环节的核心，而不像以往那样各项工作都围绕“购买”展开。现如今，消费者即使购买后也常常会重新评估自己的决定以及其他的备选方案。他们总会不停地反问：如果我再多看一个地方，是不是会发现更便宜的价格？我知道所购产品已经发出，但不知能否取消订单？随着获得越来越多的新信息，客户也变得比以往任何时候都更容易改变想法。就本质而言，不间断购物体验模型反映出了购物体验——客户在各种特定渠道中所进行的一系列购物活动——在一些关键方面发生了根本性的转变。具体来说，当今的消费者购物模式体现为以下特征：

第一，当今消费者的购物过程更加动态化。借助技术的推动，目前消费者已经可以在某些渠道内（或跨渠道）轻易控制并改变自己的购物路径，以随时满足自身的需求。虽然今天购物者的购买途径已不同于传统的“漏斗”式过程，有些新路径可能仍为直线形，但更多时候会是非线性的，比如环形和“之”字形过程。

第二，当今消费者的购物过程更加便捷化。摆在消费者面前的选择已达到了前所未有的多样化，任何一家企业都无法完全进行掌控。此外，来自第三方的影响力正在不断增加，其影响范围也在不断拓宽。消费者在各方面都有着多种选择，可以随时随地进行购物，而各家企业也都有机会成为备选方和提供方。同时，在这样一种更为开放的环境中，消费者在购买消费品方面对企业提出了更高的透明度要求，即使企业使用消费者数据仅仅是用于提升自身的业务水平，也必须满足消费者对透明度的相关要求。

第三，当今消费者的购物过程更加持续化。前不久，消费者很可能会面临这样的困境：星期六就已考虑购买某产品，却不得不等到下星期四(周四商店打烊较晚)才来得及在下班后赶去买下它。然而，今天的数字技术、移动技术和社交技术使这样的“时差购物”一去不复返，不受时间限制的网上商品销售，只需轻点鼠标，便可完成购物，这也意味着消费者几乎时时刻刻都会在渠道中关注相关信息。不过，随时购物并非只有好处:它很容易让消费者在面对太多“评估”时苦苦纠结，难以做出最终的购买决定。当消费者对于评估表现出不耐烦甚至濒临崩溃时，他们很可能会一时冲动，随意买下自己最后所见的商品，或者干脆放弃购物。

面对消费者购物模式的这些新特征，更需要企业去分析、关注消费者心理与行为的规律，从而更好地指导企业的营销实践。

资料来源：根据埃森哲公司市场调研报告《满足不间断的购买行为》改写。

1.1 消费者行为的内涵与特征

1.1.1 消费者行为的内涵

消费者行为是指消费者在寻求、购买、使用、评价和处理他们期望能够满足自己需求的产品和服务过程中所表现出来的行为。消费者行为研究关注的是消费者如何把他们拥有的资源（比如时间、金钱、精力、体力等）分配到与消费相关的各种事物上并做出决定，这主要包括消费者购买什么、为什么购买、什么时候购买、在哪里购买、购买的频率如何。用什么方式购买（比如用什么支付方式购买）、产品如何使用、使用的频率、购买和使用后对产品如何评价、一次购买如何影响以后的购买、如何处理这些产品等问题。

人们的消费生活可分为宏观的消费生活和微观的消费生活。从宏观的角度来看，宏观的消费生活关系反映了整个社会经济发展的状况与水平。所以，经常看到对宏观消费的分析和研究中，关注消费支出在收入支出中所占的比重、消费者为将来生活的储蓄以及在消费总支出中具体支出所占的比重等，这些都是从宏观视角对消费生活的分析与研究。从微观视角来看，个体消费者的消费行为实际上是一种选择性的行为。也就是说，每个消费者购买、使用、使用后处置产品的整个行为过程，都带有选择性。

1.1.2　消费者行为的特征

（1）消费者行为不仅仅是购买活动，还包括多项活动和内容

一般来说，我们可以将消费者行为分为购买前、购买中和购买后三个阶段，每一个阶段都包含许多活动在内。在这些活动当中有些是消费者认知决策的结果，例如消费者在购买一台高价格的单反照相机时，通常会多方面地搜集信息，并且会理性地对各种备选方案进行对比分析，这就属于深思熟虑型消费行为，其购买是认知决策的结果。但有些消费行为却是在无意中发生的，比如一些尝试性购买行为、偶发性购买行为等。所以对于市场营销人员来说，若要了解和把握消费者的行为，就必须了解多项活动和内容，而不仅仅是消费者购买那一刻的行为。

（2）消费者行为可被视为一种程序和过程

消费者行为可以被分解为一定的程序和步骤，比如像上面所说的，把消费者行为分为购买前、购买中和购买后三个阶段，各个阶段次序不能颠倒，并且每一阶段都包含一连串有次序的活动。也可以再稍微复杂一些，把消费者行为分为问题认知、信息搜集、方案评价、实施购买、购后行为五个阶段。因此，营销人员可以以此程序和过程作为架构来考察消费者在每一阶段的活动，并提炼出其中的理论规律，用来指导营销实践。当然，消费者并非对所有商品的购买都会经历这些阶段，有些购买非常简单，不需要这么多的阶段。

（3）消费者行为过程包含许多不同的参与者

在消费者行为的整个过程中，可能有多个不同的参与者，比如有些学者将消费过程中的参与者分为提议者、影响者、决策者、购买者和使用者五种角色类型。实际上，同一个消费者也可能不仅仅扮演一种角色，而可能在不同阶段扮演多种不同的角色。对市场营销者来说，应该理解各种角色的不同作用，从而能够针对每一个角色实施相应的营销策略。

（4）消费者行为具有异质性特征

上述所提及的消费者行为特征代表的是消费者行为所普遍具有的共同特征，但是在对消费者行为的研究中，也一定不能忽略消费者行为中存在着独特性和差异性这一事实。例如，我们认为消费者行为是分程序和过程的，但不同消费者对这一阶段的重视程度不一样，在每一阶段投入的时间和精力不一样，每一阶段的复杂程度对不同消费者来说也不同。正因为存在着消费者之间的差异，市场营销者可以并且应该利用这种差异来进行消费者市场细分，从而针对不同的消费者实施不同的营销策略。

1.2 消费者行为学的基本概念

在市场竞争日趋白热化的今天，能否正确了解消费者的个性消费需求、掌握消费者的购买动机和有针对性地实施营销策划成为商家成功与否的关键。人的行为往往并不都是外露的，影响消费者行为的许多因素常被埋在消费者内心深处。显然，把握消费者行为具有很大的难度，但作为企业营销人员，必须通过科学而客观的方法对消费者行为进行观察和实际调研，并为企业制定正确的营销方案提供有效的决策参考。研究消费者行为必须深刻理解消费、消费品市场、消费者、消费者的影响者与消费者行为的概念，这5个概念具有丰富的内涵，且密不可分。

1.2.1 消费

消费（Consumption）是人类通过消费品满足自身欲望的一种经济行为。具体来说，消费包括消费者的消费需求产生的原因、消费者满足自己的消费需求的方式、影响消费者选择的有关因素。消费又可分为生产消费和个人消费。前者指物质资料生产过程中的生产资料和生活劳动的使用和消耗。后者是指人们把生产出来的物质资料和精神产品，用于满足个人生活需要的行为和过程，是“生产过程以外执行生活职能”。它是恢复人们劳动力和劳动力再生产必不可少的条件。

图1-1所示为消费中涉及的货币、超市和银行卡。宏观经济学中，消费指某时期一人或一国用于消费品的总支出。严格地说，消费应仅指这一时期中那些完全用掉了的消费品。但在实际上，消费支出包括所有已购买的商品，而这其中许多商品的使用时间要远远超出考察时期，如家具、衣物和汽车等。

通常讲的消费，是指个人消费，生产决定消费，消费反过来影响生产。因为只有在消费中产品才成为现实的产品，并创造出新的生产需要。生产的目的是消费，但并不都是为了消费。

例如，资本主义生产就是以剥削雇用人创造的剩余价值为目的，这就决定了劳动人民的消

图1-1 消费

费被限制在很狭小的范围内。劳动人民消费水平的低下又阻碍甚至破坏生产的发展，经济危机就是一个突出的例子。社会主义制度下，社会生产的目的是满足人们日益增长的物质文化生活的需要，这就消除了生产和消费的对抗性矛盾。并且消费也成为推动整个社会生产发展的强大动力。

1.2.2 消费品市场

消费品（Consumer Goods）是用来满足人们物质和文化生活需要的那部分社会产品。也可以称作“消费资料”或者“生活资料”。消费品按满足人们需要层次分，有生存资料（如衣、食、住、用方面的基本消费品）、发展资料（如用于发展体力、智力的体育、文化用品等）、享受资料（如高级营养品、华丽服饰、艺术珍藏品等）。按使用时间长短分，有短期使用的普通消费品和可供长期使用的需用消费品。根据消费者的购买行为和购买习惯，消费品可以分为便利品、选购品、特殊品和非渴求品四类。

便利品（Convenience Goods）：是指消费者要经常购买、反复购买、即时购买、就近购买、惯性购买，且购买时不用花时间比较和选择的商品。

选购品（Shopping Goods）：是指顾客对使用性、质量、价格和式样等基本方面要作认真权衡比较的产品，如家具、服装、旧汽车和大的器械等。选购品可以划分为同质品和异质品。

购买者认为同质选购品的质量相似，但价格却明显不同，所以有选购的必要。销售者必须与购买者“商谈价格”，但对顾客来说，在选购服装，家具和其他异质品选购品时，产品特色通常比价格更重要。经营异质选购品的经营者必须备有大量的品种花色，以满足不同的爱好；他们还必须有受过良好训练的推销人员，为顾客提供信息和咨询。

特殊品（Specialty Goods）：是指具有特定品牌或独具特色的商品，或对消费者具有特殊意义、特别价位的商品，如具有收藏价值的收藏品以及结婚戒指等。

非渴求品（Unsought Goods）：是指消费者不熟悉，或虽然熟悉，但不感兴趣，不主动寻求购买的商品，如环保产品、人寿保险以及专业性很强的书籍等。

非渴求品有以下两种类型：

①新的非渴求品（New Unsought Product）：是指那些的确提供潜在客户所不知道的新理念的产品。信息含量大的促销活动能帮助说服顾客接受产品，并结束其非渴求状态。达能酸奶、立顿（Lipton）微波炉以及索尼（Sony）卡式录像机如今已非常流行，但在刚开始时它们属于新的非渴求品。

②常规非渴求品（Regularly Unsought Product）：是指那些（如墓碑、人寿保险以及百科全书）仍然处于非渴求状态，但并非一直如此的产品。需求可能存在，但潜在客户却并未激起购买欲。对于这些产品，人员推销十分重要。许多非营利组织试图“推销”它们的非渴求产品。例如，红十字会一般会以献血车上街宣传的方式来提醒潜在的血液捐赠者，献血是如何重要。

消费品市场是整个市场体系的基础，所有其他的市场都是由它派生出来的。所以，消费品市场是社会再生产中最后的市场实现过程，它体现了社会最终供给与最终需求之间的对立统一关系。

消费品市场具有以下特点：

①消费品市场涉及千家万户和社会的所有成员，全社会中的任何一个人都是消费者。

②消费品市场因社会需求结构、形式的多样性、多变性而呈现出多样性和多变性的特点。

③市场交易量不一定很大，但交易次数可能很多。消费品市场与人们的日常生活息息相关，它体现了社会再生产过程最终的市场实现，反映了消费者最终需求的变化。作为最终产品市场，消费品市场与其他商品市场密切相关，集中反映着整个国民经济的发展状况。

消费品市场具有以下作用：

①资金市场的发展始终受消费品市场的制约，当消费品市场景气时，供给和需求会拉动社会投资增加，进而活跃资金市场。

②消费需求增加和市场交易对象扩大，进一步刺激供给增加，生产规模扩大，这也将导致劳动力市场上对劳动力需求的增加。而消费品供给的满足程度，又直接决定了劳动力质量。

1.2.3 消费者

在现实生活中，同一消费品或服务的购买决策者、购买者、使用者可能是同一个人，也可能是不同的人。例如，大多数成人个人用品，很可能是由使用者自己决策和购买的，而大多数儿童用品的使用者、购买者与决策者则很有可能是分离的。如果把产品的购买决策、实际购买和使用视为一个统一的过程，那么，处于这过程任一阶段的人，都可称为消费者。

关于消费者的概念，在各国法律中，以及各国部门法中不尽相同。美国《布莱克法律词典》认为消费者是那些购买、使用、持有、处理产品或服务的个人。我国《消费者权益保护法》虽然并未明确规定消费者的定义，但是该法的第二条中将“为生活消费需要购买、使用商品或者接受服务”的行为界定为消费者行为。可以看出，消费者是指为生活消费需要购买、使用商品或者接受服务的公民个人和单位。

我国的消费者具有以下法律特征。

①消费者的消费性质属于生活消费。消费者的生活消费包括两类：一是物质资料的消费，如衣、食、住、行、用等方面的物质消费；二是精神消费，如旅游、文化教育等方面的消费。

②消费者的消费客体是商品和服务。商品指的是与生活消费有关的并通过流通过程推出的那部分商品，不管其是否经过加工制作，也不管其是否为动产或不动产。服务是指与生活消费有关的有偿提供的可供消费者利用的任何一种服务。

③消费者的消费方式包括购买、使用商品和接受服务。商品消费是指购买和使用商品，既包括消费者购买商品用于自身的消费，也包括购买商品供他人使用或使用他人购买的商品。关于服务的消费，不仅包括自己付费、自己接受服务，而且也包括他人付费自己接受服务。不论商品的消费还是服务的消费，只要其有偿获得的商品和接受的服务是用于生活消费，就属于消费者。

对于企业营销活动来说，不仅仅要关注产品的使用者，同时还要重视产品购买者。

图1-2所示为光明牛奶广告。这则光明牛奶广告的目标受众并不是产品的“使用者”，而是购买的“决定者”和“实际购买者”——孩子的家长们，广告文案是：“让宝宝个子大，身体壮”。

图1-2　光明牛奶“木马篇”广告

④消费者的主体包括公民个人和进行生活消费的单位。生活消费主要是公民个人（含家庭）的消费，但生活消费还包括单位的生活消费。一般情况下，单位购买生活资料最后都是由个人使用，有些单位还为个人进行生活消费而购买商品和接受服务。

1.2.4　消费者的影响者

值得一提的是，有时还会遇到这样一些情况：丈夫陪同妻子到商场购物，朋友给自己介绍某种商品，并当参谋；营业员诱导、劝导顾客买下某种商品。以上所讲的“丈夫”“朋友”“营业员”都是以某种方式对消费者产生影响和作用，甚至参与购买决策的人，但他们不能称作“消费者”，根据他们在消费过程中所起的作用和担任的角色，可以称他们为“影响者”。当然，除了亲人和朋友之外，消费者的影响者还包括记者、出版物、网站的经营者和名人等。这些“影响者”也值得企业和营销人员关心，他们的意见对消费者的购买行为会产生影响。

案例链接

美国某企业向市场推出其新产品“方便尿布”时遇到了阻力。“方便尿布”用纸制成，用过一次便弃掉，故亦称“可弃尿布”或“一次性尿布”。在产品推广的初期，广告诉求的重点放在方便使用上，结果销路不畅。后经调查了解，仔细分析消费者的心理，方知该尿布虽然被母亲们认同确实使用方便，省去洗尿布的麻烦，但广告关于省事省力的宣传却使她们产生了心理上的不安：如果仅仅是方便使用而无其他品质，那么，购买、使用这种“一次性尿布”，只是为了母亲图省事，自己好像就成了一个懒惰、浪费的母亲，婆婆因此也会责备自己。

有这样的一个故事：一位年轻的母亲正在给自己的孩子换“一次性尿布”，这时门铃响了，原来是婆婆来家看望孩子。这下搞得母亲很紧张，情急之下，用脚将换下的尿布踢到床下，然后才去给婆婆开门。为什么要把尿布踢到床下？原来怕婆婆看到后有意见。在婆婆看来，给孩子洗尿布是母亲的天职，哪能嫌麻烦呢？给孩子用“一次性尿布”的母亲，必定是一个怕麻烦、懒惰的、对孩子不负责任的母亲。

鉴于此，新的广告策划与策略针对这种心理进行了调整，广告诉求的重点发生了改变。新广告着重突出该尿布的布质更好、更柔软、吸水性更强、保护皮肤，婴儿用了更卫生、更舒服等特点。把产品利益的重点放在孩子身上，淡化了对于母亲方便省事的描述。广告语是："让未来总统的屁股干干爽爽!"。于是，"一次性尿布"就受到了母亲们的普遍欢迎，因为它既满足了她们希望婴儿健康、卫生、舒适的愿望，又可心安理得地避免懒惰与浪费的指责，同时兼顾了两方面的心理满足。从此"一次性尿布"就在美国流行起来。

1.2.5 消费者行为

对于消费者行为概念的认识和理解不同，所识别和考虑的影响消费者行为的关键因素以及基于此而提出的消费者行为分析模型、分析原则和方法也会有所不同。

恩格尔（Engel，1986）等把消费者行为定义为"为获取、使用、处置消费物品所采取的各种行动以及先于决定这些行动的决策过程"。根据这一定义，消费者行为研究不仅要关注消费者是如何获取产品或服务的，而且还要了解消费者是如何消费或使用产品或服务，以及产品或服务在使用或消费之后是如何被处置的，因为消费者消费产品或服务的体验，处置这些产品或服务的方式和感受，都会影响消费者的满意程度和是否重复购买。

莫温（Mowen，1993）从消费者行为学的角度界定了消费者行为。他认为：消费者行为学研究的是购买单位（包括个人和团体）及其在获取、消费和处置商品、服务、经验和观念时发生的交换过程。他强调的消费者行为学作为一门学科所要研究的对象，包括"购买单位"及其发生的交换过程。

所罗门（Solomon，1998）与莫温的定义比较接近，他认为，消费者行为学"是对一系列过程的研究，而这一系列过程正是由于个人或团体的选择、购买、使用或处置商品、服务、计划和经验以满足需求和欲望时所引起的"。他更加强调消费行为的目的，即为了满足需求和欲望，这使他的定义和市场营销的顾客导向理念具有了一致性。

以上定义的不同之处是把消费者行为看作一个过程，另外，这些定义也存在明显的不足：对消费者行为过程中的心理状态、心理过程有重视不够之嫌；对构成或影响消费者行为的关键要素没有在概念中加以识别和反映；由于没有考虑到影响消费者行为的关键变量，这些定义对消费者行为的动态特征也未给予足够的重视。

本书我们更加倾向于采用美国市场营销学会（AMA）的定义："消费者行为是指感情、认知、行为以及环境因素之间的动态互动过程，是人类履行生活中交换职能的行为基础。"这一定义强调了三层重要的含义：①消费者行为包含了感知、认知、行为及环境因素之间的交互作用，研究消费者行为必须了解消费者的感知、认知、行为以及感知、认知、行为相互影响的事件和环境因素；②消费者行为是动态变化的，即个体消费者、消费者群体和整个社会环境随着时间的推移在不断地变化，消费者行为会受到特定时期、特定产品以及特定环境的影响；③消费者行为包含了人类之间的交易，消费者行为是交易职能的行为基础，这使消费者行为的定义与市场营销的定义保持了一致性，市场营销的定义也强调了交易，市场营销就是通过制定适当的战略和策略与消费者进行交易。

案例链接

“孩之宝”的成功之道

美国玩具行业的“孩之宝”跨国公司生产的玩具“变形金刚”，曾在美国市场上非常走俏，在赚了13亿美元之后，“孩之宝”跨国公司将目光瞄准了中国市场。他们认为，中国人目前的收入水平虽然比较低，但独生子女政策的普遍实行使家庭对子女智力开发和教育非常重视，“变形金刚”玩具在中国的市场潜力巨大。

为了扩大“变形金刚”玩具在中国的销售，他们没有采取通常的营销方法，而是首先将一套名为“变形金刚”的儿童动画片无偿赠送给广州、上海及北京等几大城市的电视台播放。半年之后，等我国广大少年儿童对动画片中的“威震天”“擎天柱”耳熟能详、津津乐道时，他们便不失时机地将“变形金刚”玩具大规模地推向中国市场，摆放到各大商场的柜台上。眼看自己梦寐以求的大大小小的各种“变形金刚”呈现在眼前，孩子们兴奋异常，家长们爱子心切，纷纷慷慨解囊，一时间，“变形金刚”玩具风靡中国各大城市。

（资料来源：互联网）

1.3 消费者行为研究的意义和方法

1.3.1 消费者行为研究的意义

（1）有利于增强企业的竞争能力

现今社会的企业竞争日益激烈，市场供求状况的改善和多数商品买方市场的形成，使企业之间的竞争焦点集中到争夺消费者上来，谁的商品或服务能够获得更多的消费者，谁就在竞争中处于优势地位，就能获得较大的市场份额；反之，如果失去消费者，则会丧失竞争力，甚至危及企业的生存。因而，企业为了在激烈的竞争中获得生存和发展，必须千方百计开拓市场，借助各种营销手段获取消费者，满足其多样化的消费需求，巩固和扩大市场占有率。企业要使自己的营销手段取得好的效果，必须加强对消费者行为的研究，了解和掌握消费者心理和行为活动的特点和规律，才能为制定营销战略和策略组合提供依据，将各种营销手段或诱因作用于消费者，来引起消费者的心理反应、激发消费者的购买欲望，进而促进消费者的购买行为的实现。例如，在企业广告宣传方面，可以根据消费者在知觉、注意、记忆、学习等方面的心理活动规律，选择合适的广告媒体和传播方式，提高商品信息的传递与接收的效果，促进企业商品的销售。宝洁公司曾首家开发出商标为“帮宝适”的一次性尿布，这种尿布非常方便，容易使用并且节省时间，但是当这些显而易见的好处在早期的广告和促销活动中被大力渲染的时候，产品的销售却一片苍白。后来，宝洁通过科学的调查研究，洞察问题所在，得知母亲更加关心婴儿的利益，其次才是自己的利益。这一研究使营销策略发生重大转变，新的广告强调“帮宝适”可以保持婴儿更加干爽、更加舒适快乐，由此产品的销量直线上升。实践证明，消费者的需要被满足得越充分，消费者的满意程度越高，其重复购买和劝说别人购买的概率就会越高，企业就越处于一种良好发展的态势。企业只有不断满足消费者的需求，才能具有较强的竞争能力，才能在瞬息万变的市场中应付自如。

（2）有助于引导和帮助消费者，保护消费者权益

在现实生活中，消费者由于商品知识不足、认知水平较低、消费观念陈旧、信息筛选能力较低等原因，致使决策失误、盲目购买、效果不佳，甚至利益受到损坏的现象随处可见。因此，从消费者的角度，加强对消费者心理与行为的研究是必要的。一方面，通过相关知识的普及传播，帮助消费者建立正确的消费观念和消费方式，帮助消费者学会从大量的信息中筛选对自己有用的信息，懂得如何以较少的花费获得更多的收益，提高决策水平，使消费行为更为合理；另一方面，与企业相比，消费者是单个、弱势的，有些企业为了获得短期的利益，采取一些不正当的手段来获得消费者的消费，如企业运用欺骗性或误导性广告、播放有不良社会影响的广告、推销人员采用欺骗或强制等方法迫使消费者去购买他们并不需要也不想买的产品，采用不正当的销售行为等，这些都会给消费者带来利益的损害。因此，了解消费者行为的知识对消费者自己亦有好处。特别是有助于识别一些容易上当受骗的销售手段。例如，一些贩卖者惯用“贱卖”“便宜”的叫卖来引诱消费者，以达到推销次货、陈货的目的；还有一些摊贩雇用“托儿”，造成一种从众的气氛，引诱一些消费者上当受骗。了解这些欺骗手段，可以帮助消费者免受其害。而且，通过研究消费者行为，可以从保护消费者权益的角度，为政府或主管部门拟定公共政策提供依据。

（3）有利于国家制定宏观经济政策

在买方市场占主导的今天，消费者心理活动和行为模式的变化会直接影响市场供求状况的改变，进而对一国的国民经济产生连锁影响。例如，如果消费者物价下跌的心理预期过强，就会出现持币观望的现象，从而使国内的消费不足，市场疲软，国民经济增长速度放缓或出现下滑。作为宏观经济政策和法律制定者的国家机关，必须要了解民众所需，才能很好地制定出与经济、社会福利或其他公共领域有关的政策法律。要了解民众所需，就必须透彻地了解消费者的购买行为与心理规律，把握影响消费者购买行为的个性因素，准确预测消费需求的变动趋势。只有这样，才能促进国民经济健康协调地发展。

1.3.2　消费者行为学的研究原则

（1）客观性原则

消费者行为研究的客观性体现在消费者心理和行为研究的内容与结果是客观存在的。因此，不能随意予以改变。消费者行为研究的方法是客观的。例如，消费者心理和行为研究的调查法、测量方法、文献分析法等都是客观存在的。所以，感性个体的主观购买不应该任意猜测，而应该尊重事实，根据事物的本来面目反映事物。

（2）理论联系实际原则

消费者行为学虽然是一门源于对实践的观察和测量基础上的学科，但是它仍然需要在营销活动中加以检验，这样才能更好地指导企业的营销策划。在进行消费者分析和研究时，要综合分析消费者心理、消费者行为、外在的营销环境和大环境的相互影响，从而能透彻地了解消费者行为及其背后的深层原因。

（3）发展的原则

一切事物都是变化发展的，唯一不变的就是变化本身，所以消费者的心理及行为也不例外。随着社会经济的飞速发展，不同时期人们的消费观念、消费动机、消费结构、消费趋势等

均发生着变化。这就要求在研究的过程中也要坚持发展性原则，不断地把这门科学向前推进，以便更符合消费者的变化。

1.3.3 消费者行为学的研究方法

消费者行为学是以行为科学研究的一般方法为基础，吸纳、借鉴、创新、发展多门学科的研究方法，形成了自己的研究方法体系。消费者行为学研究的方法主要有观察法、实验法、调查法、问卷法、深度访谈法、投射法、隐喻分析、人类学方法、符号学方法等几种。

（1）观察法

观察法，是指研究人员通过对某一消费者外部表现的观察与记录来分析消费者的心理活动，揭示消费者行为规律的一种方法。例如，很多大公司和广告代理商让一些经过训练的研究者到购物场所实地观察顾客的购买行动或去观察消费者在商店、商业街或自己家里的录像。运用观察法，首先应有明确的目标，要事先制订研究计划，还要拟定详细的观察提纲。观察过程中要能够敏锐地捕捉各种现象，并且详细、准确地记录下来，以便及时进行整理分析。只有这样，才能了解消费者的行为反应的特点，分析消费者心理活动的规律，为刺激消费者的行为反应提供策略选择的依据。

观察法可以从不同的角度加以分类，可分为以下几种类型：

①直接观察法和间接观察法。直接观察法是指观察那些正在发生的行为，间接观察法是指对一些隐藏行为的观察。采用间接观察法时，研究人员注意某一行为造成的影响或结果多于注意行为本身。

②公开观察和隐蔽观察。观察者的身份是公开的，并且消费者意识到自己的行为被观察的，就是公开观察。隐蔽观察则是指观察者的身份不公开，而且消费者没有意识到有人在观察自己。

③人工观察法和机械观察法。观察者是研究人员雇用的人员或其本人，这是人工观察法。机械观察法则是运用机械或电子设备来记录顾客的行为或是对营销刺激的反应，如银行使用安全照相机监测使用自动取款机的用户。在技术发展迅猛的今天，机械观察法值得注意。

④结构性观察和非结构性观察。如果将结构观察限定在预先确定的那些行为上，就是结构性观察，对所有出现的行为都进行观察和记录的则是非结构性观察。

（2）实验法

实验法是有目的地严格控制或设定一定的条件，人为地引起某种心理现象产生，从而对它进行分析研究的方法。研究者通过此方法试图研究确定具体的营销刺激，如广告、包装、价格等对消费者反应的影响。在实验过程中，研究人员必须对各种可能影响消费者反应的因素加以严格控制，这样才能检验各种营销刺激与特定的消费者反应。如试用新产品、增加购买量等之间的关系。

实验法有两种形式：实验室实验法和自然实验法。

实验室实验法是指在专门的实验室内，借助仪器、设备等进行心理测试和分析的方法。在设备完善的实验室里研究心理现象，从呈现刺激到记录被试者反应、数据的计算和统计处理，都采用电子计算机、录音、录像等现代化手段，因而对心理现象的产生原因、被试者行为表现的记录和分析都是较为精确的、这种方法因借助仪器会得到比较科学的结果，但是存在无法测定比较复杂的个性心理活动的缺点。

自然实验法是指企业通过适当地控制和创造某些条件，刺激和诱导消费者的心理，或者是利用一定的实验对象对某个心理问题进行试验，最终记录下消费者的各种心理表现。例如，选择具有代表意义的商场，在特定的时间内，或者改变产品价格，或者改变产品包装，或者推出新的促销手段，来观察和分析消费者的反应。但现实营销环境复杂，对有些变量难以实施有效的控制，不可避免地会影响实验结果的准确性和可靠性。

（3）调查法

调查法是从大量的消费者系统中收集信息的方法。例如，中国移动如果要确定消费者对全球通品牌的态度，它可以将相关的问题编成问卷，并向一组有代表性的全球通用户提这些问题。

调查可以采用邮寄问卷、电话访问、个人访谈、在线调查等方式。邮寄问卷的操作是把问卷直接寄到消费者个体家中，邮寄问卷的主要问题是回收率较低，但是研究者们已经开发出许多技术以提高回收率，例如，装入一个贴上邮票、写好回信地址的信封，使用刺激性的问卷，等等。电话访问是研究人员利用电话等工具与消费者交谈或进行询问来达到了解消费者的心理活动和行为趋向的目的。个人访谈是研究人员与消费者面对面地交谈和询问进而了解消费者心理状况和行为取向，个人访谈通常在家里和购物现场进行，不过现在在西方，商业街的拦截访谈比家庭访谈运用得更广泛。在线调查是通过网络进行的调查，被调查者直接通过计算机广告或主页到市场营销的网站回答问题。这些调查方法各有优缺点，研究者在选择时要加以衡量。

（4）问卷法

从严格意义上讲，问卷法也是调查法的一种，它是根据研究内容的要求，由调查者设计一份调查表，由被调查者填写，然后汇总调查表并进行分析研究的一种方法。

问卷要求被调查者回答问题明确，表达正确。通过对问卷的结果作认真细致的数量和质量的分析，可以明确某一年龄阶段或某一阶层的人群的消费心理倾向。根据研究课题性质和目的不同，问卷可分为无结构型问卷和结构型问卷两种

无结构型问卷，又称为开放式问卷，它的特点是在问题的设置和安排上，没有严格的结构形式，被调查者可以依据本人的意愿作自由的回答。无结构型问卷一般较少作为单独的问卷进行使用，往往是在对某些问题需要作进一步深入的调查时，和结构型问卷结合使用。通过无结构型问卷，可以收集到范围较广泛的资料，可以深入发现某些特殊的问题，探询到某些特殊的调查对象的特殊意见，也可以获得某项研究的补充和验证资料。有时候研究者可以根据被调查者的反应，形成另一个新问题，作进一步的调查，使研究者与调查对象之间形成交流，使研究更为深入。

结构型问卷，又称为封闭式问卷。它的特点是，问题的设置和安排具有结构化形式，问卷中提供有限量的答案，受试者只能选择作答。由于设置了有限的答案供受试者选择作答，因此只适用于广泛的、不同阶层的调查对象；同时有利于控制和确定研究变量之间的关系，易于量化和进行数据的统计处理，因此，这类问卷被普遍使用。但是，正因为限制性的选答，所以通过回收的问卷也难以发现特殊的问题，难以获得较深入、详尽的资料。因此，通常在以结构型问卷为主的情况下，加入一两个无结构型问题，两种类型的问卷结合使用可以获得较好的效果。

（5）深度访谈法

深度访谈是一个经过训练的访问者和被访者之间一次较长时间、非结构化的访谈，一般持续的时间通常是30～60分钟。访问者在确定讨论主题后应尽量减少自己的参与，除了讨论产品的种类与品牌等相关的话题外，被访问者还常被鼓励自由谈论他们的活动、态度、兴趣等，这些给营销人员提供了非常有价值的有关产品设计或需要重新设计的观点，提供了产品定位或需要重新定位的各种见解。在进行深度访谈时，一般由访问者携带一张写有话题的清单或一些开放式的问题，如“你能详细阐述一下你的观点吗?”“你能给我一些特别的理由吗?”等。这些问题的提出并非是为了触及被访问者潜意识的动机，而是用来询问被访问者意识到的原因，从而帮助研究者了解被访问者的真实想法。

深度访谈有一定的优势，它消除了被访问者的群体压力，因而会获得较真实的信息；一对一的交流能够帮助访问者与被访问者之间感情上的交流和互动，有助于更多信息的提供；通过双方的交流，可以更加深入地揭示隐藏在表面陈述下的各种感受和动机。因此，在一些情况下，深度访谈是唯一获取信息的方法，如竞争者之间的调查和有利益冲突的群体之间的调查等。但是，深度访谈存在如下不足：它的成本较高，调查的速度较慢，每天完成的调查样本量较少，相对访问时间较长，可能会影响访问者和被访问者的情绪，而且相对拒访率较高。

（6）投射法

所谓投射法，就是让被试者通过一定的媒介，建立起自己的想象世界，在无拘束的情景中，显露出其个性特征的一种个性测试方法。测试中的媒介，可以是一些没有规则的线条；可以是一些有意义的图片；可以是一些只有头没有尾的句子；也可以是一个故事的开头，让被试者来编故事的结尾。因为这一画面是模糊的，所以一个人的说明只能是来自于他的想象，通过不同的回答和反应，可以了解不同人的个性。投射法用于消费者心理与行为的研究，主要是给消费者一些意义并不确定的刺激，通过消费者的想象或解释，使其内心的愿望、动机、态度或情感等深层次的东西在不知不觉中投射出来。

投射法的最大优点在于主试者的意图目的藏而不露，这样就创造了一个比较客观的外界条件，使测试的结果比较真实。它真实性强，比较客观，对被试者的心理活动了解得比较深入；但缺点是分析比较困难，需要有经过专门培训的人员来进行操作。常用的投射法有语言联想法、造句测验法、主题感知测验法和角色扮演法等。

语言联想法。语言联想法是向消费者提供一系列意义不相关联的词语，要求消费者见到词语立即说出最先联想到的其他词汇，通过分析比较消费者做出反应的词汇和反应时间，从而推断消费者对刺激词语的印象、态度和动机。例如，看到“电视机”所联想的某种品牌，看到“果汁”可能联想的任何其他词语等。

造句测验法。造句测验法或称句子完成法，通常是事先准备好几个关于某一事物的未完成的句子，例如，“买车要买……牌的轿车”“一想起电脑，我首先想到的就是……”，要求消费者进行填补。在这种情况下，消费者会不自觉地将自己的内心情感、态度、需要等情意因素投射到反应之中。通过对消费者所填内容进行分析，可以了解消费者的愿望或偏好，进而能够推断出消费者对某种产品或某品牌的评价或态度。

主题感知测验法。主题感知测验法全套测验有30张黑白图片和一张空白卡片。图片内容多为一个或多个人物处在模糊背景中，但内容隐晦不清或意义模棱两可，然后由消费者根据图片讲故事，故事应该包含两个基本维度：①图片上的情境是怎么造成的；②图片中的情境表示发生什么事件，并描述其角色的情绪表现；③结果会怎样。表面上看，这一活动是绝对自由的，比如在指导语中，会鼓励消费者无拘束地想象，自由随意地讲述，故事情节越生动戏剧性越好；但是实际上，消费者在这个过程中会不自觉地根据自己潜意识中的欲望、情绪、动机或冲突来编织一个逻辑上连贯的故事，这样，研究人员可以根据消费者投射到图上的意思，分析消费者的各种心理活动，从而推断消费者的需求、兴趣、动机、情感和态度等心理倾向。

角色扮演法。所谓角色扮演，是指由消费者扮演某一角色，对某一特定事物或某一特定行为做出评价。这种方法不是要求消费者直接表明自己对某商品或某活动的态度，而是通过对其他人动机或态度的描述来透射出自己真实的动机和态度。

（7）隐喻分析

近几年来，很多研究者认为大多数人的沟通是非语言性的，人们在思考问题时，不是用文字来思考，而是用意向。如果消费者的思考过程包括一系列的意向或是脑海中的图片，那么在研究过程中，仅仅要求消费者用文字来表达是不够的。因此，让消费者用一种不同的、非语言的形式，如通过对声音、绘画、音乐等的描述来表现其意向、展示对其他事物的感觉，这种方法即为隐喻。

很多企业会综合使用以上方法，这样可以更科学、更准确地判断消费者的心理变化。另外，随着社会的不断发展，消费者行为的研究方法必将不断完善。

（8）人类学方法

人类学方法来源于文化人类学中的研究技术，它要求研究者将自己置身于被研究的社会群体之中，去理解该社会群体各种实践活动的文化含义。例如，美国一家大型广告公司曾选择了伊利诺伊州的一个小镇进行研究，希望了解当地消费者关心的具有代表性的问题。研究人员试努力成为“小镇中的一员”，他们同小镇的居民进行沟通交流，参加镇上的聚会，切实了解该社会群体所关心的代表性问题。

（9）符号学方法

消费者常常会按照象征意义来解释和理解各种营销刺激和环境中的其他事物。符号学所关注的就是符号与象征意义之间的关系及其在赋予含义过程中所起的作用。丹德甲奇、米特洛夫和乔伊斯把符号区分为三种类型：①语言类，包括神话、传说、故事、标语、笑话、流言等；②动作类，包括仪式、聚会、饮食、休闲活动、习惯等；③物质类，包括地理位置标志、成果作品、标志物、奖品、徽章等。每一类符号都在描述、能量控制和系统维持等各个层次发挥功能。例如，某个群体中流传的故事可以发挥描述的功能（如提供信息和引起同感的体验）、能量控制功能（如增强或缓和消费者群体与公司以及群体成员之间的紧张氛围），或通过把该符号作为某些行动（如维持与特定公司的忠诚关系、重复购买等）的理由而促进系统的维持。在消费者行为的研究中，符号学方法可以帮助研究人员和营销人员更好地理解消费者如何对接受的刺激做出解释，以及不同的符号在引导消费者赋予营销刺激意义时所起的作用。

1.4 消费者行为学研究内容及基本框架

1.4.1 消费者行为研究

消费者行为研究是市场调研中最普通、最经常实施的一项研究，是指对消费者为获取、使用、处理消费物品所采用的各种行动以及事先决定这些行动的决策过程的定量研究和定性研究。该项研究除了可以了解消费者是如何获取产品与服务，还可以了解消费者是如何消费产品，以及产品在用完或消费之后是如何被处置的。简言之，消费者行为学的研究对象是各类消费者的消费行为产生和发展的规律。因此，它是营销决策的基础，与企业市场的营销活动密不可分，在对消费者的行为研究，以及提高营销决策水平、增强营销策略的有效性方面有着很重要的意义。

消费者行为研究一般需要了解的信息有：

①What：消费者购买或使用什么产品或品牌？

②Why：消费者为什么购买或使用？

③Who：购买和使用产品或品牌的消费者是谁？

④When：在什么时候购买和使用？

⑤Where：从哪里获得产品或品牌的信息？在什么地方购买和使用？

⑥How much：购买和使用的数量是多少？

⑦How：如何购买和使用？

东方国际市场研究机构（简称EMR）：消费者行为研究的具体内容包括消费者对产品或品牌认知状况研究、消费者对产品或品牌态度与满意度评价研究、消费者购买行为与态度研究、消费者使用行为与态度研究、产品或品牌促销活动的认知及接受研究、产品或品牌相关信息来源研究、消费者个人资料信息的研究等。

1.4.2 消费者行为研究中的代表性模型

（1）科特勒的刺激—反应模型

美国著名营销学者菲利普·科特勒教授提出了刺激—反应模型（图1-3）。认为认识消费者的购买行为首先要从认识刺激—反应模型开始。科特勒的刺激—反应模型由相互联系的三个

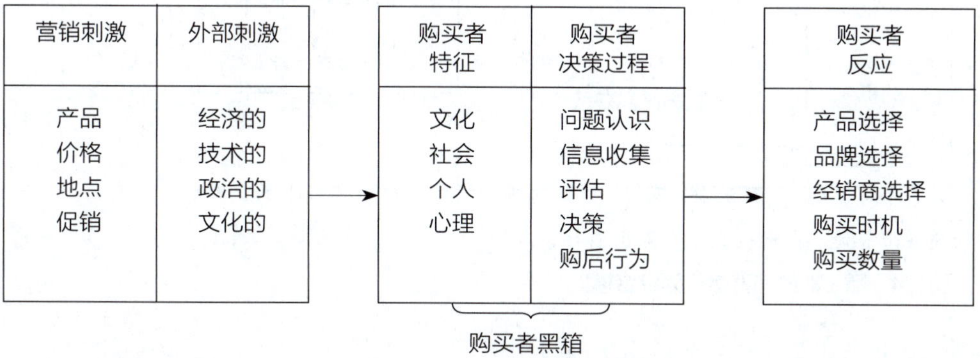

资料来源：菲利普·科特勒．营销管理：第14版[M].王永贵等译．北京：中国人民大学出版社，2012.

图1-3 菲利普·科特勒的消费者行为刺激—反应模型

部分组成：第一部分包括企业内部的营销刺激和企业外部的环境刺激，这两类刺激共同作用于消费者，从而引起消费者的注意，这一部分实际上是影响消费者行为的外部因素。第二部分包括消费者的特征和他们的购买决策过程，前者对消费者的购买行为有着重要影响，后者的作用在于将得到的刺激进行加工处理。消费者的特征主要包括：第一，文化因素，包括文化、亚文化和社会阶层；第二，社会因素，包括参考群体、家庭、角色与地位；第三，个人因素，包括消费者的年龄、职业、经济环境、生活方式、个性和自我概念等；第四，心理因素，主要包括消费者的动机、感知、学习、信念和态度等。第三部分是消费者的反应。企业内部的营销刺激和企业外部的环境刺激作用于消费者，并与消费者自身的特征一起，共同影响消费者的决策过程，最终导致消费者行为的外化，即他们的反应行为。这些反应行为包括选择了什么产品、选择了什么品牌、选择了什么渠道以及选择了什么经销商、选择了在何时购买、选择了购买多少，等等。

（2）霍金斯的消费者行为综合模型

霍金斯与其合作者在《消费者行为学》一书中，提出了消费者行为综合模型。他们认为消费者在内外部因素影响下形成了自我概念和生活方式。消费者的自我概念与生活方式会引起与其一致的需要与欲望的产生。这些需要与欲望大部分要通过消费来获得满足。一旦消费者面临相应的情境，消费决策过程就会被启动。这一过程以及随之而来的产品获取与消费体验会对消费者的内部影响因素和外部影响因素产生作用，最终引起消费者自我概念和生活方式的调整（图1-4）。

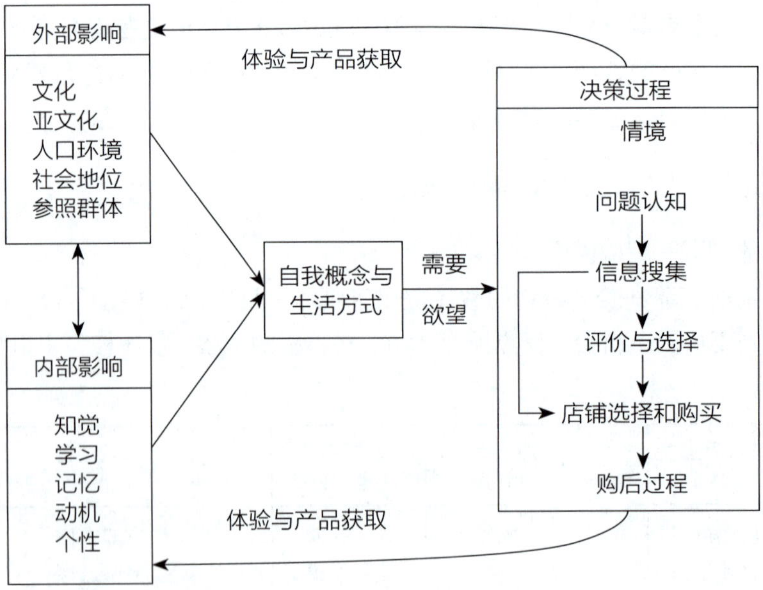

资料来源：德尔·霍金斯，戴维·马瑟斯博．消费者行为学[M].符国群，吴振阳等译．北京：机械工业出版社，2011.

图1-4　霍金斯的消费者行为综合模型

（3）保罗·彼得与杰里·奥尔森的概念模型

保罗·彼得与杰里·奥尔森的消费者行为概念模型，重视消费者的感知和认知，认为感知和认知是消费者对于外部环境的事物与刺激可能产生的两种类型的反应。感知与感觉有关，而认知则与思想和思考有关。感知与认知是受环境影响的，而感知与认知的结果会产生消费者外在的、可以被观察到的行为。保罗·彼得与杰里·奥尔森的概念模型如图1-5所示。

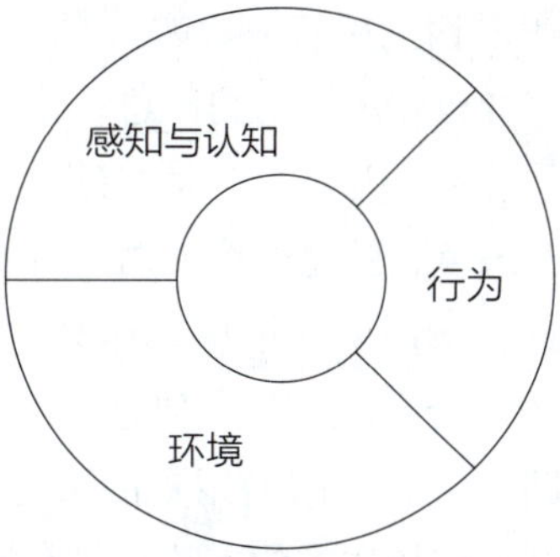

资料来源：保罗·彼得，杰里·奥尔森. 消费者行为与营销战略[M]. 韩德昌译. 长春：东北财经大学出版社，2000.

图1-5　保罗·彼得与杰里·奥尔森的概念模型

1.4.3　本书消费者行为学的基本框架

在综合前人研究基础上，提出本书消费者行为学的基本框架，如图1-6所示。

从图1-6中可知，消费者决策过程、影响消费者行为的个体及心理因素、影响消费者行为的外部因素这三大块为本书的主要分析内容。

（1）消费者决策过程

消费者决策就是指消费者谨慎地评价产品、品牌或服务的属性，并进行理性选择，想用最少的付出获得能满足某一特定需要的产品或服务的过程。消费者决策过程主要包括问题认知、信息搜索、评价与选择、购买、购后行为5个环节。

（2）影响消费者行为的个体及心理因素

影响消费者行为的个人因素包括年龄、职业、性别、经济状况、生活方式、性格和自我观念等。处于不同年龄阶段的消费者对产品有不同的需求；不同职业的消费者对不同类型的产品有明显偏好；由于生理和心理的差异，男性和女性消费者的消费欲望、消费构成和购买习惯有所不同；经济状况决定着消费者的购买欲望和购买能力；生活方式、个性和自我观念则决定了消费者的活动、兴趣和思想见解。

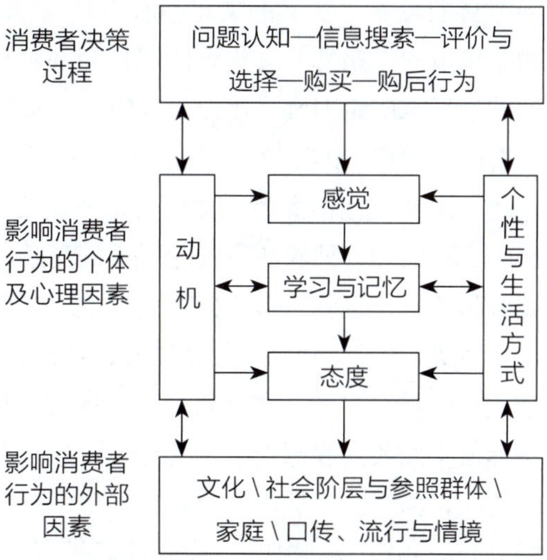

图1-6　本书消费者行为学的基本框架

消费者的行为还受到动机、感觉和态度、知觉、学习与信念等心理因素的影响。动机是指引起行为发生、造成行为结果的原因。它是促成购买行为的出发点。首先，必须让消费者知道他存在着某些需要，有待于满足。当他感到需要时就会为了满足需要产生动机。例如，生理的需要已经满足，他就会考虑安全的需要，而购买有关安全方面的商品或利用保险的服务。广告形成销售力的本质在于迎合、激发、建立和强化消费者的购买动机。也就是说，广告通过诉求和表现的信息对目标消费者施加影响，迎合消费者的购买动机，广告才能产生效果，所以关键是要在实施广告传播活动前洞察消费者的购买动机和心理。感觉是对某一事物、事件、意念的视觉、听觉、触觉、味觉、嗅觉。同样的汽车，由于感觉不同，会认为甲种汽车是男性用的，乙种汽车适合于女性。造成感觉差异的主要原因在于个人内在的因素，如人们感觉的程度和过去的经验。一个消费者每天要接触许多广告，但哪些广告能引起感觉，就要考虑到方法。

例如，在报刊上用较大篇幅刊登广告，或在广告中使用不同的色彩、在广告中留有较多的空白，以增加读者的注意力。进行推销工作，包括通过广告和人员进行销售，首先要引起消费者或用户的注意，并使其产生好感。

所谓态度，就是一个人对某种事物或意念持久的喜爱。一个人的态度往往是经过长期的个人经历逐步形成的。销售工作必须注意态度问题。或是改变人们的态度，或是经过调查而改进产品的成分、包装等，以适应消费者的多种态度。例如，当速溶咖啡上市的时候，不受欢迎，销路不广，美国通用食品公司制成了一种Maxim咖啡，但不用“速溶”作为卖点宣传，而用“既有传统咖啡的美味，又有迅速溶解的方便”为诉求，从而改变了消费者的态度，打开了销路。

（3）影响消费者行为的外部因素

影响消费者行为的外部因素很多，有文化、社会阶层、参照群体、家庭等。文化对消费者的行为产生最广泛而深远的影响。广义的文化指人类在社会历史实践中所创造的物质财富和精神财富的总和；狭义的文化指社会的意识形态及其与之相适应的制度和组织机构。这里所说的文化指的是狭义的文化。任何社会都有其特定的文化，它是处于各社会之中的人的欲求和行动的最基本决定因素。此外，在每一种文化中，往往还存在许多在一定范围内具有文化统一性的群体，即所谓的次文化，也叫亚文化。次文化以特定的认同感和社会影响力将其成员联系在一起。次文化包括民族次文化、宗教次文化、种族次文化、地理次文化4种类型。消费者因民族、宗教信仰、种族和所处地域不同而必然具有不同的生活习惯、生活方式、价值取向、文化偏好和禁忌，这些因素都会对他们的购买行为产生影响。

消费者的行为也受到其所处社会阶层、相关群体、家庭等社会因素的影响。社会阶层指一个人在因社会系统中的分配不均而造成的社会分层中所处的相对位置。社会阶层不仅包括经济标准（如收入和财产），还包括声望、地位、流动性以及类同和归属感。同属于一个社会阶层的人，因经济状况、价值取向、生活背景和受教育程度相近，生活方式、消费水准、消费内容、兴趣和行为也相近，甚至对某些商品、品牌、商店、休闲活动、媒介习惯都有共同的偏好。而处于不同社会阶层的消费者，也自然表现出不同的行为。如以购买相同价格的汽车为例，如购买一辆绅宝和一辆凯迪拉克，绅宝的主人是一位年轻的建筑师，而凯迪拉克的主人则是一家小建筑公司的老板。这两位消费者绝不会经常光顾同一家餐厅，在同一家酒吧喝酒，或吃同样的食物。他们不属于同一个社会阶层，因而他们的消费也带有明显的阶层标志。这中间的差异并不仅仅是因为钱，显然，其中还反映出社会阶层不同而形成的消费偏爱，以及看待世界与事物的不同方式。

参照群体指某人在做出自己的消费决策时用作参照点的其他人群。通常被消费者选作参照人群的群体有两种基本类型：一种是成员群体，指个人按某种固定的条件与之相互作用的群体，在这一群体中的人们之间往往存在较为亲近的联系，如朋友、邻居、同事等。另一种是榜样群体，由人们羡慕或视为榜样的人所组成。事实上，在日常生活中，地域和物理条件往往会限制人们与其榜样群体中的成员有意产生相互作用。但是由于人们希望自己能与这个群体的成员相像，因此榜样通常会成为一种行为标准。职业运动员、电影明星、摇滚乐队以及成功的企业主管都可以成为人们的偶像。由此而产生的名人广告正是借助于名人的这种声望和影响力来为广告主推荐产品的。

参照人群以各种方式影响着消费者，最起码，他们为消费者提供了某种程度上的评估产品和品牌的信息。通常可以看到这样的情形：某人之所以选择某个品牌，完全是因为他认为使用这些产品可以提高自己与参照人群的相似程度，或向他人表明自己属于某个特定的群体。从而在购买产品、消费品牌的时候，实现作为消费者的自我表现利益，也就是所谓的品牌的象征意义。

家庭是“共用一个钱包”的消费共同社会，因而作为家庭成员的夫妻、母子、父女之间总是有着强烈的相互影响作用。年幼的消费者作为一个家庭成员，从小到大深受父母的种种倾向性影响，因而形成了所谓的代际效应，即家庭对其成员的消费偏好有着持久的影响。一个人成年后用的品牌通常也是其父母用过的品牌，牙膏、洗衣粉等日用品更多会反映出这一规律。当年轻一代脱离家庭的束缚，开始自己的生活，总会遇到这样的情形，当他们浏览于商品的大千世界中时，总会没理由地选择一些品牌的商品，但是当他回到父母家时就会发现其中的缘由，这就是所谓的行为的惯性。同样，作为子女的年轻人的思想、行为也同样会影响到其父母、长辈对某类产品、品牌的态度及家庭消费模式。如老年人对卡拉OK等新鲜事物的接受，常是受到子女的影响而产生的。

思考与技能实践

1. 名词解释

（1）消费（2）消费者（3）消费者行为（4）消费者市场（5）消费影响者

2. 填空题

（1）______指物质资料生产过程中的生产资料和活劳动的消耗，______指人们把生产出来的物质资料和精神产品用于满足个人生活需要的行为和过程。

（2）______是指研究者根据一定的研究目的、研究提纲或观察表，用自己的感觉和辅助工具去直接观察被研究对象，从而获得资料的一种方法。

（3）______是在日常生活等自然条件下，有目的、有计划地创设和控制一定的条件来进行研究的一种方法。

（4）访谈法有三种形式，分别为个别访谈、______和______。

（5）消费者决策过程主要包括问题认知、信息搜索、评价与选择、______。

3. 简答题

（1）消费者行为与消费者心理的联系及区别有哪些？

（2）消费者行为学的发展历程有哪些？

（3）消费者行为学的主要研究内容是什么？

案例分析

大数据时代下的淘宝“定向”营销

早期的消费者行为研究关注消费者行为本身，通过传统的调查问卷、焦点小组访谈、个体访问、店面观察等定性、定量调查方式和手段采集人口统计学资料、购物行为、消费意向等信息，用于进行消费者行为的研究和分析。进入互联网时代，反映消费者行为轨迹的数据在网络上大量沉淀，基于购物网站的点击率、访问量及其他网络数据量化指标被大量采集，形成对消费者行为路径的概括和综合描述。当下进入大数据时代，网络平台样式和消费者购物习惯多样化，需要对消费者数据的采集和行为的分析逐步扩展到更多数据源，结合购物网站、其他网页浏览信息、社交媒体平台信息、移动终端、搜索引擎等多个平台去接触消费者，挖掘数据，从而进行综合评估和分析。

根据《2017中国互联网络发展状况统计报告》显示，截至2017年6月，我国网民规模达到7.51亿，半年共计新增网民1992万人。互联网普及率为54.3%，较2016年年底提升1.1个百分点。我国手机网民规模达7.24亿，较2016年年底增加2830万人。网民使用手机上网的比例由2016年年底的95.1%提升至96.3%。我国网民中农村网民占比26.7%，规模为2.01亿；城镇网民占比73.3%，规模为5.50亿，较2016年年底增加1988万人，半年增幅为3.7%。淘宝和天猫的活跃买家数超过2.31亿，活跃的卖家数大约为800万。淘宝的销售额也一路上升，成交额为1.1万亿元人民币，而淘宝阿里巴巴集团在2003年5月10日投资创立，在短短十年多的时间里就能够实现万亿的交易额，这无疑是一个经营神话。淘宝能够实现这样的经营神话除了马云和他的团队的不懈努力之外，也得益于淘宝对数据的收集和发掘，实现线上的“定向”营销。‘淘宝的数据“定向”营销主要是通过对数据的沉淀和数据的挖掘来实现的，而这样的数据积累和数据挖掘的根本目的是对消费者行为进行分析，从而预测和推断消费者的购物倾向和购物习惯，进而实现“定向”产品推送、“定向”广告推送、“定向”价格推送等“定向”营销。淘宝和天猫由于用户规模庞大、交易活跃，使它沉淀了丰富的数据，这也为其大数据营销奠定了坚实的基础。对此，马云强调，阿里巴巴不想占有数据，数据不用来分享就是一堆数字，没有一点意义。为了自己和下一代商人，必须思考这些问题，并且为之而努力。

淘宝的“定向”营销的成功之处在于对网络消费者购物行为的成功把握，并通过现有的技术、平台、广告等策略对消费者的需求进行有效的刺激。淘宝的成功归结于对消费者行为的分析，“线上”消费者行为相较于“线下”消费者的行为具有以下特征：

①追求个性化消费。在线消费通常是在由互联网技术所构成的虚拟购物空间或消费网页中进行，这是一个具有新奇性与风险性的消费氛围，同时也是一种具有与传统店面不同体验的消费场所。网络交往的高度随意性与隐匿性决定了网络主体可以“随心所欲”地进行交易活动，更希望通过创造性消费展示自己的个性，体验自身价值，这无疑强化了消费的个人选择与知识创新。

②选择范围大、便利。借助于搜索引擎、电子商务目录和智能代理等网络系统强大的信息处理能力，消费者可以不受时空的限制、尽情浏览所需信息，选择自己满意的商品或服务，相对于传统的店面购物模式，更加自由方便。

③直接参与生产和流通过程。传统的营销模式中商业流通循环是由生产者、商业机构和消费者共同完成的，商业机构充当生产者和消费者联结的共同纽带。在网络环境下，生产者和消费者在网络支持下直接构成商品流通循环，网站用户逐渐从被动浏览者向主动参与者转变，消费者能够向商家主动表达其需求，缩短了生产和消费之间的距离，并且使网上消费变得更加直接，使生产者更容易掌握市场对产品的实际需求，减少了市场的不确定性。

④消费行为的信息化。电子商务的发展很大程度上改变了消费者的信息搜集方式，由以往被动的信息接收者转变为主动的信息搜集者，由于信息对选择商品或服务的重要性，消费者总是希望尽可能多地占有信息，以便拥有更多的选择权，使自己在交易中处于有利地位，在线环境提供给消费者适于交易的技术、搜集大量信息的媒介，使得在线消费者成为信息经济下不可或缺的一部分。

⑤关注消费的安全性与可靠性。由于在线交易具有风险与不确定的性质，使得在线消费者更加关注网络的安全性与可靠性，包括个人隐私、银行卡信息的泄漏等数据的存取、操作权限的安全可靠以及网络保护个人信息免于泄露的能力等。另外，在线卖方的机会主义行为也可能成为消费者在线交易实现的障碍。因此，在线消费者特别关注网络的安全可靠性。

尽管淘宝可以借助其规模庞大的交易平台、支付平台以及先进的数据挖掘技术和优秀的数据挖掘团队，完成“大数据”营销过程，并实现对于网络消费者行为的分析与掌握，但消费者行为有着众多的不确定性和动态性，淘宝依然需要持续的更新和跟踪数据和技术。同时，对于其他众多的B2C平台而言，依托“大数据”实现“定向”营销依然是一个机遇和挑战。故究竟如何实现数据的沉淀、数据挖掘和数据应用，这依然是一个亟待研究的课题，需要政府、企业、学者的共同努力，寻找简便、切实和易行的解决方案。

思考：

（1）结合案例分析消费者行为研究的重要性。

（2）为了更好地进入网络市场，企业应当如何对网络市场的消费者进行分析？

第2章

消费者购买决策过程对消费者行为的影响

学习目标

1. 掌握消费者需求类型；消费者需求对购买行为的影响；信息搜集的方法；了解消费者购买过程及影响因素
2. 掌握购买过程的评价

导引案例

阿雯选车的故事

阿雯是上海购车潮中的一位普通的上班族，35岁，月收入过万，以下是她2016年的买车过程。

阿雯看到周围的朋友和同事都在买车，也开始动心了。另外，她工作地点离家较远，加上交通拥挤，来回花在路上的时间要近三个小时，她的购车动机越来越强烈。只是这时阿雯对车一无所知，除了坐车的体验，除了直觉上喜欢白色、流畅的车型和几盏大而亮的大灯。

阿雯在学车的时候，听朋友和教练介绍，排除了购买小POLO和宝来的想法，对海南马自达有了想法，于是她到4S店进行了咨询。回家后，阿雯的丈夫提出了购买大众和通用的意见，于是她又咨询了同事的看法。后来，阿雯通过汽车杂志，明确了自己的目标，价位在8至15万元。于是她在众多品牌中查看车的配置、排量等配置，最后确定了几款车型。阿雯又对几款车的排量、功率、最大扭矩、极速、市场参考价等进行比对，最后锁定了别克凯越和本田飞度。尤其是对凯越，她觉得非常靓丽，但是通过查询论坛，她发现，凯越耗油量是飞度的近两倍，她又询问了自己的好朋友购买的车型，最后，她决定购买飞度。

2.1 消费者需求确认

2.1.1 消费者需求的类型

消费者需求是指消费者生理和心理上的匮乏状态，即感到缺少些什么，从而想获得它们的状态。需求是和人的生活紧密联系在一起的，人们购买产品，接受服务，都是为了满足一定的需求。

（1）按其性质划分为生理性需求和心理性需求

①生理性需求。人类个体作为自然人为维持自身生命的延续和种族的繁衍而与生俱来的需求。《礼记》中的“礼运”篇有“饮食男女，人之大欲存焉”以及“欲”者即“需求”的描述。除此以外，还包括对空气、保暖的需求。

②心理性需求。人类个体作为社会人在长期协同生存中逐渐形成的，受历史条件、社会制度、文化知识水平、种族和风俗习惯等的制约后天形成的需求，因此也称为社会性需求。人类个体需求中，除了生理性需求外的需求，诸如对友谊、地位、荣誉等的追求，都属于心理性需求。

（2）按其形态划分为现实性需求和潜在性需求

①现实性需求。即消费者不仅有目标指向明确（具体商品）的需求，而且有货币支付能力。这种需求也称为有效需求，它是企业制定当前市场营销策略的现实基础，满足消费者现实性需求是企业当前市场营销活动的中心。

②潜在性需求。表现为两种形式：一是消费者有目标指向明确的需求，但缺少货币支付能力；二是消费者有货币支付能力，但需求的目标指向不明，即

需求处于一种朦胧状态。第一种潜在性需求，在消费者一旦具有支付能力，或企业采用适当的市场营销措施，如降价、分期付款等，则这种潜在性需求即可能转为现实性需求；第二种潜在性需求，在企业推出具有能满足这种需求的功能的产品，或者在企业采用适当的市场营销措施，如广告宣传、示范表演等，则会诱导这种潜在性需求转化为现实性需求。例如，自古以来，女人世世代代采用手搓、脚踩、棒打的方式来洗衣服，简单重复、吃力费时，但却成为天经地义的生活方式，人们摆脱这种繁重家务劳动的需求就处于潜意识状态，一旦企业推出洗衣机，这种需求就从潜在的转变为现实的。

（3）按其需求划分为五个层面

美国著名的人本主义心理学家亚伯拉罕·马斯洛于1943年和1954年先后发表《人类动机理论》《动机和人格》等著作，提出了著名的人类需求层面理论。马斯洛认为，人的行为是由动机驱使的，而动机又是由需求引起的。他认为人类的需求可以划分为五个层面：①生理需求，指维持个体生存和人类繁衍而产生的需求；②安全需求，指在生理和心理方面免受伤害，获得保护、照顾和安全感的需求；③社交需求，指人类对归属感、被接纳的需求，包括与他人的友谊、尊重和爱等；④自我尊重需求，指希望获得荣誉、博得他人尊重、得到一定社会地位的需求；⑤自我实现的需求，指希望发挥个人最大潜能，实现自己的理想和抱负的需求。

（4）按照消费需求的强烈程度分为充分需求、过度需求、低迷需求和无需求

充分需求又称为饱和需求，是指消费者对某种商品的需求总量及时间与市场商品供应量及时间基本一致，供求之间基本趋于平衡。这是一种理想状态，但是，由于消费需求受到多种因素的影响，任何一个因素的变化，都会引起需求的相应变动，因此，供求平衡的状态只是暂时的、相对的。

过度需求也称为超饱和需求，是指消费者的需求超过了市场商品供应量，呈现出供不应求的状态。这类需求通常由外部刺激和社会心理因素引起，例如，一些抢购行为。

低迷需求指消费者对某种商品的需求远远低于市场商品的供应量，处于供过于求的状态。

无需求或称为零需求，指消费者对某种商品缺乏兴趣或漠不关心，不产生任何需求。无需求的商品可能不具备消费者需求的效用，或消费者对商品缺乏了解和认识，没有与自身利益联系起来。

（5）按照消费需求的变动规律分为周期需求、不规则需求、渐进需求和退却需求

周期需求指某些消费需求在获得满足后，一定时间内不再产生，但随着时间的推移还会重新出现，并且在时间上呈现出明显的周期性。

不规则需求又称为不均衡或波动性需求，指消费者对某类商品的需求在数量上和时间上呈现出不均衡的波动状态。这种波动也可能随着社会的发展或环境的变化而变化，比如很多季节性商品的需求。

渐进需求又称为累进需求，是指由于某种商品引起了消费者的注意和兴趣，而使消费者对该种商品的需求逐渐增加。

退却需求指消费者对某种商品的需求逐步减少，并趋向于进一步衰退。导致需求衰退的原因，通常有时尚变化、消费者兴趣转移，或者新产品上市替代老产品，或者消费者对经济形势、价格变动、投资收益的心理预期等。

（6）按照消费需求的指向内容可以划分为正当需求、无益需求和否定需求

正当需求是指不仅能使消费者的正当利益得到满足，而且对他人或社会的利益不会造成任何伤害。

无益需求指消费者对某些危害社会利益或有损于自身利益的商品或服务的需求，比如对香烟、毒品等的需求。

否定需求指消费者对某类商品持否定、拒绝的态度，因此，拒绝需求，原因可能是商品本身不适合消费需求，或旧的消费观念束缚。

（7）按照需求的对象可以划分为物质需求和精神需求

物质需求指消费者对以物质形态存在的、具体有形的商品的需求。这种需求反映了消费者在生物属性上的欲求。进一步可以划分为低级和高级需求。低级的物质需求指维持生命所必需的基本对象；高级的物质需求指人们对高级生活用品以及从事劳动的物质对象的需求。

精神需求是指消费者对意识观念的对象或精神产品的需求。这种需求反映了消费者在社会属性上的欲求。

2.1.2 消费者需求认知的过程

在市场经济条件下，企业销售业务的顺利发展取决于其提供的商品和服务是否满足了消费者的需求。这种需求认知引领消费者决定他们要购买什么和消费什么。需求确认就是发现消费者需求的渴望状态和足以引起并激发决策的现实状态之间的区别。需求认知取决于现实状态（消费者的目前情况）和渴望状态（消费者想进入的状态）之间的矛盾有多大。当这种矛盾达到或超过某一特定的界限就会产生需求。例如，消费者现在感到饿了（现实状态），并且想要消除这种感觉（渴望状态），当这两种状态之间的矛盾达到足够大的时候就会产生需求，如果这种矛盾处于界限以下，需求认知就不会产生。需求认知过程如图2-1所示。

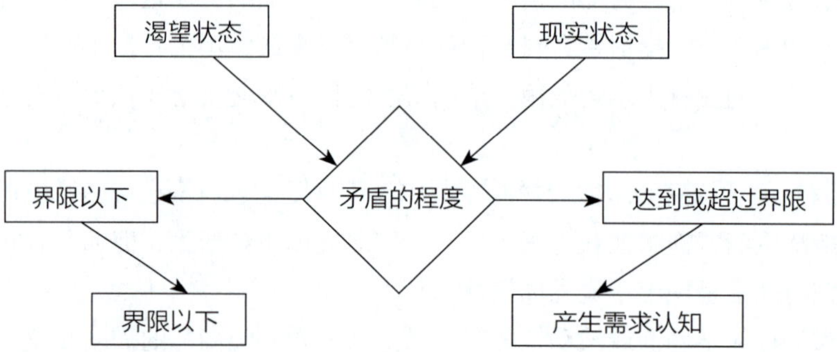

图2-1 需求认知过程

因此，当现实或渴望状态发生改变，使得两者明显不一致时，需求认知就会出现。需要注意的是，需求认知应根据消费者本身一些情况的变化而不断调整。如当家庭当中没有孩子的时候，年轻夫妻不需要购买抚养孩子的必需产品，然而，当他们发现自己快做父母了，他们的渴望状态就会发生改变，以前与他们无关的产品现在变得重要了，但尽管如此，对企业来说影响人们需求认知是可能的，而刺激需求认知更是重要的市场营销行为。

2.1.3 消费需求对购买行为的影响

（1）消费需求决定购买行为

购买行为的产生和实现是建立在需求的基础上的。即：消费需求-购买动机-购买行为-满足需求-新的需求。消费者由于受到内在或外在因素的影响，产生某种需求时，就会形成一种紧张状态，成为其内在的驱动力，这就是购买动机。它导致人们的购买行为。当购买行为完成，需求得到满足时，动机自然消失，但新的需求又会随之产生，再形成新的购买动机，导致新的购买行为。

（2）消费需求的强度决定购买行为实现的程度

一般情况下，需求越紧迫越强烈，则购买行为实现的可能性就越大。反之，需求不迫切不强烈，消费者的购买行为就可能推迟，甚至不发生。例如，对一个没有鞋穿的人，第一双鞋对他的使用价值最大，也就是说，他对第一双鞋的需求性最强，也许走进一家商店，只看到他能穿的鞋就买下来，而对鞋的样式、颜色、价格、质量等要求并不高。但是当他买了鞋以后，对鞋的需求就不那么迫切了，鞋的使用价值对他来说就不那么重要了。也许他还会买鞋，但是需求的迫切性就会降低，这时，他会考虑价格、质量、样式等各方面的因素，因而对购买行为的阻力就很大，购买行为就不易实现。

（3）需求水平不同影响消费者的购买行为

在经济发达国家，消费水平相对较高，消费者购买食品的费用在整个购买费用中所占的比例比较小，而经济发展水平较低的国家，情况则恰恰相反。这就是著名的恩格尔定律，随着家庭收入的增加，人们在食品方面的支出在收入中所占的比例就越小，用于文化、娱乐、卫生、劳务等方面的费用支出所占比例就会变大。

处于不同消费水平的消费者，在购买同类商品上会出现较大的差异。例如，同是购买衬衫，消费水平较高的人可能花较多的费用购买一件高档衬衫，而消费水平低的人可能花同样的钱购买两件或更多。一些商品在消费水平高的家庭中属于普通消费品，经常购买，而在消费水平较低的家庭中，可能是奢侈消费，很少购买。所以，消费水平的差别会影响消费者的需求，从而影响他们的购买行为。

2.1.4 识别消费者的需求

企业营销的成功主要取决于能否了解并满足消费者的需求，其方法不仅要先进规范，而且要具有可操作性。识别消费者的需求的方法有以下几种。

（1）体验中心法（模拟消费者需求）

设立一专门的实验室或体验中心，通过软件系统或体验场所，创造出与现实相同的条件与环境，借以判别消费者的一些特殊需求。这一方法可以和在现实中较为容易获得的消费者信息相互补充。对一些高科技产品、时尚产品而言，这是一种新颖而有效的识别消费者潜在需求的方式。

（2）深度访问法

对消费者深度访问通常包括两部分：一是被访问的消费者在不同的消费环境下解释其对某一产品的偏好。二是访问人就被访问人指出的一个产品属性对其进行提问，在最简单的访问中，被访问人的反应是将这一属性和另一属性相联系或和一个利益点相联系，访问人通常就会接着问“为什么这个属性（或利益点）对你来说很重要?”访问就是在类似的一问一答中进行。当被访问人再也不能想起任何其他相关事物后，访问就结束了。

根据企业自己的逻辑推理顺序得出的产品联想和消费者心中的产品联想差异可能会很大，因此，决不应该去假设某些因素一定存在或其他因素一定不存在。相反，应该通过与消费者交谈来识别他们对属性的看法、对利益和价值的需求。

（3）价值曲线法（识别潜在需求）

价值曲线即以产品关键要素（价值因素）和相对水平为横纵坐标连接成的曲线。不同产品在价值曲线坐标上有着不同曲线。曲线意味着满足不同的需求消费者群和消费者的不同需求。在多种价值因素影响下，在空白处勾勒出相似的价值曲线，或与其他价值曲线交叉的曲线，即为消费者的新需求。利用价值曲线识别消费者潜在需求，其实质是调整价值曲线，任何一种要素都可以分解成若干价值因素，价值因素相对水平的连接构成了该种产品的价值曲线，在该种产品领域内识别消费者潜在需求，其实质是对这些价值因素相对水平进行调整。通常，同类产品价值曲线的形状基本相同。

（4）研究竞争对手法（基于差异化方式的消费者需求识别）

竞争让企业不断寻找新的、更有效的方法寻求发展，通过研究竞争对手，可以推动消费者需求的识别。

首先，竞争带来活力。竞争对手使营运过程更有效率，在寻求差异化的竞争中更富有创造力。从需求来看，在一个市场上，消费者不断变化的需求，可以生成一系列的竞争性产品和服务。这一系列产品和服务，不仅仅只是品种上的不同——所有的产品都使用一样的技术，外观也差不太多，满足消费者某一特定的功能性需求，还包含了用途的不同。以咖啡壶为例，速溶咖啡是一种用途上的替代，只不过是通过不同的途径，向消费者提供同样的功能性服务。从消费者角度看，任何形式的消费需求，都可以通过某种特定的用途得到满足。但是通过对消费者在价格、付款方式和销售条件等方面的需求识别，就可以准确地回应消费者需求。

其次，竞争将消费者对某方面的需求做大。星巴克为消费者第一次喝Latte咖啡提供了一个舒适的地方。但是，特制咖啡是一个新兴行业，有足够的空间让小规模经营者从星巴克手里争夺消费者。新的消费者如果喜欢小店特制咖啡的口味，许多人就会愿意品尝它们的风味，甚至会更偏爱这些邻近星巴克的咖啡自营店的新品。星巴克建立了对星巴克品牌的需求，培育了消费者对某一类产品的初始需求。当大公司培育了初始消费者需求，也就为他人进入这个市场营造了一个“利基需求”空间（指竞争对手获利甚微或力量薄弱的小块市场），而利基需求的存在又促进了大公司的业务发展，不过，其前提是它不追求为所有人提供所有产品。

最后，竞争吸引消费者，刺激需求。当强劲的竞争对手坐落在一起时，消费者更容易进行货比三家。挤在一起并非总是件坏事。事实上，如果这些商铺中有一家消失了，其他商家的日子也未必好过。这是因为，消费者往往需要多种选择，他们很少在只有一种选择时购物，所以商家们提供的服务如果能有所比较，对每一个公司来说都有好处。选择的范围越多，越能激发消费者的购买欲望，对那些有独特的商家或服务组合的商家来说，他们具有很强的竞争力，并最终在市场上胜出。

（5）加入时间概念的识别方法

消费者的需求是动态的、不断变化的，并且在消费过程中随时都可能产生新的需求。时间处于数字商务世界的核心。成功的公司懂得，时间规则如何能够变成市场机会，如联邦快递公司知道它的消费者愿意额外付费以确保他们发送的邮件准时到达。实时或即时的核心思想就是能在识别消费者在时间方面的需求，并随时满足消费者在消费过程中所产生的新的需求，即时满足消费者的需要。在组织内，每一项业务处理都应响应消费者的需要而即时执行，零时意味着组织能即时行动和响应市场的变化。

2.1.5 刺激消费者的需求认知

刺激消费者的需求认知的实例很多，其中可以家具行业为例，许多消费者非常满足于数年来保持同一套家具，甚至时间更久，没有强烈的愿望要更新或改变什么。因此，必须采用多种方法激励消费者需求。

激励消费者对新家具需求的一种方法是改变他们的渴望状态，也就是说，提供他们一些样品和情景，开发新的样式、设计和结构。不断进行产品的创新会刺激消费者需求的产生。另一种方法可用于家具行业中，即重点放在影响消费者认识到他们的现状，目的是破坏消费者觉得现在的家具足够的概念。可用广告幽默、引导的方式，让消费者意识到现有的家具该退休了。在某种程度上，只有成功地使消费者质疑他们现有家具的足够性和吸引力，消费者才会引起强烈的需求认知。

刺激消费者需求的种种努力区别在于激励普遍的需求，还是激励有选择性的需求。许多企业寻求扩大同类产品在市场上的整体销售规模，也就是努力诱发消费者的普遍需求认知。以牛奶为例，生产企业鼓励消费者多喝牛奶，以增加营养、增强体质。

选择性需求认知出现在同类产品中，当某一特定品牌的需求被激发时，市场营销的重点就要放在说服消费者相信某一特定品牌可以满足他们的需求上。电视广告描述某品牌产品的优点，可能会有一定作用。如广告描述某品牌电视指出："不闪的，才是最好的"等广告语就能激发消费者需求。

案例链接

1995年，斯切英·普劳弗（S&P）公司开始着力对紫外线指数的宣传，并希望国家气象中心、环境保护署、疾病控制中心及其他一些健康组织与之共同努力，将该指数作为当地天气预报的内容之一。

该指数表明了当地的紫外线侵害程度，包括人们在不采取任何防护措施的情况下被晒伤的时间。最初调查结果显示，在被试验的城市中有70%的消费者知道了该指数，并由此带来了防晒品销量的大幅度上升。

这样有利于整个防晒品行业的市场扩大，甚至会帮助竞争对手扩大市场，为什么S&P公司还要不遗余力地提高消费者对阳光侵害危险的意识呢？

原因在于该公司在防晒品市场上占有支配地位，其Coppertone（柯帕托）品牌在防晒用品市场占有27%的市场份额。帮助消费者认识到皮肤暴露在阳光下的危害，不仅有助于他们的健康，也可促进产品的销售。

2.2 信息搜索

消费者一旦意识到某个需求问题的存在，并且感到有必要采取行动解决这一问题时，就会开始搜集有关信息。消费者花多大力气搜集信息、搜集哪些信息、从何处和如何搜集，都有一定的规律，这对营销者来说十分重要。

2.2.1 信息来源

消费者获取信息的来源或渠道多种多样，但一般来说主要有五个方面，即记忆来源、个人来源、大众来源、商业来源和经验。

第一个来源是记忆来源。通过过去的信息搜寻活动、个人经验和低涉入度学习所形成的记忆或内部信息是大多数消费者最主要的信息来源。很多情况下，消费者依靠储存在记忆中的信息就可以解决他所面临的购买问题。

第二个来源是个人来源。个人来源包括朋友、同事、家人等。

第三个来源是大众来源或独立来源。大众来源包括大众媒体、政府机构、消费者组织等。大众媒体刊载的有关消息、报道及有关生活常识对于某些产品的购买是非常有帮助的。我国有关政府机构如国家质量监督检验检疫总局，定期或不定期地对某些产品进行检测并将结果公之于众，为消费者选择产品提供了有用的信息。另外，中国消费者协会传递的有关信息对消费者选择商品也是非常有用的。

第四个来源是商业或营销来源。商业来源包括广告、店内信息、产品说明书、宣传手册、推销员等。

第五个来源是经验。如消费者到不同商店比较各种产品的价格，亲自观察产品或试用产品等。经验来源获得的信息最直接，也最为消费者所信赖。然而，受时间、知识等资源条件的约束，在很多产品的决策过程中消费者很难完全或主要依赖于经验来源获得信息。

2.2.2 信息搜索分类

关于消费者信息搜集的类型，可以从不同视角来进行分类和分析。

（1）购买前信息搜集与即时性信息搜集的视角

研究人员对购买前信息搜集与即时性信息搜集做了区分。购买前信息搜集（pre-purchase search）是消费者为解决某一特定购买问题而展开的信息搜寻活动。即时性信息搜集（ongoing search）与此相对应，是指不针对特定购买需要或购买决策而进行的信息搜集活动。消费者从事即时性信息搜集是由于对某一产品类别涉入程度很高。或者是为了掌握大量有关产品或购买的知识以便将来使用，或者是纯粹出于这类搜集活动所带来的乐趣。一项对服装和个人计算机的即时性信息搜集的调查发现，从事大量即时性搜集活动的消费者与较少从事这类活动的消费者能够被识别出来。前者产品知识较丰富，而且其动机是认为这类活动十分有趣。更重要的是，即时性信息搜集者同时也是信息搜集所涉及产品的大量使用者。

（2）内部信息搜集与外部信息搜集的视角

还有一种对信息搜寻过程进行分类的视角，内部信息搜集（internal search）和外部信息搜集（external search）两大类。内部信息搜集是指消费者将过去储存在长时记忆中的有关产品、服务和购买的信息提取出来，以解决当前面临的消费或购买问题。外部信息搜集是指消费者从外部来源（如同事、朋友、商业传媒及其他信息渠道），获得与某一特定购买决策相关的数据和信息。

2.2.3 内部信息搜集

内部信息搜集是指消费者将过去储存在记忆中的有关产品和服务的信息提取出来，以服务于解决当前问题的过程。

内部信息搜集一般先于外部信息搜集，而且在不同类型的决策条件下，内部信息搜集的程度也存在差别，越是重要、复杂的购买问题，内部信息搜集范围越广。受信息处理能力的限制和消费者记忆随时间而衰退的影响，内部信息搜集过程存在于消费者头脑中的信息通常只有一小部分被回忆起来。营销者应该特别关注以下三方面的问题：第一，哪些信息会被提取出来？第二，这些信息是如何被提取并参与到消费者选择过程中的？第三，从记忆中提取的信息准确程度如何？

（1）内部信息的类型

关于哪些信息会被搜集这一问题，已有研究发现，消费者从记忆中提取的信息主要有四种类型，分别是品牌信息、产品属性信息、评价信息和体验信息。

①品牌信息。虽然消费者可能知道某类产品中的多个品牌，但在某个特定情景下，可能只能回忆起其中少数几个品牌。这些被回忆、考虑和进行过比较的品牌称之为考虑集。

②产品属性信息。一般来说，消费者从记忆中提取有关自己感兴趣的、考虑的品牌在价格、性能、维修便捷性等方面的具体信息，这些都属于产品属性方面的信息。通常，对具体的产品属性信息，消费者会采用一种“概括”或“简化”的形式，而不是以其“原始”形式进行储存和提取。也有一些消费者在进行内部信息搜集时，能回忆起某些产品细节，而这些细节恰恰能够影响随后的品牌选择。正因为如此，人们对那些影响消费者对“细节”回忆的因素非常感兴趣。已有研究发现，产品属性信息越具有“诊断性”（即在消费者评价中的作用较大），越容易被回忆。另外，关于产品属性的显著性、属性信息与购买目标的相关性、属性信息的“鲜明或鲜活性”（如图片比文字更鲜活）等特征，都会影响到消费者的回忆效果。还有研究发现，负面信息比正面信息或中性信息更具有可诊断性，这被称为“负面信息效应”。这要求营销者应花更多的精力来避免出现负面的产品信息。

③评价信息。已有研究发现，相对于具体的产品属性信息，消费者更容易回忆起对产品的整体评价，如产品质量如何、自己是否喜欢某个产品或品牌。如果消费者在接触广告或营销信息时，主动对品牌做了评价，那么在以后回忆该品牌时，便可能呈现这种评价信息。

④体验信息。已有研究认为，如果在产品或服务购买中经历了特别愉快或特别不愉快的体验，这方面的信息可能更容易被回忆起来。原因在于它们具有“自传体记忆”的特征并伴随有情绪或情感体验，因此在记忆里更加“突出”和“鲜活”。很明显，企业可以尝试在消费者的体验与产品或服务之间建立起联系，如使购买过程或消费过程具有更多的体验性并产生更多正面的情绪，也可以通过“怀旧”或勾起消费者对过去美好情境或经历的回忆来提升消费者对公司产品的印象和记忆。

（2）内部信息搜集过程

图2-2列出了消费者在内部信息搜集过程中对品牌的归类。

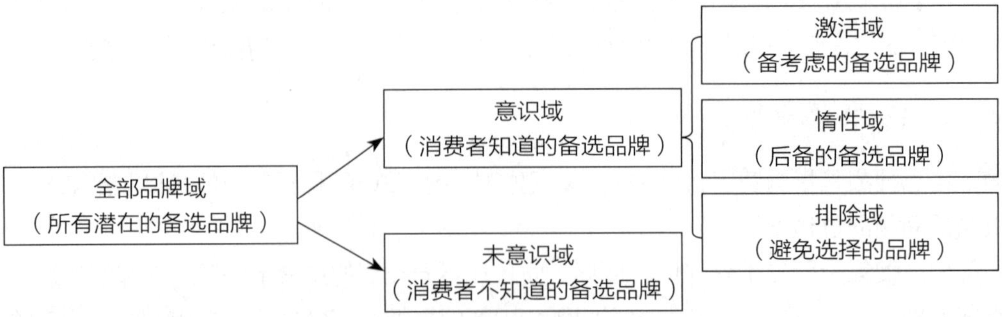

图2-2 内部信息搜集过程中消费者对品牌的归类

图2-2中的意识域是消费者知悉或意识到且有可能作为备选品的品牌。意识域可进一步分为三个次级域，即激活域，惰性域和排除域。激活域由备选品中予以进一步考虑的产品或品牌组成。如果从一开始消费者就对激活域里的品牌感到满意，信息搜集将集中于这些品牌在特定评价标准上的表现。如果未形成激活域或对激活域里的品牌缺乏信心，消费者可能会做外部信息搜集，最终形成一个完整的激活域。惰性域或不活跃域是由那些消费者了解但不关心的产品或品牌所组成。消费者对惰性域里的品牌既无特别的好感也无恶感，通常会接受有关这些品牌的正面信息，但不会主动搜寻这些信息。排除域里的产品或品牌是消费者不喜欢和不予考虑的。即使有关这些品牌的信息唾手可得，消费者也会不理会。很明显，品牌进入消费者激活域特别重要，否则被选择的可能性很小。为此，需要了解哪些因素会促使品牌被回忆起来，并被包括在激活域中。这些促进因素有：

①品牌熟悉程度。越熟悉的品牌，自然更可能被激活。

②典型性。品牌如果更能代表某一类产品，则在内部信息搜集过程中越容易被消费者想起。如提到高品质汽车，马上会想到奔驰、宝马，而不是捷达、伊兰特等，因前者比后者更能代表“高品质汽车”，更具有类别典型性。

③目标与使用情境。消费者有时会按目标或使用情境对产品分类，如正式场合穿的鞋、运动时穿的鞋、散步时穿的鞋等。企业如果将自己的品牌定位于某个特定目标或使用情境，在这些购买目标和消费情境下，品牌更有可能被回忆起来。

④品牌偏好。越是被消费者喜欢的品牌，或消费者态度越正面的品牌，越可能被纳入到激活域。

⑤回忆线索。如英特尔（Intel）广告中的音乐、孩子们喜爱的麦当劳大叔，都可以帮助品牌进入激活域。

涉及激活域的一个重要问题是，在消费者购买决策过程中，它是否会发生变化。早期的研究一直倾向于将激活域基本上视作是不变的或固定的，但现在不少学者对此提出了质疑。从信息处理角度看，激活域里的品牌可视为被激活的记忆内容，它应当是动态的，会随着更多的外部信息进入记忆领域而发生变化。研究表明，随着消费者品牌忠诚度的增强，激活域的规模将变小。影响激活域规模的因素主要有消费者受教育程度、消费者家庭规模、意识域所含品牌数量、消费者对不同品牌使用于不同场合的认识水平。

2.2.4 外部信息搜集

进行外部信息搜集，一方面是为了了解市场上有哪些可供选择的品牌、应当从哪些方面对这些品牌进行比较，另一方面是希望借此获得关于产品评价标准及各种标准的相对重要性的信息，以及不同品牌在各种产品属性上的差异性数据。研究发现，即使在复杂的购买情形下，消费者的外部信息搜寻也是极为有限的。多麦马斯（W. Dommermuth）在对冰箱购买中的信息搜寻行为进行调查后发现，42%的被访者在购买时只造访了一家商店，41%的人只考虑一个品牌。阿德尔（J. Udell）作的一项研究表明，在购买小型电器产品时，77%的情况下消费者只拜访一个商店。这些研究得出的一个结论是：即使信息不难获取，购买者也只是少量地进行搜寻。影响外部信息搜索量的主要因素可以从以下两方面考虑。

（1）经济层面分析

着眼于经济层面分析信息搜集活动，不难发现，影响信息搜集的成本因素不外乎两个方面：一是消费者住地与出售某种产品的商店之间的距离，二是交通费用与时间的机会成本。影响信息、搜寻收益的因素主要有各种备选品牌的数量；不同品牌在价格、品质等方面的差异程度；消费者对所购商品的了解与经验。很显然，如果同一产品领域的品牌很多，各品牌之间彼此差异较大，消费者对此产品领域又不太了解，进一步搜集信息所带来的收益就比较大；反之，则搜寻收益较小。

对企业营销活动有一个很明显的启示：当企业的品牌处于同行业的领导地位时，应设法使消费者相信，例外的搜寻活动只会造成时间和金钱的浪费；相反，如果企业的产品未处于行业的领导地位，则应努力降低消费者的信息搜寻成本，同时提高其搜寻收益。

（2）决策层面分析

从决策角度看，有三类因素影响着消费者的信息搜寻活动：第一类是与产品风险相关的因素，第二类是与消费者特征相关的因素，第三类是情境因素。

①购买风险。与产品购买相联系的风险很多，如财务风险、功能风险、心理风险、时间风险、社会风险等。一旦消费者认为产品或服务的购买涉及很大的风险，他将花更多的时间、精力搜集信息，因为更多的信息有助于减少决策风险。例如，一项研究发现，消费者在购买服务类产品时，一般不像购买有形产品时那样当机立断，而且很多消费者倾向于更多地将别人的经验作为信息来源。之所以如此，原因在于服务产品是无形的，不似有形产品那样可以标准化，因而具有更大的购买风险。

②消费者因素。消费者因素（如个性、人口特征、消费者知识水平）同样影响外部信息搜集活动。例如，洛凯恩德（W. B. Locander）和赫曼（P. W. Hermann）的研究发现，具有外向性格、心胸开阔的人以及自信心强的人，一般与更大量的信息搜集活动相联系。斯旺（Swan）等人则发现，对某一产品领域缺乏消费经验的消费者，更倾向于大量搜集信息。当消费者对所涉及的产品领域越来越具有消费经验时，他的信息搜集活动将减少。应当指出的是，消费经验与外部信息搜集活动之间这种此消彼长的关系，只适用于已经具有某种最起码经验水平的消费者。如果消费者根本没有关于某类产品的消费知识或经验，可能会因此而不敢大胆地从各方面搜集信息，从而很少从事信息搜寻活动。

很多人口方面的特征与消费者的信息搜集活动存在密切联系。一项研究发现，高收入和受过良好教育的人具有更高的信息搜寻水平；同样，处于较高职业地位的人从事更多的信息搜寻活动。另外，随着年龄的增长，搜寻活动呈下降趋势。

③情境因素。影响信息搜寻活动的情境因素很多。首先，是时间因素。可用于购买活动的时间越充裕，搜寻活动可能越多。其次，是消费者在从事购买活动前所处的生理、心理等方面的状态。消费者的疲惫、烦躁、身体不适等均会影响消费者搜集外部信息的能力。再次，是消费者面临的购买任务及其性质。如果购买活动非常重要，比如是为一位要好的朋友购买结婚礼品，那么，购买将会十分审慎，并伴有较多的外部信息搜集活动。最后，是市场的性质。研究人员发现，随着备选品数量的增加，消费者会从事更多的搜寻活动。同样，如果出售同类物品的店铺较多，而且彼此靠近，消费者会更多地进行信息搜寻。

贝蒂（Beatty）和史密斯（Smith）对三类产品即电视机、录放机和个人计算机的搜寻过程作了调查，结果发现消费者拥有的某一产品领域的知识与搜寻活动呈反向变化；消费者可用的时间越多，搜寻活动将越多；消费者对购买的介入程度越高，搜寻活动越多；搜寻活动随消费者购物态度的变化而改变，越是将购物作为一种享受，消费者越倾向于作更多的搜寻。

消费者得到的各种有关信息可能是重复的，甚至是互相矛盾的，因此还要进行分析、评估和选择，这是决策过程中的决定性环节。在消费者的评估选择过程中，有以下几点值得营销者注意：产品性能是购买者所考虑的首要问题；不同消费者对产品的各种性能给予的重视程度不同或评估标准不同；多数消费者评选过程是将实际产品同自己的理想产品相比较。

案例链接

跨文化旅游消费者行为

韩国学者对赴韩的国际游客的旅游动机和偏好进行了一系列研究。Chulwon Kim和Seokho Lee发现，“旅游地吸引力”和“家庭团聚”这2个因素对日本游客有更强的刺激效果，而“追求新奇”是吸引英美游客的主要原因。他们认为，这可以用东方社会与西方社会在“集体—个人主义”文化导向的区别来解释。Seong-Seop Kim等人发现，美国和澳大利亚游客主要为了体验差异性的文化而到韩国旅游，他们偏好能体现历史文化特色的旅游资源；而中国内地和香港游客除了以上原因，还会由于逃避现实生活、享受不同的旅游资源、显示身份地位等原因而选择跨国旅游，而且他们和日本游客都更偏好休闲购物等旅游资源。

不同国家赴韩游客的动机和行为特征

国别 特征	美国	澳大利亚	日本	中国	
				内地	香港
旅游动机	文化历史、社会化二因素	文化历史、社会化二因素	五因素得分都较低	旅游资源、文化历史、逃避现实、社会化、身份象征五个因素	
旅游资源偏好	历史/社会资源	历史/社会资源	美食/购物	休闲/娱乐	美食/购物
停留时间	7天以上	7天以上	3～4天	5～6天	—
旅行计划时间	2～8周	9周以上	—	—	2～4周
信息渠道	报刊/宣传册	互联网	亲友	旅行社/电视广播	

2.3 方案评价与选择

2.3.1 购买评价与选择过程

方案评价是消费者决策过程的第三阶段。消费者在收集到足够的产品信息之后，消费者会对这些信息进行认真的分析、对比和评价，提出若干个购买备选方案，并依据一定的评价标准，并按照标准的重要程度对所考虑的备选产品进行评价，并基于自己确定决策的原则做出最终选择，以选定最满意的产品（图2-3）。

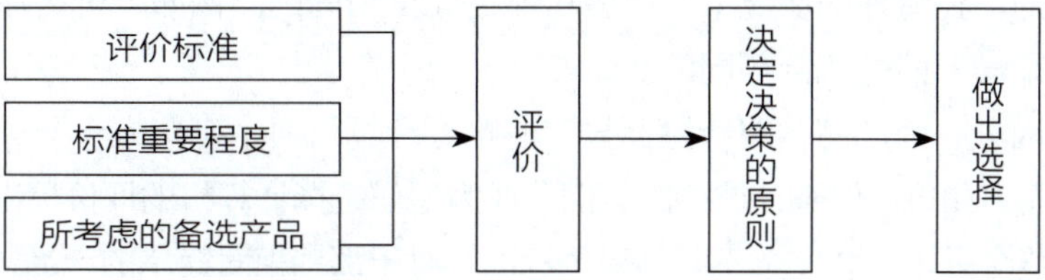

图2-3 购买评价与选择过程

大量的研究都假定消费者是理性决策者，而且有清晰、稳定的偏好。同时，消费者还被假定有能力使选择效用最大化，并在此基础上进行选择，这被称为理性选择理论。理性选择理论的目的是识别和发现最优的选择。决策者只需要搜寻备选方案属性表现水平的信息，把先前存在的价值赋予到各个属性水平，然后运用适当的选择规则，找出较优的备选方案。实际上，消费者理性是有限的，他们只具有有限的信息能力。作为消费者，我们每个人都做过大量的消费选择，深知我们的选择通常是循环的、情感化的、不完全的，而且基于方便而不追求最优，消费者对许多消费决策都没有做出严格的理性抉择，相反，他们只是使用了适合当前情境的决策过程。也就是说，如果一位消费者比较品牌A和品牌B，他可能会偏好品牌A。但是，如果品牌C被加入激活域中，消费者的偏好很可能会转移到品牌B。应当指出，不同的购买决策类型直接涉及备选方案的评价的多少。

2.3.2 影响消费者评价方案的因素

对于特定的购买问题，消费者是否做大量的评价、比较，取决于消费者的购买介入程度、各种备选产品或备选品牌的差异程度、购买时的时间压力三个方面。

（1）消费者的购买介入程度

介入程度是指消费者对购买或购买对象的重视程度、关心程度。对于不同产品的购买，对同一产品在不同情形下的购买，消费者的介入程度是不同的。例如，购买汽车、房屋等大宗商品时，消费者的介入程度明显比购买日常用品等产品要高。对同一产品的购买，例如，化妆品的购买，在作为礼品送给朋友时和供自己使用时，所花的时间和投入的精力可能存在很大差别。购买介入程度越高，消费者在信息的收集、产品评价与选择上的投入和花费的精力也越多。

（2）各种备选产品或备选品牌的差异程度

如果购买者认为不同产品或品牌在品质、功能、价格等方面差异比较大，就会更倾向于对各种品牌进行认真比较；反之，购买者就会减少在这方面的投入量。

（3）购买时的时间压力

在极为紧迫的情况下，消费者花很多时间在购买过程中既不明智也不可能。例如，汽车因轮胎故障而中途抛锚，此时，只要遇到轮胎出售，哪怕价钱贵一些，司机也会不假思索地购买。但如果在平时购置轮胎备用，决策过程很可能更为复杂，购买决策时所花的时间也会更多。

2.3.3 评价标准

评价标准实际上是消费者在选择备选品时所考虑的产品属性或特征。这些属性或特征与消费者在购买中所追求的利益、所付出的代价直接相关。例如，许多希望避免蛀牙的消费者使用含氟牙膏。对这些消费者来说，氟是与防蛀牙这一利益相关的评价标准。此时，评价标准与获取的利益是不同的。在另外的情况下，两者可能是完全相同的。例如，价格作为一种评价标准与付出或成本的某一层面是完全等同的。

评价标准会因人、因产品、因情境而异。在购买计算机时，有些人十分关心价格、速度、内存、图像显示能力和售后保障，这些因素因此成为他们选择计算机的评价标准。同样是买计算机，另外的人可能会采用一套完全不同的评价标准。对于那些相对简单的产品，如牙膏、香皂、手纸，评价标准数目可能很少。而对另外一些产品，如汽车、服务、立体声音响，可能会涉及很多评价标准。另外，购买情境也会影响评价标准的数量和各种评价标准的相对重要性。比如，某一消费者在平时购买食物时可能会考虑很多评价标准，而且将价格视为最重要的评价标准，但在赶时间的情况下，该消费者可能会减少评价标准，并将服务速度和便利置于更重要的地位。

2.3.4 评价方法

消费者在选择评价决策方案时，可以采取以下几种方法。

（1）以理想品牌为参照系

每个消费者的心目中都有对某一商品的理想品牌的印象。消费者可以用心目中的理想品牌同实际品牌进行比较，实际品牌越接近理想品牌，就越容易被消费者所接受。例如，消费者可先给自己心目中的理想品牌打分，然后再给实际品牌打分，比较误差的大小，误差越小，消费者对实际品牌的满意程度越高，选择该种决策方案的可能性就越大；相反，误差越大，表明实际品牌与理想品牌之间的差距就越大，消费者也就不可能选择该种品牌商品。

（2）制定一个最低下限

这是消费者对商品的多种属性关联考虑，然后为商品的各种属性规定一个最低可接受水平，只有所有的属性都达到了规定的水平时，该商品才可以考虑，而对于没有达到这一可接受水平的其他品牌的商品则不予考虑。运用这一方法，就排除了某些不必要信息的干扰，减少了处理信息的数量和规模。但是，这种决策方法可能会导致所剩品牌方案不只是一个。因此，消费者还需要借助其他方法做进一步的筛选。

（3）采用单一评估标准

这种方法是与上一种对商品的多种属性关联考虑正好相反的方法。该种方法是指消费者只用一个单一的评估标准来选择商品，也就是说，消费者看准商品的一种主要的属性去评价他所考虑的几个品牌的商品，并根据这一标准从中选出一个最符合他的需要的商品或方案。

（4）排除法

排除法的核心是逐步排除，减少备选方案。使用这种方法时，首先要排除那些不具备所规定的评估标准的最低可接受水平的商品或方案；然后消费者再制定出不同的衡量标准，用这些标准不断地排除下去，直到剩下最后一个商品和方案为止；最后这个方案或商品是消费者满意或比较满意的。

（5）排序法

这种方法类似于编辑词典时所采用的词条排序法，又叫“词典编辑法”。使用这种方法时，首先将产品的一些属性按照自己认为的重要性程度，从高到低排出顺序，然后再按顺序选择最优的商品和方案。具体方法是，消费者根据排序中的第一重要属性对各种备选品牌进行比较，如果在比较的过程中出现了两个以上的品牌，消费者还必须根据第二重要属性，甚至第三重要属性、第四重要属性比较下去，直到剩下最后一个品牌为止。选择评价方案是消费者购物前的活动，是影响消费者实现购买行为的重要因素，是进行购买决策的基础。因此，营销者要善于运用广告宣传、商品展览、柜台服务等多种促销手段，为消费者提供更多信息和方便，积极诱导并帮助消费者进行选择、评价，以便做出购买决策。

2.3.5 品牌选择的补偿性规则

假设某位消费者正在选购一台个人计算机，6种品牌已进入了激活域或选择域，同时，他对这些产品的价格、重量、处理器、电池寿命、售后服务和显示质量6种属性分别做出了评价。该消费者将选择何种品牌呢？这将取决于他运用什么样的选择规则或决策规则。补偿性选择规则就是一种应用较为广泛和科学的方法。补偿性选择规则，亦称期望值选择规则。根据此规则，消费者将按各属性的重要程度赋予每一属性以相应的权数，同时结合每一品牌在每一属性上的评价值，得出各个品牌的综合得分，得分最高者就是被选择的品牌。

设购买中被考虑的评价标准或属性共有n个，B_{ib}为品牌b在第i个属性的绩效值或评价值，W_i为消费者赋予第i个属性的重要性权重，那么，品牌b的综合得分可表示为

$$R_b = \sum_{i=1}^{n} W_i B_{ib}$$

案例分析

补偿性规则应用案例——计算机评价与选择

表2-1为某消费者对6种计算机的评价，表中数据为评价值，1代表很差，5代表最好，分数越高代表评价越高。

表2-1 对6中计算机的评价

评价标准	联想	佳能	康柏	苹果	IBM	东芝
价格	5	3	3	4	2	1
重量	3	4	5	4	3	4
处理器	5	5	5	2	5	5
电池寿命	1	3	1	3	1	5
售后服务	3	3	4	3	5	3
显示质量	3	3	3	5	3	3

表2-2为消费者对个人计算机各评价属性赋予的权重。

表2-2 消费者对个人计算机各评价属性赋予的权重

评价标准	重要性（%）
价格	30
重量	25
处理器	10
电池寿命	5
售后服务	10
显示质量	20

问题，请用补偿性选择规则对六种计算机进行评价，该消费者到底应该选择哪一品牌的计算机？

【解答】

$R_{苹果}$=30×4+25×4+10×2+5×3+10×3+20×5=385，得分在各类产品中最高，因此选择苹果电脑。

（资料来源：符国群. 消费行为学[M].北京：高等教育出版社，2010：61-64）

案例链接

根据对比效应，我们可以想象：一个长相可打80分的女孩A，如果站在一个长相只有60分的女孩B的旁边，相信很多人会觉得女孩A是美女!相反，这位长相打80分的女孩A，如果站在一个长相为95分的女孩C的旁边，立刻就会相形见绌。

然而，生活中的情况有时要远远比这个更复杂。

根据女伴外貌与自己外貌的相对漂亮程度，我们可以把女孩子相亲是否要带女伴分为如下几种情况：

第一，如果自己比女伴长得漂亮，根据对比效应，这时应该带女伴去相亲，为自己加分。

第二，如果女伴长得比自己漂亮，根据对比效应，这时不应该带女伴去相亲，免得让自己减分。这两种情况的决策都比较简单。现在，更复杂的情况出现了：

第三，如果自己和女伴都长得漂亮，那么是带还是不带女伴陪自己去相亲呢？

第四，如果自己和女伴都长得不漂亮，那么，是带还是不带女伴陪自己去相亲呢？

事实上，这就是市场营销和消费者行为学著名的“评估模式”问题。人们在对一个对象进行判断时，大多可以根据决策情境将评估模式分为两种情况：无比较对象的单独评估和有比较对象的联合评估。

如果带女伴陪自己去相亲，那么男方一般都会将自己与女伴进行比较，这就是联合评估；而如果不带女伴自己去相亲，那么男方就没有参考对象进行比较，这就是单独评估。

那么，对于上述第三种情况和第四种情况，这位女孩子是应该带女伴陪自己去相亲（联合评估），还是不带女伴自己去相亲（单独评估）呢？

芝加哥大学的奚恺元教授是评估模式研究领域的著名学者。根据在评估模式领域的研究，奚恺元教授发现了一个很有意思的“相亲定律”。根据这个相亲定律，对于上述第三种情况，自己和女伴都长得很漂亮，这时，如果带同样漂亮的女伴陪自己去相亲，男方容易将自己和女伴进行比较（联合评估）。由于是联合评估，男方容易觉得“这个女孩长得还不错，不过也并没有比别的女孩子漂亮”，从而降低了对自己的打分。因此，对于上述第三种情况，正确的决策是不带同样漂亮的女伴陪自己去相亲，以免让自己的优势变得平庸。

而对于上述第四种情况，即自己和女伴都长得不漂亮。同样，根据“相亲定律”，如果自己一个人去（单独评估），男方容易觉得“这个女孩子不漂亮”，从而对自己印象不好。相反，如果带同样不漂亮的女伴陪自己去相亲，男方容易对自己和女伴进行比较（联合评估）。这时，自己的不漂亮和女伴的不漂亮比较起来，男方容易觉得虽然这个女孩长得不漂亮，不过也没有比别的女孩子差太多，可以接受，从而提高了自己的分数。因此，对于上述第四种情况，正确的决策是带同样不漂亮的女伴陪自己去相亲，从而为自己的不漂亮分散责任——反正大家都这样！

何时采用何种评估模式或评估模式的不同，导致人们对同样的对象的关注点完全不同：在单独评估（无比较对象）时，人们关心的是该对象本身是否好。而在联合评估（有比较对象）时，人们关心的是该对象是否比别的参考对象好。评估模式的不同，有可能进一步导致人们对同一对象的评价在不同的评估模式下完全不同。由此再次说明，消费者的决策和选择并不是如传统经济学原理所说，会根据产品的价格和质量属性进行客观独立的判断，而是经常受到决策情境的影响。

资料来源：改编自郑毓煌、苏丹：“女孩相亲是否要带女伴”。载《商学院》，2013年12月4日。

2.4 消费者购买过程与店铺选择

2.4.1 消费者购买的类型

由于多种原因，消费者经常会放弃已经决定的购买选择。这些原因包括由于消费者情况临时出现变动、环境变化、新信息或产品缺乏可用性等。例如，某个消费者计划购买一台海信电视机和一台美的空调，但因商场部分商品促销，该消费者实际购买了一台创维电视机和一台海尔空调，使其原购买计划发生变动。

（1）具体性计划购买

具体性计划购买是指进店之前已经计划了所要购买的产品和品牌，经营者通过那些鼓励消费者计划购买产品的广告和其他手段来提高自己的品牌效应和商店忠诚。研究表明，在产品介入程度较高时，购买计划更可能生成。商场里的因素会影响消费者是否按计划购买产品，例如商店的布局、设计、限制游览和店内决策的时间压力，那些能改变消费者所选品牌的市场策略也会中断或改变消费者的购买计划，这些策略包括：样品、降价、赠品券、购买点展示或其他的促销手段。市场营销行为如何影响购买行为取决于消费者的忠诚度，研究表明，产品信息的赠品券广告对那些有兴趣改变品牌的消费者有很好的影响作用；有吸引力的图片对忠诚于某一竞争品牌的消费者具有更强的效果。

（2）一般性计划购买

一般性计划购买是指进店之前已经决定购买某种产品，但到购物时才决定具体品牌。消费者可能计划好他们打算购买的产品，但是他们到商店后或上网后才决定所购买的产品的品牌、具体的样式和尺寸。当快速决策时，消费者通常会购买“所知道的和喜欢的品牌”。降价或具体的样品和包装可能会影响最终所选择的品牌和式样。

（3）非计划购买

非计划购买是指产品和品牌都是在进店前没做计划的，只是在购买时才决定的。诸如陪朋友逛街时被商场促销吸引、购买一种商品时被另一种商品吸引等。这些“冲动型”购买经常是在消费者多变念头的方式下发生的，购买点展示、相关产品的价格或者店内的新产品都会促发“冲动型”购买。购物者经常有意地将目录上的产品展示和材料作为一个可替代的购物单。

2.4.2 消费者购买决策过程

选择一家具体商店的过程涉及消费者的性格以及购买特点与商店特点的匹配。根据不同的购买类型，消费者可能会用不同的标准来评价哪家商店能最好地满足其需求。消费者进行选择是基于他们对这些选项认识的基础之上的，如过去的经历和商店形象可能会影响消费者对具体商店的选择，如果某一消费者过去在某些商店购买有过愉快的经历，他可能就会继续去这些商店购买其所需要的产品；但是如果消费者是第一次购买或者以前有不理想的经历，他就会考虑进行更多的选择。商店形象是不同市场细分的消费者在对他们所认为的重要属性理解的基础上形成的。研究表明，当消费者被问及什么商店有何具体属性时，如“低价”“便利”，他们会很快想起一家商店。这就是说，这家商店在他们脑海里存储了很长时间。在每个细分市场中，这些潜意识的回答被称为自动认知过程，且直接和消费者的第一选择联系在一起。图2-4是消费者购买决策过程。

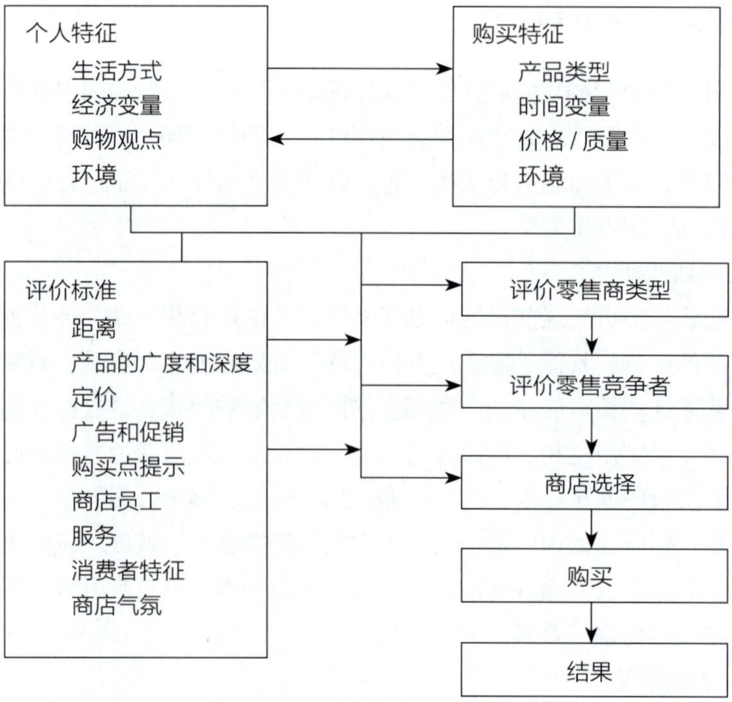

图2-4 消费者购买决策过程

2.4.3 网上购买与支付

网上购物，通常简称“网购”，是互联网、银行、现代物流业发展的产物，通过Internet的购物网站购买自己需要的商品或者服务。简单来说，网上购物就是把传统的商店直接“搬”回家，利用Internet直接购买自己需要的商品或者享受自己需要的服务。专业地讲，它是交易双方从洽谈、签约以及货款的支付、交货通知等整个交易过程通过Internet、Web和购物界面技术化的B2C或C2C模式一并完成的一种购物方式，是电子商务的一个重要组成部分。因此，有人将此视为一个面向全国乃至全世界的虚拟商场。

一般来说，网上物品的经营大致可分为两种形态：一种是电子商店，即提供网上购物或网上服务的营业者，通过自己的网站，直接对网络使用者出售商品或者提供服务；另一种是电子商场，它是由许多提供不同商品或者服务的营业者集中在一个网站中，使用者可以在同一个网站购买不同公司所提供的商品或者服务。也就是说，在前一种情况下网站经营者同时又是商店经营者，而后一种情况下网站经营者扮演的角色更像是商店经营者与消费者的中介。

网上购物的优点对于消费者来说有很多，主要体现在以下几方面：

①网上购物没有任何时间限制。作为网络商店，它可以24小时对客户开放，只要用户在需要的时间登录网站，就可以挑选自己需要的商品。而在传统商店中，消费者大多都要受到营业时间的限制。

②网上购物成本低。对于网上购物商品购买者，他们挑选、对比各家的商品，只需要登录不同的网站，或选择不同的频道就可以在很短时间内完成，而且可以直接由商家负责送达，免去了传统购物中舟车劳顿的辛苦，时间和费用成本大幅降低。而对于传统购物来讲，这一点是无法达到的。

③网上购物商品容易查找。网上商店中基本都具有店内商品的分类、搜索功能，通过搜索，购买者可方便地找到需要的商品。而在传统商店中，购买者寻找商品就需要用更多的时间和精力。

④网上购物商品陈列规模大、种类全。如当当网上的30万商品就已经囊括了几乎国内全部大型新闻出版企业的图书、音像资源。而传统的图书卖场由于场地限制，能够陈列到货架上给顾客挑选的仅有几万种商品。

对于商家来说，由于网上销售没有库存压力、经营成本低、经营规模不受场地限制等，在将来会有更多的企业选择网上销售，通过互联网对市场信息的及时反馈适时调整经营战略，以此提高企业的经济效益和参与国际竞争的能力。对于整个市场经济来说，这种新型的购物模式可在更大的范围内、更多的层面上以更高的效率实现资源配置。

2.5 消费者购后评价与购后行为

2.5.1 消费者购后行为与购后冲突

（1）消费者购后行为

消费者在购买了某些产品或服务后会产生一种被称为购买后冲突的现象，这种现象产生的原因，是由于消费者对其购买行为的合理性产生怀疑。当消费者对所购买商品不满意时，则会将产品退还或保存而不使用。对大多数消费者来说，即使存在购后冲突或不和谐，仍会使用产品。使用产品通常涉及对包装和产品本身的处置。在使用过程中和使用后，消费者会对购买过程和产品进行评价。不满意的评价会使消费者产生抱怨，而厂商做出的合适反应会减少消费者的不满情绪。购后会产生满意与不满意，消费者随之采取相应的行动，要么导致重复购买与忠诚，要么导致转换品牌或不再使用此类产品等其他行动。消费者购后行为如图2-5所示。

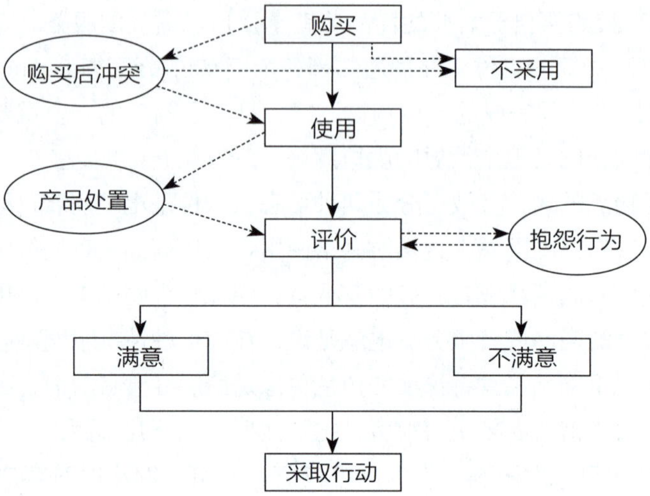

图2-5　消费者购后行为

（2）消费者购后冲突

消费者常常需要在多个备选方案中间作出选择，一旦作出决定，消费者可能就想知道自己是否作出了最佳选择。在相对较难下决心且具有长期影响的决定作出之后，消费者会对其购买行为产生怀疑和焦虑。这类反应是很常见的，这种对购买行为的怀疑和焦虑就叫购买后冲突。消费者产生购后冲突的可能性及其激烈程度是由以下因素决定的：

①忠诚度或决定不可改变的程度。决定越容易改变，购后的不和谐就越不易发生。

②决定对消费者的重要程度。决定越重要，越有可能产生购后冲突。

③在备选品中进行选择的难度。越难作出选择，就越有可能产生购后冲突，且冲突激烈程度越高。决策难度大小取决于被选品的数量、与每一备选品相联系的相关属性的数目以及各备选品提供的独特属性。

④个人体验焦虑的倾向。有些人更易感到焦虑，而越易于感到焦虑的人就越可能产生购后冲突。

购后冲突或不和谐之所以发生，是因为选择某一产品，是以放弃对另外产品的选择或放弃其他产品所具有的诱人特点为代价的，这与个体希望获得这些富有吸引力的特点的欲望不一致。在名义型决策和大多数有限型决策中，由于消费者不考虑被选产品不具有而其他替代品具有的特色，因此这类决策不会产生购后冲突。例如，某位消费者的备选方案里有4个咖啡品牌，他认为这几个品牌除了价格以外在其他属性都旗鼓相当，此时，他会选择最便宜的品牌，这样的购买一般不会带来购后冲突。

由于大多数购买介入度高的决策涉及一个或多个引发购后冲突的因素，因此，这些决策常伴随购后冲突，而且由于购后冲突令人不快，消费者会设法减少购后冲突，消费者常用的减少购后冲突的方法有：①增加对所购品牌的欲求感；②减少对未选品的欲求感；③降低购买决策的重要性；④改变购买决策（在使用前退回产品）。

尽管消费者可以通过内心的再评价减少购后冲突，搜集更多的外部信息来证实某个选择的明智性也是很普遍的方法。支持消费者选择的信息自然有助于消费者确信其决策的正确性。

消费者购物后搜集信息的倾向和做法，极大地强化了广告和后续销售努力的作用。为了培养消费者对所选品牌的信心，许多耐用消费品的营销者，如大宗家电和汽车推销商就会寄一些资料给近期的购买者，这些资料在很大程度上是专门用于证实购买的明智性与不确定性的。例如，汽车零售商在汽车售出后给消费者打电话，一方面确保消费者没有碰到产品问题，另一方面也是为了减少购后冲突。即使是一些十分简单的口信，如“感谢您在我处购买了新车，我们相信您会对自己的选择感到满意。我们是否能做些什么使您更充分地享用您的新车呢?”这些都可以减少消费者购后冲突和增加消费者满意感。

2.5.2 顾客满意与不满意的反应

顾客让渡价值很好说明了顾客的购买选择与行为取向。但顾客的让渡价值，仅仅是他选择购买哪个厂家产品时的一种价值判断。购买以后，顾客对于购买成功与否的评价，还要取决于对产品是否满意。

顾客满意是指顾客通过对一个产品的可感知绩效（感知价值）与他的预期绩效（期望价值）比较后所形成的感觉状态。

在这个概念中，使用了可感知价值与预期价值的概念。顾客的可感知价值是指购买和使用产品以后可以得到的好处、实现的利益、获得的享受、被提高的个人生活价值。顾客的预期价值指顾客在购买产品之前，对于产品具有的可能给自己带来的好处或利益，是对产品或服务提高其生活质量方面的期望。

在很大程度上，他人的评价、介绍、厂家许诺等，对形成顾客的期望价值有很大的影响。显然，顾客满意是二者的函数（图2-6）。

顾客满意 =*f*(感知价值，期望价值)
- 感知价值 > 期望价值——很满意
- 感知价值 = 期望价值——满意
- 感知价值 < 期望价值——不满意

图2-6　顾客满意的形成过程

顾客产生了不满意之后，会在是否采取行动上做出选择，可以采取公开行动和采取私下行动（图2-7）。

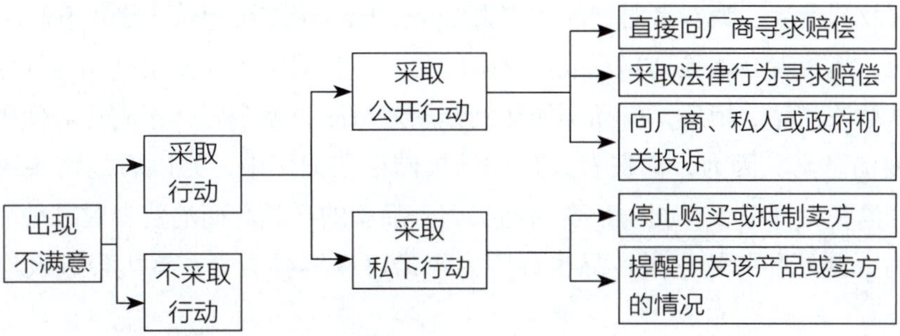

图2-7　消费者处理不满意时采取的方式

当消费者对于他所购买的产品有所不满时，那么他就有可能会产生抱怨，这就是所谓的消费者抱怨。消费者是否采取抱怨行为，则要视下列三个主要的因素而定。

（1）消费者本身的因素

是否具有某些特性的消费者比较可能采取抱怨行为？研究发现年龄和收入与抱怨行为有适度的相关性。一般而言，会采取抱怨行为的消费者会比较偏向较为年轻、较高收入与较高教育水准。另外，过去的抱怨经验也是抱怨行为的良好预测因子，有抱怨经验的消费者比较可能再采取抱怨行为。在人格特性方面，内心比较封闭和比较自信的人都比较可能采取抱怨行为。此外，比较注重个人独特性与比较独立的人也相对比较容易采取抱怨行为。还有消费者本身攻击性很强时，则消费者在面对消费不满意时，也会倾向进行抱怨而非默默接受。总结来说，消费者的人格特性是影响消费者是否抱怨的一项很主要的变量。

（2）不满意事件的本身因素

并非所有的不满意事件都会引发抱怨，有些不满意事件本身不是很显著，或是不满意事件所牵涉的产品或服务并非十分重要，则消费者往往会忽视该不满意事件。所以，消费者实际所收到的绩效与其对产品的期望两者的差距大小，以及消费者认为的产品或服务本身的重要性都会影响其抱怨与否。

（3）归因的因素

一般而言，消费者会对不满意事件进行归因，也就是判定谁应该为不满意事件来负责。如果消费者归因的结果是营销人员或厂商应该负责，则比较有可能产生抱怨。相反地，如果消费者将不满意归因于自己或是环境上的不可控制因素，则抱怨比较不会产生。

研究发现很多厂商碰到消费者抱怨，往往就是先推卸责任，而这往往是消费者最不满意的厂商反应。消费者希望厂商应该先降低所造成的伤害或不愉快，然后提出一个解释其行动的理由。事实上，厂商对于消费者抱怨的处理方式会显著影响消费者的满意度。

对于奉行营销观念的企业，顾客满意是最高目标，对于企图争取更多的顾客并保持已有的顾客的企业，最主要的努力方向就是使顾客能具有满意感。因此，从顾客满意的概念和形成机制中可知，企业可以在降低预期价值、提高可感知价值方面分别或综合性地做出营销努力，来提高顾客的满意度。

2.5.3 购后的使用与处置

无论消费者购买后满意与否，他都会对所购买的产品进行使用或处置。对所购买的产品可以保留、永久摆脱或临时摆脱（图2-8）。

在消费时及消费后，消费者对产品和消费经历形成一个综合评价（图2-9）。

在此阶段，消费者会体验到满意或不满意的感觉。当消费者在使用产品达到他们的预期要求时，就会满意该产品。相反，产品不能达到预期效果时，就会感到不满意。使用的满意程度具有非常重要的意义。因为，消费者会把此结果储存在记忆中，为以后的购买决策做参考。因为，大部分消费者都趋于在同一个商店购买同一品牌的产品。而消费者对某种品牌的产品或商店不满意时，其他品牌的同类产品也许因为承诺可以做得更好，有机会进入消费者的购买决策。

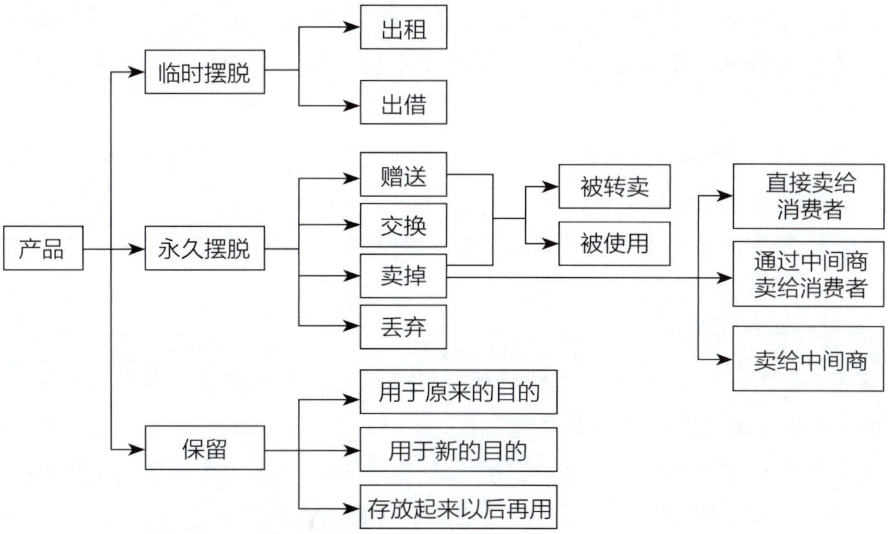

图2-8　消费者使用与处置产品的方式

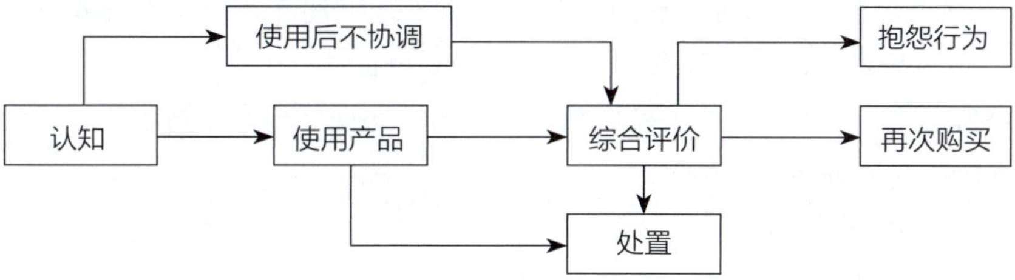

图2-9　购买后评价与购后行为

满意度最主要的决定因素是消费，也就是说消费者怎样使用该产品。即使产品是好的，但如果消费者不能正确使用，也会感到不满意。因此公司开始开发产品的维护、使用说明书，也会组织为消费者提供担保、售后服务、技术支持等活动。

大多数购买都会产生认知失调，或由购后冲突引起不满意。购买后，消费者会对所选品牌的利益感到满意，庆幸自己回避了没选择品牌的缺陷。但是，所有的购买都包含了妥协。消费者会在对所选品牌的缺陷感到不适的同时对失去未选品牌的利益感到惋惜。因此，消费者对每一次购买或多或少会产生某种程度的购后失调。

消费者在购买后，通过自己的体验，来评价所购买的产品。这其实是消费者的再评价过程，决定了消费者对该产品或品牌的印象。对于企业而言，是一个很重要的过程。首先，企业如果在购后过程中为消费者提供周到的服务，则有利于提高顾客满意度，有助于为企业树立品牌形象。其次，要高度重视消费者的不满情绪，并妥善处理。消费者的怨言，可以为企业提供改进的意见，如果处理恰当，会使坏事变成好事，进一步提升企业的竞争力。由此可见，购后过程是提高顾客满意和顾客忠诚的重要阶段，所以企业应高度重视该过程。

案例链接

麦当劳的顾客让渡价值合理运用

1955年，雷·克洛克凭借敏锐的市场触觉，在美国伊利诺伊州创立了第一家麦当劳餐厅。现在，麦当劳共开设了25000多家餐厅，覆盖115个国家和地区，平均每五小时便有一家新店投入服务，每天为四千多万顾客提供新鲜的美食和优质的服务，成为全球规模庞大的快餐集团。

麦当劳正是深谙顾客让渡价值理论的艺术，以适宜的顾客让渡价值而达到顾客满意的。

一、麦当劳的整体顾客价值

麦当劳的产品价值、服务价值、人员价值和形象价值共同构成了麦当劳的整体顾客价值。

1. 麦当劳的产品价值

麦当劳产品的原料、用量、过程都有严格的标准。麦当劳在《操作规程》中对速食品和提供的服务的标准都有具体的规定。

食品有严格的时间限制。超过10分钟的汉堡、7分钟的法式炸薯条，都不再出售。

麦当劳根据各地顾客的需求不同，提供具有不同特色的产品。

2. 不落俗套的麦当劳服务价值

麦当劳没有自动电唱机服务来吸引十几岁的孩子，也没有香烟和自动售报机来消遣成年顾客，而各地顾客还是慕名而来。麦当劳的服务价值是：

· 服务中抓住儿童的心。迎合儿童心理的服务才是小顾客们真正需要的。

· 高标准的“微笑服务”。

· 名副其实的“快”餐店。

· 针对特殊的市场，麦当劳给予特殊的服务。

3. 麦当劳的人员价值

麦当劳的员工分为两类：经理和员工。经理分为餐厅经理、第一副经理、第二副经理和见习经理；员工分为员工组长、训练员、员工和见习生。麦当劳员工流动性极大，美国约为125%。经理拿月薪，员工则是按小时计酬。麦当劳的人员价值在外，功夫在内。

4. 麦当劳的形象价值

企业的形象价值其实是在产品价值、人员价值、服务价值基础上的一种综合价值。一般而言，形象价值来源于四个方面：MI（理念识别）、BI（行为识别）、VI（视觉识别）、OI（企业讯息传达系统识别）。其中，MI是指企业的经营理念和价值观，这是企业的灵魂，也是企业形象的基础；BI是指企业运行的全部规程策略；VI是企业在MI、BI的基础上，所设计的向外界传达的全部视觉形象的总和；OI是指如何利用各种讯息传达系统来向公众传递企业的形象价值。麦当劳的企业形象价值来自于如下四个部分：

· QSCV，即质量（Q）、服务（S）、清洁（C）、价值（V）。传递着麦当劳的经营理念。这简明扼要的四个词贯穿于麦当劳的整个生产、服务过程当中。

· 麦当劳有一套准则来保证员工行为规范：OTM（营业训练手册）；SOC（岗位检查表）；QG（品质导正手册）；MDT（管理人员训练）。总之，小到洗手消毒有程序，大到管理有手册，以保证QSCV的贯彻。

· 麦当劳的视觉形象识别是有口皆碑的。

· 麦当劳在各个报纸、杂志上频频亮相，并多次受奖，名声大振。

麦当劳的整体顾客价值相对提高，也就是整体顾客成本相对降低。

二、麦当劳的整体顾客成本

1. 货币价格

尽管在各国以各国货币来计价，麦当劳的一份快餐的货币价格相对较低，不超过两美元。美国的家庭主妇们认为比她们自己做的还省钱。

2. 时间成本

麦当劳接待一名顾客的时间不超过1分钟，顾客的时间成本相当小。

3. 体力成本和精神成本

对于一些人，尤其是儿童来说，进入麦当劳店是一种娱乐，体力和精力成本几乎为零，甚至是一种享受。

因此可以概括为这样一个公式：

麦当劳的顾客让渡价值=麦当劳的整体顾客价值−麦当劳的整体顾客成本=（感知与期望比较）顾客满意=麦当劳的成功

关键概念

消费者需求　内部信息搜集　购后冲突　顾客让渡价值　品牌忠诚

思考与技能实践

1. 基本训练

（1）消费需求的类型有哪些?

（2）识别消费者需求的方法有哪些?

（3）消费者获得信息的来源有哪些?

（4）影响消费者评价方案选择的因素有哪些?

（5）消费者选择购买的决定因素有哪些?

（6）消费者品牌忠诚的作用有哪些?

2. 技能训练

（1）自选某一品牌产品，分析消费者选择该产品的过程。

（2）利用顾客让渡价值，分析某一品牌成功的因素。

案例分析

2017年3月28日，2017年度中国顾客满意度调查结果发布会发布了冰箱、空调等39个行业的忠诚度测评结果。

忠诚度指消费者在购买决策中多次表现出来的对某品牌有偏向性的行为反应。通过推荐意愿、再购买意愿等指标在问卷中体现。问卷覆盖全国250个主要城市，每个行业问卷量在2000份左右，将问卷结果用数学模型转换成百分制计算得出忠诚度。

经过测算，忠诚度高于70的品牌有35个，按照《2017中国顾客满意品牌榜》顺序，分别是：美的冰箱（80）、西门子冰箱（81）、格力空调（82）、美的空调（80）、美的洗衣机（77）、松下洗衣机（80）、西门子洗衣机（80）、A. O. 史密斯电热水器（81）、美的电热水器（80）、A. O. 史密斯燃气热水器（83）、万和燃气热水器（80）、方太抽油烟机（80）、老板抽油烟机（80）、方太燃气灶（71）、老板燃气灶（72）、樱花燃气灶（71）、方太消毒柜（71）、海尔消毒柜（73）、老板消毒柜（73）、西门子消毒柜（76）、大金空气净化器（72）、三星空气净化器（73）、夏普空气净化器（72）、小米空气净化器（71）、华为手机（71）、腾讯网（76）、长城家庭宽带（72）、宽带通家庭宽带（73）、中国电信家庭宽带（71）、中国联通家庭宽带（70）、大润发超市（76）、好又多超市（70）、家乐福超市（70）、沃尔玛超市（75）、物美超市（70）。

（资料来源：http：//www.cnis.gov.cn/xwdt/bzhdt/201703/t20170329_22257. shtml）

请用所学知识，分析这些企业能够赢得中国消费者品牌忠诚的共同点。

第3章

消费者资源、需要与购买动机对消费者行为的影响

学习目标

1. 知识目标：掌握消费者资源的类型；掌握消费者需要的含义、特征、分类和影响因素；掌握消费者动机的含义、特征、分类和影响因素以及相关理论；了解需要理论
2. 能力目标：能够利用各种理论分辨顾客的消费动机

导引案例

云南白药是著名的国产成药，历史悠久。云南白药品牌享誉中外，是中国止血愈伤、消炎消肿、活血化瘀类产品的百年品牌。

云南白药集团依托“云南白药”的品牌优势适时推出云南白药牙膏。云南白药牙膏是以牙膏为载体，借鉴国际先进口腔护理、保健技术研制而成的云南白药口腔护理保健产品。它内含云南白药活性成分，具有迅速抵制牙龈出血、修复口腔溃疡、改善牙龈肿痛、祛除口腔异味的作用，同时具有防止牙龈炎、牙周炎、牙龈萎缩等问题的作用。

云南白药牙膏选取了如下市场定位策略：

1. 白药牙膏的目标市场

针对有“牙龈出血、牙龈肿痛、口腔溃疡”这3大类症状人群。

中高收入人群——19.8元/支。

2. 白药牙膏的市场定位

（1）产品定位：走一条新路，定位“非传统牙膏”。

（2）竞争定位：走高端产品线路，避免与传统牙膏品牌直接竞争（不做普通日化，而是以牙膏为载体的保健品，和高露洁、佳洁士不正面对抗，不以量胜，而以单支较高的附加值来赢得效益）。

（3）消费者定位：主要为中高收入层、有牙病的人群。

3.1 消费者资源

消费者资源主要包括经济资源、时间资源和消费者知识三大类，不同消费者拥有的这些资源要素是不一样的，这对消费者的购买行为将直接产生影响。

3.1.1 消费者的经济资源

消费者的经济资源主要包括收入、财产和信贷。

（1）消费者收入

消费者收入是指消费者个人从各种来源所得到的货币收入，通常包括个人的工资、奖金、其他劳动收入、退休金、助学金、红利、馈赠、出租收入等。消费者收入主要形成消费资料购买力，这是社会购买力的重要组成部分。

1）消费者收入类型。

消费者收入可分为货币收入和实际收入。物价下跌，则实际收入上升，反之，实际收入下降。此外，不同时期、不同地区、不同阶层消费者收入水平不同。消费者收入主要形成消费人口的购买力，收入水平越高，购买力就越大，但消费者收入不会全部用于消费。因此，对企业营销而言，有必要区别以下几种概念：

①个人可支配的收入，即个人收入扣除各种税款（所得税等）和非税性负担（如工会费、养老保险、医疗保险等）后的余额。它是消费者个人可以用于消费或储蓄的部分，形成实际的购买力。

②个人可任意支配的收入，即个人可支配收入中减去用于维持个人与家庭

生存所必需的费用（如水电、食物、衣服、住房等）和其他固定支出（如学费等）后剩余的部分。这部分收入是消费者可任意支配的，因而是消费需求中最活跃的因素，也是企业开展营销活动所要考虑的主要对象。

③家庭收入。许多产品的消费是以家庭为单位的，如冰箱、电视、空调等，因此家庭收入的高低会影响许多产品的市场需求。

2）对消费者收入的分析。

消费者收入不变，而商品价格上涨，就等于消费者收入的减少。反之，如果物价下跌，就等于消费者收入增加。一个好的企业不仅要分析研究消费者的平均收入，而且还要分析研究每个层次消费者的收入和消费水平，只有这样才能抓住重点，提高企业的创收率。

消费者购买力来自消费者收入，所以消费者收入是影响社会购买力、市场规模大小以及消费者支出多少和支出模式的一个重要因素。进行经济环境分析时，要区别可支配的个人收入和可随意支配的个人收入、货币收入和实际收入等细分项目。另外，还要分析研究消费者的平均收入，要分析研究各个阶层的消费者收入、不同地区的收入水平和工资增长率等因素。

当消费者收入水平较低时，迫于生计，不得不消费较多的劣等品。当消费者收入提高时，会增加层次较高、品质较好的生活必需品的消费，这样自然而然减少了对劣等商品的消费。因此，劣等商品价格提高了，若撇开由相对价格变化引起的购买替代，则由于消费者实际收入的降低，就会引起消费者对该商品更多地购买。

3）收入对消费者需求结构影响的恩格尔定律。

消费结构是在一定的社会经济条件下，人们（包括各种不同类型的消费者和社会集团）在消费过程中所消费的各种不同类型的消费资料（包括劳务）的比例关系。恩格尔定律是19世纪德国统计学家恩格尔根据统计资料，对消费结构的变化得出的一个规律：一个家庭收入越少，家庭收入中（或总支出中）用来购买食物的支出所占的比例就越大，随着家庭收入的增加，家庭收入（或总支出中）用来购买食物的支出则会下降。推而广之，一个国家越穷，每个国民的平均收入中（或平均支出中）用于购买食物的支出所占比例就越大，随着国家的富裕，这个比例呈下降趋势。

（2）消费者财产

财产或净财产是反映一个人富裕程度的重要指标，从长期来看，它与收入存在高度的相关性。然而，这两者决不能画等号。具体到单个的个体，高收入并不意味着一定拥有大量的财产。同样，拥有大量财产的人，也可能是通过继承或过去投资获得这些财产，现在的收入不一定很高。即使其他条件不变，完全处于同一收入水平的两个人或两个家庭，所拥有的财产也可能存在非常大的差别，原因是各自在消费和储蓄的模式上采取完全不同的做法。

财产既包括住房、土地等不动产，也包括股票、债券、银行存款、汽车、古董及其他收藏品。政府机构和私人组织很少系统地搜集居民财产及其分布的数据，因此，以财产为依据分割市场和制定营销策略相对比较困难。在西方发达国家，大多数居民最主要的财产是其所拥有的房产。据说，这一部分财产占其财产总额的50%～60%。当然，对于百万富翁之类的超级富裕层，他们更有可能以股票、债券、银行存款等方式拥有其财产。目前，我国居民银行储蓄存款余额已逾17万亿元，因此银行存款成为一种主要的财产持有形式。在城镇，随着越来越多的人拥有属于自己的住房，房屋作为个人财产的地位越来越重要。在农村，实际上大多数居民的财产就是他们所拥有的住房。

拥有较多财产的家庭相对于较少或很少财产的家庭，将会把更多的钱用在接受服务、旅游和投资上。富裕的家庭一般处于家庭生命周期的较后阶段，不一定特别在意重新装修房子和购买大件商品之类的事情，因此他们在这方面的支出并不高。由于特别珍惜时间，他们对商品的可获性、购买的方便性、产品的无故障性和售后服务等有很高的要求，并且愿意为此付费。另外，富裕家庭的成员对仪表和健康十分关注，因此，他们是高档化妆品、皮肤护理产品、健康食品、维生素、美容美发服务、健身器材、减肥书籍和减肥服务项目的主要购买者。为了保证身体和财产安全，他们还大量购买家庭保护系统、保镖、各种保险、防火与防盗器材、空气净化器等产品。

（3）消费者信贷

所谓消费者信贷，就是消费者凭信用先取得商品使用权，然后按期归还贷款以购买商品。消费者信贷的历史由来已久。新中国成立以前有些商店平时赊销，逢过节时收账，这也是消费者信贷。第二次世界大战以来，由于生产迅速发展，许多商品供过于求，西方各国盛行消费者信贷。

1）消费者信贷种类。

①短期赊销。例如，消费者在某家零售商店购买商品，这家商店规定无须立即付清货款，有一定赊销期限，如果顾客在期限内付清货款，不付利息；如果超过期限，要计利息。

②购买住宅，分期付款。消费者购买住宅时，仅需支付一部分房款，但须以所购买的住宅作为抵押，向银行借款购买；以后按照借款合同规定在若干年内分期偿还银行贷款和利息（每月还款数额和每月租别人的房屋的租金数额差不多）。买主用这种方式购买的房屋，有装修、改造和出售权，而且房屋的价值不受货币贬值的影响。分期付款购买住宅，实质上是一种长期储蓄。

③购买昂贵的消费品，分期付款。消费者在某商店购买电冰箱、昂贵家具等耐用消费品时，通常签订一个分期付款合同，先支付一部分货款，其余货款按计划逐月加利息分期偿还。如果顾客连续几个月不按合同付款，商店有权将原售货物收回。

④信用卡信贷。美国是信用卡的发源地。美国信用卡有两大类：一类是由大百货公司、超级市场发给顾客的，顾客可凭卡在公司所属商店赊账购买商品；另一类是由金融机构印发的信用卡，在全世界都可使用。

2）发展消费者信贷的好处。

首先，发展消费信贷有利于提高消费倾向，扩大内需。开拓国内市场，扩大国内需求是我国经济发展的基本立足点和长期战略选择，所以有效刺激消费是我国经济保持长期稳定增长的重要保证。尤其重要的是，当前我国经济运行呈现供给相对过剩和通货紧缩的特征，消费品市场从卖方市场格局向买方市场格局转化；另外，居民储蓄率日趋高升，边际消费倾向递减，在此情况下，国家近年先后出台了一系列扩张投资需求的财政政策与货币政策，但从消费领域看，消费市场依然偏淡，扩张投资需求刺激消费作用有限，进一步扩大内需、刺激消费还有赖于发展消费信贷进而扩张有效需求。我们知道，投资和消费是经济增长的两个轮子，要使投资拉动经济增长的态势得以持续，消费需求必须及时跟上，发展信用消费正是扩大消费需求的一种重要途径。从全社会看，由于消费与生产不可能完全同步，消费总是滞后于生产，两者之间存在着一定的滞差，消费信贷的实施有助于增加即期消费，保持生产与消费的良性循环。在当前经济形势下，消费信贷尤其具有特殊重要的现实意义：

消费信贷是调节当前宏观经济的有效措施。消费需求不足可以说是当前我国经济增长中的一个突出问题，积极开展消费信贷，通过消费信用支持需求扩张，可以达到启动消费品市场带动经济增长的目的。政府通过消费信用引导消费者的支出投向，有意识地加速或延缓某类消费的社会实现，还可以有效促进产业结构调整和升级，实现经济结构的优化，使经济增长步入良性循环。

其次，发展消费信贷有利于为经济增长提供推动力。消费的增长始终是经济活动的出发点与归宿点，以消费为导向也正是市场经济发展的真谛。居民消费的增长与消费需求结构的升级正是经济规模扩展与经济向更高层次进化的根本推动力。据测算，居民消费对国民经济增长的贡献率，韩国为64.8%，日本为66.4%，美国为68%，而我国该项指标约为50%。在发达国家，信用消费占其整个消费的比重达30%。按此计算，在我国可增加消费1300亿元左右，将带动消费增长约4.5个百分点，若消费对经济增长贡献率为50%，则最终可拉动经济增长2.3个百分点。目前我们的消费水平在达到小康之后，面临消费升级，一次性大额支付是其中一个重要特征，也会是一个经常遇到的问题。通过消费信贷，使部分急需改善生活条件并有一定经济实力的居民提前满足对住房、汽车等高价值消费品的需求，也有利于提高生活水平的质量，促进社会消费升级的顺利实现。事实上，消费信贷是一个人乃至一个民族有没有信心的标志，也就是说敢不敢花未来挣的钱。因此，通过发展消费信贷，可以从根本上改变传统的制约消费的政策和观念，把消费和劳动生产有机结合起来，激发劳动者的劳动热情，提高劳动生产率，最终提高人民消费生活水平。

最后，发展消费信贷可以优化社会信用结构，使债权和债务有机地结合起来，从而提高信用内在约束机制和全社会的信用水平。目前在我国的社会信用结构中，居民高债权，政府和企业高债务，银行高风险。风险和收益是绝对分离的。发展消费信贷可以优化居民的资产结构，使居民的收益和风险通过信用消费的方式结合。消费信贷和储蓄对于货币流通的作用恰恰是相反的，前者是未来的收入现在使用，而后者是现在的收入未来再用。发展消费信贷也是构建市场储蓄向投资转化机制的重要措施。此外，发展消费信贷可以延伸货币政策和信贷政策的作用范围，是调整银行资产负债结构的有力工具之一。到目前为止，货币、信贷政策都是在短缺经济中发挥促进生产作用的，而通过消费信贷可以使货币、信贷政策延伸到消费领域，建立消费主导型的经济增长方式。更进一步，通过政策作用范围的延伸，可以帮助银行调整资产负债结构，提高银行效率和效益。

3.1.2 消费者的时间资源

"时间就是金钱"，这句听起来很平常的口号，在改革开放初期的深圳蛇口提出，如一股强烈的冲击波，在当时对国人思想产生了巨大影响，从而改变了人们的时间观念、效率观念。在市场竞争日趋激烈和生活节奏日益加快的今天，该口号对于多数企业和消费者愈显重要。

（1）时间的构成

传统上，人们将时间分为两部分：工作与休闲。然而，现在人们不再如此简单地对时间进行分割，而是将时间分成三个部分：工作、非自由处置时间、休闲。沃斯认为："休闲是指这样的自由处置时间，在此时间内消费者没有感受到经济的、法律的、道德的或社会的义务，也不是一种生理上的必需，消费者如何支配这段时间完全取决于他自身。”按照这一界定，吃饭、睡觉、家务、个人护理及其他负有道义责任的工作所占用的时间都应划入非自由处置时间。只有在扣除了这部分时间和工作时间之后，剩余的才是休闲时间。

人们在休闲时间里从事诸如阅读、登山、钓鱼、旅游、创作等愉悦身心的活动，这类活动通常被称为休闲活动。休闲活动并不是绝对的，被大多数人视为休闲性的活动，对另一些人来说可能恰恰是本职工作。艺术家、大学教授、职业运动员所从事的就是这样一些“休闲性”工作。也许有些人把上街购物视为一种休闲活动，而另一些人则将其视为非休闲性活动。正是由于上述原因，严格地界定什么是休闲或休闲活动并非易事。

（2）消费时间的产品

很多产品和服务，如看电视、溜冰、钓鱼、打网球、健身等，均需要时间。消费者是否购买这些产品和服务，很大程度上取决于他们是否拥有可自由支配的时间。如前所述，消费者可自由支配时间与工作时间和非自由处置时间处于一种此长彼短的关系。后两部分时间越多，自由支配或休闲时间就越少，反之则越多。随着收入水平的提高和越来越多的女性参加工作，对大多数人来说，工作时间不一定有明显地减少。另外，与收入增长同步，很多消费者的非自由处置时间在增加。例如，英国人1989年花在旅途上的时间较10年前大大增加了，而且高收入者和低收入者在旅途时间上存在明显差别。年收入在3.5万英镑以上的男性每周在旅途上花12个小时，而低收入者为每周8个小时。高收入女性较低收入女性平均每周要在旅途上多花2个小时。

由于自由处置时间或休闲时间的减少，很多消费者要求在有限的休闲时间里获得更大的满足和快乐。他们在休闲时间里可能会更愿意出钱来获得享受，由此引起对能够带来这种享受的产品和服务，如空中旅行、高档体育用品和健身器材等的需求。时间压力大的消费者还可能由从事比较悠闲的活动转向更为剧烈的活动，如由钓鱼转向打羽毛球，由打高尔夫球转向打网球。

应当指出，消费者时间支出方式也在不断变化。研究发现，与过去相比，现在妇女做家务的时间减少了，而男性做家务的时间在增加。传统上，女性喜欢彼此交流，在这方面花的时间较男性多。现在，这种差距在缩小。加斯特的研究发现，最近几年，25～44岁年龄段的男性花在电话上的时间几乎翻了一番。在涉及时间消费的其他一些领域也在发生变化。例如，在20世纪90年代中期以前，人们看电视的时间呈上升趋势，但自此以后则呈下降态势，这一点在年轻人中的表现尤为明显。

（3）节省时间的产品

减少工作可以增加休闲时间，但由此也会引起收入的减少，这对很多消费者来说可能不是一种好的选择。因此，要获得更多的休闲时间，更好的选择是压缩非自由处置时间。在这一方面，企业可以通过提供节省时间的产品与服务来帮助消费者达到目的。

很多服务，如雇人照看小孩、清扫与整理房间、修剪草坪等均有助于消费者从繁忙的家务活动中解脱出来，从而腾出更多的时间来工作或休闲。美国成年人日益增多地运用各种节省时间的策略，超过60%的消费者通过吃外卖食品、在快餐店用餐或推迟房间打扫等方法来节省时间。

某些耐用品和非耐用品也有助于节省消费者时间。最为典型的是微波炉和洗碗机，这两种产品投放市场后，受到了极大的欢迎。在西方国家，需要加热的食品如果不适宜放在微波炉里是很难销售出去的。此举不仅影响食品行业，而且也对包装业产生了深远的影响。另外，像“干洗剂”“快干油漆”、大马力割草机等，尽管价格偏高，但由于节省时间，仍受到时间敏感型消费者的欢迎。

另外一种节约消费者时间的方式是时间的多极运用，即让消费者同时做多件事情或完成多项任务。例如，在旅行过程中，让乘客看电视或用笔记本电脑工作。有一家企业开发出配有搁书板的健身器，使消费者在健身的同时还可看书，便是采用了时间多极运用的概念。

一般来说，越紧张、忙碌的消费者对节约时间的产品越感兴趣，越愿意为此付费。具体到某一个体身上，这一结论是否适用还应作具体分析。事实上，忙碌的消费者还有其他方式缓解时间压力，而不一定非采用节省时间的产品不可。调查发现，忙碌导致了如下结果：①38%的人减少了睡眠时间；②人们尤其是女性做家务的时间减少了；③男女做家务的时间比例发生变化，1965年，美国男女做家务的时间比例是1∶5，即女性做5个小时，男性才做1个小时，到1991年这一比例变为1∶2，虽然女性仍较男性做更多的家务，但两者的差距在缩小；④消费者愿意花在购买上的时间减少了。

3.1.3 消费者的知识资源

（1）消费者知识的概念和内容

知识是指储存在头脑中的信息，消费者知识则是指与履行消费者功能相关的那些信息。消费者知识并不必然与消费者所受的教育成正比。一个受教育程度很高的人，在某些产品的购买、使用与消费上的知识可能远不及一个受教育程度低的人。消费者知识包括关于产品术语、产品特征与属性的知识、关于具体产品或品牌信息的知识、产品价格等产品知识，还包括购买及使用产品的相关知识。

加强消费者知识的调查、对消费者进行教育和正确引导均有利于企业更好地拓展新的市场。现在，一些公司正采用各种手段增加消费者的使用知识，而且，向消费者提供的使用知识不仅仅局限于公司及其产品本身。例如，可口可乐公司印刷了一本叫《如何与公司对话和获得反应》的小册子，向顾客宣传在遇到产品质量或服务问题时如何向公司投诉并使问题得到解决。这一小册子不是专门针对可口可乐公司的，它的推出使消费者增长了知识，因此受到人们的欢迎。读了这本小册子的顾客有一半对可口可乐更具信心，15%的人表示要买更多的可口可乐。

（2）消费者教育

消费者教育就是通过一定的手段，将公司、产品、服务、政策、策略等期望消费者了解的信息传播给消费者，并获得认同的过程。它的好处是可以创造忠诚客户并使新产品（服务）得到比较大的投资回报。营销企业仅仅“迎合”需求是远远不够的，由于消费者的消费需求与消费者的利益并不总是一致的，因此，营销企业还必须进一步分析消费需求，辨别消费需求的合理性，判断这种需求的满足对消费者个体利益、整体利益、眼前利益、长远利益的影响。在这样的基础之上运用企业的营销手段，引导消费者、教育消费者，增强消费者的理性程度，提高消费者的素质，通过企业的营销活动，实现消费者需要的满足。只有这样才能真正实现和增加消费者的利益，使市场营销观念倡导的双赢得以实现。所以说，将引导消费者、教育消费者的思想纳入市场营销观念体系是对市场营销观念的发展和完善。作为一种营销手段，消费者教育旨在灌输正确的观念，提高消费者素质，培养理性成熟的消费者，以求消费者利益和企业利益的高度统一。因此，消费者教育的内容是消费者观念教育和消费者素质教育。

1）消费者观念教育。

观念是行为的指导。营销活动中倡导和培养何种消费观念对营销结果有着重大影响，是在我国整体市场上数量追求向质量追求的转变时期，企业营销从数量、价格、个别促销等低层次的营销走向质量、服务、整体营销的高层次营销的客观需要。消费者观念教育的核心是在正确的企业经营理念指导下，通过大力倡导和宣传，使消费者树立与消费水平相适应，与优秀文化传统相适应，与社会发展、人类进步相适应的消费价值观和消费方式观。具体内容如下：

①消费者的个人价值观教育。价值观既是一种营销环境，又是一种意识形态，对消费者购买行为具有决定性的影响。消费者价值取向的形成既受其所受文化、意识形态、教育程度和社会风气等宏观层面因素的影响，同时，也受到营销者的营销宣传等微观层面的影响。就营销宣传而言，最大限度地对非理性的“刺激”“煽情”消费氛围的营造，已经使企业陷入了一味玩弄技巧和愚弄消费者的泥潭，走向了“反市场营销”的深渊。企业在端正自身经营理念的同时，引导和培育有利于企业长远发展，适应企业“可持续营销”的健康、正当、合理、文明的消费价值观，使消费者不被令人眼花缭乱的促销技巧所迷惑，抵制不切实际的、与文化伦理相抵触的不良消费欲望的诱惑，选择适合消费者个人和家庭的消费方式。

②消费者的社会价值观教育。现代工业文明犹如一把双刃剑，在给人类带来物质文明的同时，也带来了不可避免的副产品。许多商品的消费是利害并存的，不仅涉及消费者的个人利益，而且涉及他人利益（如抽烟、噪声等）乃至整个社会的利益（如环境污染）。对消费者进行个人消费的社会价值观教育，就是要使消费者个人可能产生的过度消费、有害消费及环境污染等进行自我道德约束和法律约束。

③文明进步的生活方式观教育。生活方式的进步是人类文明的标志。但由于观念的相对滞后，进步的物质新产品的消费往往受阻于传统和落后的生活方式观，使其不能很快地形成规模市场。因此，使消费者接受与人类文明进步同步的新的生活方式观，使企业所生产的可以改善生活方式和提高生活质量的物质新产品能够顺利地实现消费，就成为消费者教育的重要内容。

2）消费者素质教育。

消费者素质是消费者作为民事行为能力人完成购物行为所必需的基本知识和能力的综合反映。因此，消费者素质教育应包括：

①商品知识传授。无知的消费者绝对当不成真正的上帝。假冒伪劣商品的盛行和损害消费者利益的行为屡禁不止的根本原因之一就是消费者的无知，改变这种现象的意义在于：一是能有效地使消费者识别真伪优劣，借助于消费者的力量淘汰伪劣产品；二是能促使企业彻底打消欺骗的念头，改进销售服务；三是能够带动企业其他营销活动水平的提高（至少可以大大提高目前企业的广告水平）；四是能够减少用于解决各种消费者权益纠纷的营销费用。

②购买能力培养。消费者购买能力是其语言表达能力、谈判能力、计算能力、识别能力、思维判断能力、决策能力等诸多能力的综合反映。从营销角度讲，消费者购买能力的培养主要

侧重于进行消费者辨别能力、判断思维能力和决策能力的培养，从而增强消费者购买行为的成熟度和理性度，使消费者买其所需的商品，买其必买的商品，买其充分消费的商品，避免上当购买、无效购买、后悔购买和有限消费购买。

（3）消费者教育营销的方式

消费者教育归根到底是一种信息沟通，旨在为消费者提供全面、准确的信息知识，形成消费者购买的“合理预期”。

1）产品整体中的消费者教育。

包含于产品整体中的消费者教育是消费者教育的最基本层次，以产品整体中形成产品的相关要素为信息源和信息载体，将企业所要传达的观念、知识等内容附于其中，由接触该商品的消费者通过阅读后产生教育效果。由于该层次的消费者教育以形式产品的相关要素为载体，是一种稍作改进就能有很好效果而又较为经济的消费者教育模式，在现代超市化经营中，要发挥该模式的消费者教育功能，必须改变产品安装等形式产品要素的设计思路，尤其要改变对产品功能、配方、使用、注意事项、建议和忠告等内容过于弱化和简单的设计，加大消费者教育的内容，变包装等形式产品要素中过分追求色彩、符号等方面的广告功能设计为教育与广告设计并重。

2）分销过程中的消费者教育。

分销过程中的消费者教育需要渠道各成员的密切合作。制造商为主，经销商配合支持应是分销过程中消费者教育的基本框架。经销商的素质和能力对消费者购买的巨大影响力，决定了消费者教育过程中对经销商进行下列教育、帮助和指导是必需的：①对经销商的培训教育，使之成为具备足够的商品知识的合格的商品经营者；②有关生产、技术、产品等情报资料的提供；③对经销商开展消费者教育的内容、形式和程度的意见、要求，甚至规定；④对经销商开展消费者教育的帮助和指导；⑤与经销商联合开展消费者教育活动。

3）人员推销中的消费者教育。

推销的特点是推销与被推销双方可以就被推销商品进行直接交流，信息沟通充分，能当面答疑解惑，针对性强，即时效果好。20世纪90年代以来，人员推销这一成本——效益极不经济的消费品营销方式的成功，充分证明了教育与推销合二为一的营销方式的强大生命力，在于适应了顾客需要购物指导与服务的强烈需求。所以，成功的人员推销的过程同时就是对消费者教育的过程。人员推销过程中，介绍与演示、接受咨询、维修、建议与指导等消费者教育形式必不可少。

4）非人员促销中的消费者教育。

①“会员制俱乐部”教育。也就是由教育者（通常是某一方面的专家或相关人员）以传播商品知识，现身说法介绍消费经验，以及产品的特殊利益为目的，对一群消费者进行教育。由于俱乐部式的消费者教育与任何商品的推销没有直接关联，消费者在接受教育的过程中，没有购物的心理压力，而且还能陶冶消费者情操，提高审美能力，对消费者有较大的吸引力，容易得到消费者的响应与支持。俱乐部可以是消费者家庭聚会、沙龙、联谊会，也可以是消费者学院（包括享受特定利益的会员制俱乐部和一般俱乐部）等。

②公益活动教育。这已成为企业投入较多的营销方式。在公益活动中适当增加消费者教育的内容，可收到事半功倍之效。例如，假冒伪劣商品识别活动，设点义务咨询、义务维

修，公益广告。

③公共教育。也就是在更广阔的时空范围内，利用大众传媒将教育内容传播给社会公众。主要形式有：商品知识的连续介绍、和媒体联合举办商品知识有奖问答、消费者热线、企业及产品专辑、公益广告等。

案例链接

希尔顿旅业集团专门作了一次关于时间价值观的调查。调查采用电话访问方式进行，总共调查了1010位年龄在18周岁以上的成年人。该调查集中了解美国人对时间的态度、时间的价值观以及他们行为背后的原因。调查发现，接近2/3的美国人愿意为获得更多的时间而在报酬上作出牺牲。工作女性，尤其是带有小孩的工作女性，面临的时间压力远比男性更大。大多数人认为，在20世纪90年代，花时间与家人和朋友在一起比赚钱更重要。选择“花时间与家人和朋友在一起”的被访者占被访总人数的77%，强调“拥有自由时间”的人数占被访总人数的66%，选择“赚更多钱”的人数比是61%，排在第6位，而选择“花钱拥有物质产品”的人数比是29%，排在最后一位。同时，生活在东部各州的受访者较处于“松弛”生活状态的西部各州的受访者更注重赚钱。其他显示美国人为时间伤脑筋的数据如下：①33%的人认为无法找到时间来过“理想的周末”；②31%的人说没有时间玩；③33%的人说没有完成当天要做的事；④38%的人报告说为腾出时间，减少了睡眠；⑤29%的人长期处于一种时间压力之下；⑥31%的人为没有时间与家人和朋友在一起而忧心忡忡；⑦20%的人报告说在过去的12个月内，至少有一次是在休息时间内被叫去工作的。作为对上述调查结果的反应，希尔顿针对那些时间压力特别大的家庭推出了一个叫“快乐周末”的项目。该项目使客人在周末远离做饭、洗衣和其他占用休闲时间的日常事务的烦恼，真正轻松愉快地与家人在一起。该项目收费较低，每一房间每晚65美元，而且早餐还是免费的。如果带小孩，小孩也可免费住在父母的房间里。据希尔顿负责营销的副总介绍，此项目推出后，极受欢迎，以至周六成了希尔顿入住率最高的一天。

（资料来源：符国群. 消费者行为学[M]. 北京：高等教育出版社，2003）

3.2 消费者需要

3.2.1 消费者需要的含义与特征

消费者需要包括许多种类，不同阶段的消费者需要是不一样的，消费者需要与行为之间有着密切而复杂的关系。

（1）消费者需要的概念

需要（Need）就是人对某种目标的渴求或欲望。需要是人的行为的动力基础和源泉，是人脑对生理和社会需求的反应（人们对社会生活中各类事物所提出的要求在大脑中的反应）。心理学家也把促成人们各种行为动机的欲望称为需要。人类在社会生活中，早期从维持生存和延续后代形成了最初的需要。

人为了生存就要满足他的生理需要。例如，饿了就需要食物；冷了就需要衣服；累了就需要休息；为了传宗接代，就需要恋爱、婚姻。人为了生存和发展还必然产生社会需求。例如，通过劳动，创造财富，改善生存条件；通过人际交往，沟通信息，交流感情，相互协作。人的这些生理需求和社会需求反映在个体的头脑中就形成了他的需要。随着人类社会生活的日益进步，为了提高物质文化水平，逐步形成了高级的物质需要和精神需要。

消费者需要是指消费者生理和心理上的匮乏状态，即感到缺少些什么，从而想获得它们的状态。个体在其生存和发展过程中会有各种各样的需要，如饿的时候有进食的需要，渴的时候有喝水的需要，在与他人交往中有获得友爱、被人尊重的需要等。需要是和人的活动紧密联系在一起的。人们购买产品、接受服务，都是为了满足一定的需要。一种需要满足后，又会产生新的需要。因此，人的需要绝不会有被完全满足和终结的时候。正是需要的无限发展性，决定了人类活动的长久性和永恒性。

（2）消费者需要的特征

1）多样性和差异性。

多样性和差异性是消费者需要最基本的特征，它既表现在不同消费者之间需要的差异上，也体现在同一消费者多样化的需要内容中。

消费者需要的产生取决于消费者自身的主观原因和所处消费环境两方面因素。每个消费者的年龄、性别、民族传统、收入水平、文化程度等存在诸多差异，由此形成多种多样的消费需要。每个消费者都会按照自身的需要选择、评价和购买商品。例如，有人追求商品的品牌和美观，有人以经济实力作为标准，由此表现出多样性、异质化的需要。消费者需要的多样性，还表现为同一消费者对同一消费对象的多方面要求。例如，购买冬装既要具有良好的保暖性，也要美观、新颖、耐穿等。

2）层次性和发展性。

消费者的需要是有层次的，并由低层次向高层次逐级延伸发展。通常情况下，消费者首先关注低层次的需要，而当低层次需要被满足时，则会转向追求高层次需要。例如，充饥、御寒属于较低层次的需要；受人尊重、实现自我属于高层次的需要。通常，人们在满足生存、安全需要的基础上，才会追求受人尊重、自我实现等高层次的需要。

消费需要是一个由低级向高级、由简单向复杂不断发展的过程。因此，消费者需要不是一成不变的，而是具有发展性的。随着社会经济的发展和人民生活水平的提高，消费者对商品的需要在数量和质量上都在不断变化提升。消费需要的发展性可以促进社会经济的发展，而随着社会经济的发展，消费需要也在不断地发展变化。

3）可诱导性。

消费者的需要不是一成不变的，任何层次的需要都会因环境的变化而发生改变。环境的改变或外部诱因的刺激、引导，可以诱使消费者需要发生变化和转移。因此，消费者需要具有可诱导性质，即可以通过人为地、有意识地给予外部诱因或改变环境状况，诱使和引导消费者需要按照预期的目标发生变化和转移。实践中，许多企业正是利用消费者需要的可变性和可诱导性这一特点，开展广告宣传，倡导消费时尚，创造示范效应，施予优惠刺激等，来有效地影响、诱导消费者形成、改变或发展某种需要。

4）周期性。

消费者的某些需要在获得满足后，一定时期内不再产生，但随着时间的推移还会重新出现，呈现出明显的周期性。重新出现的需要不是原有需要的简单重复，而是在内容、形式上有所变化和更新。这种需要的周期性特点主要是由消费者的生理运行机制及某些心理特性引起的，并受到自然环境变化周期、商品生命周期等影响。例如，消费者对食物呈现出明显的重复性周期需要，而对服装需要的周期则随着季节变化和时尚潮流不断更新。

5）伸缩性。

伸缩性又称需求弹性，是指消费者对某种商品的需要会因某些因素，例如：支付能力、价格、储蓄利率等，而发生一定限度的变化。从支付能力看，在现实生活中，每个消费者都同时具有多种需要，但在一定时期内，多数消费者的支付能力是有限的。多方面的消费需要，有限的支付能力之间矛盾、转化的结果，使消费者需要有限地得到满足，并表现出一定的伸缩性，即在需求的强度和容量上可多可少，可强可弱。价格亦是引起需要伸缩性的主要因素。一般来讲，价格与消费需求弹性呈反比，即价格上升，需求减少，反之亦然。可见，当客观条件限制需要的满足时，需要可以抑制、转化、降级，可以停留在某一水平上，也可以在较低数量上同时满足几种需要，还可以放弃其他需要而获得某一种需要的满足，由此表现出明显的弹性。

3.2.2 消费者需要的分类

（1）生理需要和社会需要

从需要的起源划分，需要包括生理需要和社会需要。生理需要是为保存和维持有机体生命和种族延续所必需的。生理需要包括：维持有机体内不平衡的需要，如对饮食、运动、睡眠、排泄等的需要；回避伤害的需要，如对有害或危险的情景的回避等；性的需要，如配偶、嗣后的需要。生理需要是生而有之的，人与动物都存在，但人与动物表现在生理上的需要是有本质区别的。马克思曾说过："饥饿总是饥饿，但是用刀叉吃熟肉来解除的饥饿不同于用手、指甲和牙齿啃生肉来解除饥饿。"可见人的生理需要已被深深地烙上社会的痕迹，已不是纯粹的本能驱动。社会需要是人们为了提高自己的物质和文化生活水平而产生社会性需要，包括对知识、劳动、艺术创作的需要，对人际交往、尊重、道德、名誉地位、友谊和爱情的需要，对娱乐消遣、享受的需要等。它是人特有的在社会生活实践中产生和发展起来的高级需要。人的社会需要因受社会的背景和文化意识形态的影响而有显著的个别差异。

（2）物质需要和精神需要

按需要的对象划分，需要包括物质需要和精神需要。物质需要是指人对物质对象的需求，包括对衣、食、住有关物品的需要，对工具和日常生活用品的需要。物质需要是一种反映人的活动对于物质文明产品的依赖性的心理状态，因此，物质需要既包括生理需要又包括社会需要。精神需要是指人对社会精神生活及其产品的需求，包括对知识的需要、对文化艺术的需要、对审美与道德的需要等。这些需要既是精神需要又是社会需要。

（3）马斯洛的5个需要层次

美国人本主义心理学家马斯洛将人类需要按由低级到高级的顺序分成生理需要、安全需要、归属和爱的需要、自尊的需要、自我实现需要五种基本类型。

①生理需要。维持个体生存和人类繁衍而产生的需要，如对食物、氧气、水、睡眠等的需要。

②安全需要。也就是在生理及心理方面免受伤害，获得保护、照顾和安全感的需要，如要

求人身的健康，安全、有序的环境，稳定的职业和有保障的生活等。

③归属和爱的需要。也就是希望给予或接受他人的友谊、关怀和爱护，得到某些群体的承认、接纳和重视。例如，乐于结识朋友，交流情感，表达和接受爱情，融入某些社会团体并参加他们的活动，等等。

④自尊的需要。也就是希望获得荣誉，受到尊重和尊敬，博得好评，得到一定的社会地位的需要。自尊的需要是与个人的荣辱感紧密联系在一起的，它涉及独立、自信、自由、地位、名誉、被人尊重等多方面内容。

⑤自我实现的需要。也就是希望充分发挥自己的潜能，实现自己的理想和抱负的需要。自我实现是人类最高级的需要，它涉及求知、审美、创造、成就等内容。

（4）现实需要和潜在需要

现实需要是指目前具有明确消费意识和支付能力的需要，也称为有效需要，满足消费者的现实需要是企业当前市场营销活动的中心。

潜在需要是指目前尚未显现或明确提出，但在未来可能形成的需要。潜在需要通常是由于某种消费条件不具备所致，如市场上缺乏能满足需要的商品，消费者的货币支付能力不足，缺乏充分的商品信息，消费意识不明确，需求强度较弱等。然而，上述条件一旦具备，潜在需要就可以立即转化为现实需要。

因此，对于支付能力不足的消费者的潜在需要，企业或商家可以采取降价、分期付款等营销措施。对于消费者意识不明确的潜在需要，企业就应该采取广告宣传、示范表演、免费试用等营销手段引导消费者将潜在需要转化为现实需要。

3.2.3 消费者需要产生和发展变化的影响因素

（1）个体的生理状态

均衡说认为，有机体生理状态的平衡是维持个体生存的必要条件，机体内部某种东西缺乏就会破坏均衡，从而使机体产生紧张感，于是产生生理和安全的需要。这个学说能很好地解释人的一些低级需要的产生原因，不能解释高级的，如自我实现需要的产生。例如，饥饿需要的产生，依赖于味觉、胃的收缩、血液含糖浓度、激素状态以及神经活动。脑及神经系统的活动等人的生理状态与人的需要产生有关。

（2）个性心理因素

一个人个性结构中占主导地位的是需要结构，它是个性倾向性的标志之一。因此，需要不仅影响个性的形成和表现，也同时受到个性的制约。

（3）个体的认知因素

有关心理学研究表明，人的思想特别是想象和幻想可能使一个人不断产生某些需要，例如，有此人幻想自己是有钱人，其言谈举止、消费等行为都模仿“大款”，甚至采取非法手段骗取钱财挥霍，想象和错觉可以导致需要的产生。

（4）家庭经济状况和个体素质

家庭经济状况直接制约消费者需要的水平和消费者的需要结构，一般而言，收入较低者其消费需要偏低，更注重产品的价格因素。收入较高者其消费需求较高，更重视产品的质量和品牌，而且消费需求会更多地考虑精神方面的因素。个体的素质集中表现在个体的文化和修养上，因为文化和修养上的差异，造成生活中的个体会呈现出不同的情趣和审美需要，因此，在消费的内容、方式上，在产品品位要求上都有较大的差异。

（5）自然情境和社会因素

自然和社会因素容易诱发产生人的需要或者增加已经产生的需要强度，在自然和社会情境中产生最强有力的因素是对消费者产生吸引的目标或对象。例如，食品的色、香、味等，商品的外观、样式，他人购买的某种产品等。此外，社会的政治、经济、文化等因素也会对人的需要产生很大的影响。

3.2.4 消费需要与消费行为

消费需要是推动消费者进行各种消费行为的最普遍的内因和动力，是消费者行为前的一种心理倾向，但是消费者的需要离真正的消费行为阶段还有一定的距离。

消费需要虽然是消费者购买行为的动力，但它并不总是处于唤醒状态。只有当消费者的欲望强度达到了某种迫切程度，消费需要才会被激发，并促使消费者有所行动。例如，我国绝大多数消费者可能都有住上舒适宽敞的房屋的需要，但由于受经济条件和其他客观因素的制约，这种需要大都只是潜伏在消费者心底，没有被唤醒，或没有被充分意识到，此时，这种潜在的消费需要或非主导的消费需要对消费者行为的影响力较弱。

消费需要一旦被唤醒，可以促使消费者为这种消除匮乏感而采取行动，但它并不具有对具体行动的定向作用。也就是说，消费需要只为消费行为指明大致的或总的方向，而不是规定具体的行动路线。在消费需要和消费行为之间还存在着购买动机、诱因等中间变量。例如，当消费者饥饿时，会采取寻找食物充饥的行动，但面对米饭、馒头、面条、面包、饼干等众多选择时，以何物充饥，则并不完全由消费需要本身所决定，也就是说，消费需要仅仅是一种心理倾向、心理活动，并没有形成相应的购买，没有指向具体的消费行为。

消费者有了消费需要，但能否实现自己的消费行为，还取决于各种内部条件和外部因素的作用，尤其是在外部因素中，是否具备满足消费者需要的条件。例如，是否存在这样的商品，是否在购物场所能够购买到这一商品，自己是否具备相当的购买力等。

消费需要只是驱使消费者采取消费行为的因素之一，而不是唯一因素，外部诱因也可能引起消费行为。例如，消费者在并不饥饿的情况下会因为受到美味食品的刺激而产生购买和进食行为。

消费需要与消费行为之间并不是一一对应的关系。一类消费需要可能产生出一种消费行为，如一位消费者的衣服旧了需要购买新的衣服，他也直接去商场购买一件新衣服，另一类消费需要也可能产生出多种消费行为，如这位消费者买回新衣服后觉得不合算，又买回一些服装裁剪方面的书籍打算自己学做衣服；此外，可能由于多种消费需要只产生一种消费行为，如某消费者要买新衣服，也想买化妆品、书籍，但他最后只买了新衣服这种商品，这是由消费行为本身的复杂性所决定的。

消费需要的强度决定购买行为实现的程度。一般情况下，需求越迫切、越强烈，消费者购买行为实现的可能性就越大。反之，需求不迫切、不强烈，消费者的购买行为就可能推迟，甚至不发生。

需求水平不同也会影响消费者的购买行为。在经济发达国家，消费水平相对较高，消费者购买食品的费用在整个购买费用中所占的比例就比较小；经济发展水平低的国家的情况正好相反。需要指出的是，处于不同消费水平的消费者，在购买同类商品时会出现较大的差异。一些商品在消费水平较高的家庭中属于普通消费品而会经常购买，而在消费水平比较低的家庭中属于奢侈消费品会很少购买。因此，消费水平的差别会影响消费者的需求，从而影响其购买行为。

案例链接

20世纪70年代初的美国，慢跑热正逐渐兴起，数百万人开始穿运动鞋。但当时美国运动鞋市场上占统治地位的是阿迪达斯、彪马和Tiger（虎牌）组成的铁三角，它们并没有意识到运动鞋市场的这一趋势，而耐克紧盯这一市场，并选定以此为目标市场，专门生产适应这一大众化运动趋势的运动鞋，耐克为打进“铁三角”，迅速开发新式跑鞋，并为此花费巨资，开发出风格各异、价格不同和多用途的产品。到1979年，耐克通过策划新产品的上市和强劲的推销，其市场占有率达到33%，终于打进“铁三角”。

在运动鞋市场的最大战役是易变的年轻人市场，而战争最前线的是城市内部。年龄在15～22岁的消费者购买量占运动鞋总量的30%，而且他们还能够影响另外10%的销售。许多潮流都是从城市内部发展起来的，耐克公司经常向带动潮流的少年免费提供运动鞋，城市少年是郊区少年的模仿对象，因此，城市中的潮流很快就能传播到其他地区。

然而，运动鞋的时尚很难捉摸。例如20世纪90年代早期穿运动鞋的时尚是明显的不把鞋带系紧，因为自豪的主人希望他的鞋子看起来像刚买回来的。很快，每个人都这样做了，不过这仅仅是开始。接着有人只是不系一只鞋的鞋带；然后，他们把鞋带去掉。不久后，穿鞋者又开始系鞋带了，不过所有的鞋带是从另一双鞋子上取下来的，然后许多人开始穿两只不相匹配的鞋子。到了后来，他们在寻找新颖的、少一点商业气息的产品，更加注重品牌带来的文化价值。

耐克公司充分利用了最近的潮流，密切关注着新趋势及新的竞争对手，发现需求并不断满足需求，把流行文化和更轻松的生活方式融入它的运动鞋中，让人们感觉穿运动鞋不是去运动，而是选择一种更加舒适的生活方式。

运动鞋的时尚变幻莫测，反映了生活中的不断变化以及购鞋者的生活方式的不断变迁。在市场已经饱和的环境中，只有不断推陈出新、发现需求并满足需求的公司才能得到发展。耐克知道要想赢得运动鞋大战的胜利，必须对消费者心理有深刻的了解，利用其敏锐的眼光去观察选择市场，放手去干，终于成为国际化品牌。

（资料来源：菲利普·科特勒，加里·阿姆斯特朗.科特勒市场营销教程：第4版[M].俞利军译.北京：华夏出版社，2000）

3.3 消费者动机

购买动机是在消费需要的基础上产生的，是引发消费者购买行为的直接原因和动力。相对于消费者的需要而言，购买动机更为清晰，与消费行为的联系也更加直接具体。

3.3.1 动机的含义与特征

（1）动机的含义

心理学上，把动机定义为引发和维持个体行为并指向一定目标的心理动力。它是一种内在的驱动力量，是个体基于某种欲望或需要所引起的心理冲动。实际上，人们在清醒状态下采取的行动都是要受一定的动机所支配，并通过动机指向预定的目标。

所谓消费者动机，指的是消费者为满足自己一定的需要，而引起购买某种商品或劳务的愿望或意念。

由消费者动机概念可以看出，人们的购买动机是与人的需要密切相关的。需要是消费者产生购买行为的原动力，离开需要的动机是不存在的。但是，不是所有的需要都能表现为购买动机，而是要具备一定的条件。这些条件主要表现在以下两个方面：

①只有当需要的强度达到一定程度后，才能引起动机，进而引起、推动或阻止人的某种活动。人的需要是多方面的，甚至是无止境的，但出于客观条件的限制，人的各种需要不可能同时全部获得满足。对于消费活动来讲，只有那些强烈的、占主导地位的消费需要才能引发购买动机，促成现实的购买活动。

②需要产生以后，还必须有能满足需要的对象和条件，才能产生购买动机。例如一些消费者想购买一些国外高档化妆品，但是如果国家未允许进口，即在国内市场上根本买不到或者数量极少的情况下，这种愿望就缺乏实现的基础和条件，对于消费者来说，也就不可能产生购买进口商品的动机。

（2）动机的特征

与需要相比，消费者的动机较为具体直接，有着明确的目的性和指向性，但同时也具有更加复杂的特性，具体表现在以下几个方面。

1）主导性。

现实生活中，每个消费者都同时具有多种动机。这些复杂多样的动机之间以一定的方式相互联系，构成完整的动机体系。在这一体系中，各种动机所处的地位及所起的作用互不相同。有些动机表现得强烈、持久，在动机体系中处于支配性地位，属于主导性动机；有些动机表现得微弱而不稳定，在动机体系中处于依从性地位，属于非主导性动机。一般情况下，人们的行为是由主导性动机决定的。尤其当多种动机之间发生矛盾、冲突时，主导性动机往往对行为起支配作用。

2）可转移性。

消费者的购买行为主要取决于主导性动机，但在动机体系中处于从属地位的非主导性动机并非完全不起作用，而是处于潜在状态。可转移性是指消费者在购买或决策过程中，由于新的消费刺激出现而发生动机转移，原来的非主导性动机由潜在状态转入显现状态，上升为主导性动机的特征。

3）内隐性。

由于个体意识的作用，在很多情况下，个体并不愿意也没有必要将其实际的想法告诉他人，而是藏于内心深处，往往使动机形成内隐层、过渡层、表露层等多层次结构，而较复杂的活动常常使真正的动机隐蔽起来。例如，某消费者购买了一架钢琴，他也许会说是为了让孩子学琴用，但其真正的动机可能是向别人显示他的生活富裕且有品位，这就是动机的内隐性。在消费活动中，有时多种动机错综复杂，交织在一起，就连消费者本人也很难意识到或表达清楚。

4）组合性。

消费者在购买某一种商品时，可能是出于一种动机，可能出于多种不同的动机，这种现象称为动机的组合性。换句话说，动机与消费行为之间并不完全是一一对应的关系。同样的动机可能导致不同的行为，而同样的行为也可以由不同的动机所引起。一个人复杂多样的动机构成往往以其特定的相互联系构成动机体系。

5）冲突性。

当个体同时出现的几种动机在最终目标上相互矛盾或相互对立时，这些动机就会产生冲突。如果几种相互对立的动机在强度上差异较大，强度较大的动机很容易战胜其他动机，而成为主导动机，这时的动机冲突就不明显，不易为人们所察觉。如果几种相互对立的动机在强度上差异较小，这时的动机冲突就显得十分激烈。通常，动机冲突是专指这种较为明显的动机之间的冲突。动机冲突的基本类型有双趋式（或正正）冲突、双避式（或负负）冲突、趋避式（或正负）冲突、双重趋避式（正负双重）冲突。解决动机冲突的方法影响消费者的消费方式，所以对企业营销者来说非常有意义。

3.3.2 动机的分类

购买动机是直接推动消费者从事购买活动以达到一定购买目的的内在动力机能。人类的动机十分复杂，可以从不同角度，用不同标准对之进行分类。

（1）生理性动机和社会性动机

根据动机的起源，可以将动机分为生理性动机和社会性动机。

1）生理性动机。

生理性动机又称原发性动机、原始性动机、生物性动机。它是以生物性需要为基础的动机。例如：饥饿、干渴、性、睡眠、解除痛苦、躲避危险等动机。人类的生理性动机也受到社会生活条件的制约，留下了社会的烙印。

①饥饿。饥饿是一种强烈的动机，它会驱使个体从事寻食的活动。当个体饥饿时，体内由于缺乏食物或营养引起生理的不适感，形成有机体的紧张状态，并驱使个体产生求食行动。研究发现，外在刺激如食物的气味或颜色也可以引起饥饿感，促进入的食欲。饮食习惯和社会风俗也可能会影响有机体的饥饿感，产生饥饿动机，进而完成求食行动。

②干渴。干渴是由于体内水分不足而引起的一种生理状态。干渴比饥饿对个体行为具有更大的驱动力，人可以几天不吃食物，但不能几天不饮水。体内如果严重缺水会导致有机体的死亡。

③性。性是人和动物共有的一种强烈动机。性对人的生存不起关键作用，但它是人类一种十分重要的生理需要。科学研究表明，性的生理基础是脑垂体。雌性的垂体激素刺激卵巢、雌性激素或孕激素，雄性的垂体激素刺激睾丸生成的雄性激素或雄性荷尔蒙，产生性需要和性行为。

④睡眠。睡眠是由睡眠需要引起的动机，它是一种按生物钟安排出现的动机，对于消除疲

劳、恢复体力具有十分重要的作用。睡眠不足或睡眠缺失会对人的心理健康产生负面影响。

2）社会性动机。

社会性动机又叫继发性动机、习得性动机和心理性动机，是以社会需要为基础的动机。社会性动机是后天习得的，具有持久性特征，其内容十分丰富，如兴趣、权力动机和交往动机等都属于社会性动机。

①兴趣。兴趣是人对事物或活动的专注，是推动人们认识事物、探索真理的重要动机。兴趣是学习之本，它可以使人产生强烈的学习积极性，获得愉快和积极的情绪体验。人的兴趣是多种多样的，有直接兴趣和间接兴趣。直接兴趣是由事物本身所引起，间接兴趣往往是由于主体认知该事物的重要意义而引起的兴趣。

兴趣具有不同品质。兴趣的倾向性，是指兴趣所指向的内容的性质特征；兴趣的广度性，是指兴趣包含的范围；兴趣的稳定性，是指兴趣保持在某一特定对象或范围上的时间长短；兴趣的效能性，是指兴趣对活动发生作用和对个人发展的影响。

②权力动机。权力动机是指人们具有支配、控制和影响他人的动机。权力动机强的人，常常表现为主动参与和组织各种社会活动，并力图在活动中发挥主导和领袖作用；权力动机弱的人，在参与社会活动中表现出缺乏主动性和积极性，愿意处于被支配地位。权力动机又分为个人权力动机和社会化权力动机。前者主要是为表现自我，满足自我私利；后者主要是通过权力为他人谋利，影响社会。

③交往动机。交往动机又称亲合动机或亲和动机，是在交往需要的基础上产生的社会性动机，即个体愿意与他人接近、合作、互惠互利、发展友谊的动机。人类的交往动机反映了社会生活和劳动的要求。人际交往是个体心理正常发展的必要条件，只有通过正常的人际交往，个体心理才能得到正常的发展。当交往动机能够正常实现时，人们就会获得安全感、归属感，增添生活的勇气。反之，当交往动机受到阻碍或剥夺时，人们就会感到孤独、寂寞，甚至焦虑和痛苦。

研究表明，人类的交往活动与恐惧有关。人处于恐惧条件下更喜欢合群，与人交往。高恐惧的人比低恐惧的人更愿意合群，越是恐惧，合群的倾向越强烈。交往动机也与忧虑有关，恐惧与忧虑对合群显示出相反的效应。高忧虑者较低忧虑者倾向不合群；他们和别人在一起时会使忧虑增加，因此选择回避他人。恐惧使合群倾向增加，忧虑使合群倾向减少。

（2）近景性动机和远景性动机

根据动机影响范围的大小和持续作用时间的长短，可以将动机分为近景性动机和远景性动机。近景性动机常常由活动本身的兴趣所引起，影响范围小，持续时间短，如有的同学为了能通过英语四、六级考试，不得不突击学英语；远景性动机与活动的社会意义相联系，持续时间较长，比较稳定，影响范围广，如有的同学为了将来有更好的前途，十几年如一日刻苦学习英语等。

（3）高尚动机和低级动机

根据动机的正确性和社会价值，动机可以分为高尚动机和低级动机。高尚动机符合社会要求或道德准则，能为他人或社会做出贡献，能较持久地调动人的积极性。低级动机违背社会要求和道德准则，不利于社会发展。例如，白衣天使为了救死扶伤，勇敢地走向抗“非典”第一线，不怕危险，救治病人，这是高尚动机的表现。相反，有的医生为了避免传染，置病人于不顾，逃离战场，这是低级动机的表现。

（4）主导动机和辅助动机

根据动机在活动中的地位与作用大小不同，可以将动机分为主导动机和辅助动机。主导动机在活动中处于支配地位，发挥主导作用；辅助动机在活动中处于从属地位，只起辅助作用，它能加强主导动机。个体活动被这两种动机所激励。

（5）意识动机和潜意识动机

根据对动机内容的意识程度不同，动机可分为意识动机和潜意识动机。意识动机是指行为者能觉察到并对其内容明确的动机。在人类动机体系中，意识动机起着主导作用。潜意识动机是指行为者意识不到，但能自主决定其活动倾向的动机，思维定式就属于一种潜意识动机。

（6）外在动机和内在动机

根据动机的起因不同，可以将动机分为外在动机和内在动机。由外在诱因所诱发的动机称为外在动机。例如，学生为获得父母的奖励而努力学习。由内在条件（如兴趣、好奇）诱发的动机称为内在动机，它往往成为一个人成功的重要因素，如学生因为喜欢数学而坚持不懈地努力学习数学。

（7）物质性动机和精神性动机

根据动机对象的性质，可以把动机分为物质性动机和精神性动机。物质性动机是以物质性需要为基础的动机，如需要吃、穿、用等；精神性动机是以精神性需要为基础的动机，强调对精神产品的获取，如成就动机和交往动机。

3.3.3 关于动机的理论

（1）本能理论

本能说是解释人类行为的古老学说之一。最初的本能理论只不过是人们对所观察到的人类行为予以简单命名或贴上标签而已。20世纪初，美国心理学家麦克道尔提出人类具有觅食、性欲、恐惧、憎恶、好奇、好斗、自信等一系列本能。按照本能说的解释，人生来具有特定的、预先程序化的行为倾向，这种行为倾向纯属遗传因素；无论是个人还是团体的行为，均源于本能倾向。换句话说，本能是一切思想和行为的基本源泉和动力。本能性行为必须符合两个基本条件：其一，它不是通过学习而获得的；其二，凡是同一种属的个体，其行为表现模式完全相同，都属于本能行为。从市场营销角度来看，本能性行为的价值在于，它能针对这些行为的特定的营销刺激更具有效性。例如，在广告宣传中以母爱为诉求，可能很容易唤起成年人对某些儿童用品的好感，从而有助于这些产品的销售。

相对于多样、复杂的人类行为，本能性行为只是很小的一部分，而且许多被视为具有“人类天性”的行为也可以通过学习来加以改变。基于此，现在很少有学者坚持用人的天性或本能作为人类复杂行为后的动因。

（2）动因理论

20世纪20年代出现了动因理论，动因理论认为人也与动物一样，由于受外部刺激而做出行为，根据过去所获得的经验方法来反应，激励行为的能源在于有机体内部。动因理论假定，人和动物的行为均是受内部能量源的驱动，是经由学习而不是由遗传所引起的。

动因是由于个体生理或心理的匮乏状态所引起并促使个体有所行动的促动力量。动因为个体消除匮乏感或满足其需要的各种活动提供能量，它总是与个体生理或心理上的失衡状态相联系。动因的减少，伴随着个体的愉快感和满足感减少。因此，它是个体所追求的。动因减少所带来的奖赏效果会导致个体的学习行为，经由学习积累经验，会使个体对哪些满足物和采用何种方式消除其匮乏感有深刻认识，并在此基础上形成习惯。所以，动因理论认为，动因为行为提供能量，而学习中建立的习惯决定着行为的方向。

（3）诱因理论

诱因理论是20世纪50年代提出来的动机理论。认为不仅内部动因引起行为，而且诱因这样的外部刺激也会引起行为。持诱因论的学者采用两个概念，即感受-激励机制和预期-激励机制。感受-激励用来解释个体对特定刺激物的敏感性，以及由此对行为产生的激励作用或激励后果。波利（Powley）的一项研究表明，诸如分泌唾液、胃液、胰岛素等引起饥饿感的预备反应是由食物感觉属性（如外观、气味等）所引发的，由此说明外部诱因可能对行为起一种牵引作用。预期-激励机制是指因对行为结果的预期而产生的行为激励后果。诱因论者认为，个体关于行为奖赏的预期将直接影响其活动状态。如果行为预期的奖赏效果好，个体将处于更高的活动水平；反之，将处于较低活动水平。这实际上隐含着个体受目标导引而且知悉行为后果这一基本假设。

诱因论与动因论的一个很大不同点是，前者侧重从外部刺激物对行为的影响能力来分析行为动机，后者则主要从个体的内部需要寻求对行为和动机的解释。需要注意的是，诱因论并没有否定个体内在动机的地位与作用，而只是将关注点放在潜伏于个体身上的内在动机在多大程度上能够被特定的外在刺激物所激活的引导上。从这个意义上讲，诱因论并不是对动因论的排斥，而应视为是对后者的补充与发展。

（4）唤醒理论

依照传统动因理论，人的行为旨在消除因匮乏而产生的紧张，但人类某些追求刺激的冒险的行为，例如，登山、探险、观看恐怖电影等，恰恰是为了唤起紧张而不是消除紧张。这类现象是动因理论无法解释的。为此，一些学者提出了唤醒理论，认为个体在身心两方面，各自存在自动保持适度兴奋的内在倾向，缺少则寻求增加，过多则寻求减少。

所谓唤醒或激活是指个体的激活水平或活动水平，即个体是处于怎样一种警醒或活动反应状态。人的兴奋或唤醒程度可以很高，也可以很低，从熟睡时的活动几近停止到勃然大怒时的极度兴奋，中间还有很多兴奋程度不等的活动状态。

刺激物的某些特性，例如，新奇性、变动性、模糊性、不连贯性、不确定性等均可以引起人们的兴奋感。根据唤醒理论，个体寻求保持一种适度的兴奋水平，既不过高也不过低。因此，人们总是偏好那些具有中度唤醒潜力的刺激物。影响个体最适度兴奋水平的因素有很多。例如，一天中不同的时间段、刺激物的类别、个体本身的差异等。一般而言，个体倾向于使兴奋水平处于小范围的起伏状态，追求那些具有中度不确定性、新奇性和复杂性的刺激物。

（5）马斯洛需要层次理论

该理论既是一种动机理论，又是一种激励理论。马斯洛把人类多种多样的需要划分为五个层次，即生理需要、安全需要、爱与归属需要、自尊需要、自我实现需要。相关内容前文已解释，此处不再赘述。

（6）双因素理论

美国心理学家弗雷德里·赫茨伯格于1959年提出。赫茨伯格将导致对工作不满的因素称为保健因素，将引起工作满意感的一类因素称为激励因素。保健因素，诸如规章制度、工资水平、福利待遇、工作条件等，对人的行为不起激励作用，但这些因素如果得不到保证，就会引起人们的不满，从而降低工作效率。激励因素（如提升、提职、工作成就感、个人潜力的发挥等）能唤起人们的进取心，对人的行为起到激励作用。要使人的工作效率提高，仅仅提供保健因素是不够的，还需要提供激励因素。

（7）麦克里兰的显示性需要理论

美国学者麦克里兰（D. McClelland）提出的显示性需要理论侧重分析环境或社会学习对需要的影响，因此，该理论又被称为习得性需要理论。马斯洛认为，尽管社会因素对个体如何满足其需要有重要作用，但就其本质而言，这些需要是人生来就具有的。与此不同，麦克里兰特别强调要从文化中习得，所以，他的理论与学习、人格概念有着紧密联系。

麦克里兰特别关注以下三项需要，即成就需要、亲和需要和权力需要。

所谓成就需要，是指人们愿意承担责任，解决某个问题或完成某项任务的需要。具有高成就动机的人，一般设置中等程度的目标，并具有冒险精神，而且更希望有行为绩效的反馈。例如，具有高成就动机的购买代理商可能会花相当多的时间和精力寻求降低购买品价格，而成就动机较低的代理商通常只是被动接受货品出售方的标准报价。

亲和需要是指个体在社会情境中，要求与其他人交往和亲近的需要。获得别人的关心，获得友谊、爱情，获得别人的支持、认可与合作，均可视为亲和需要。亲和需要很大程度上是经由学习形成的，个人目标实现遇到困难时，学到求人帮助；遇到危险情境时，学到求人保护；对事物不了解时，学到求人指导。具有高亲和动机的人，特别关心人际关系的质量，友谊和人际社会关系往往优先于完成某项任务或取得某项成就。高亲和动机的消费者，比较注重同事、朋友对自己购买行为的评价，因此，在购买决策过程中更容易受他人的影响。

权力需要是指个体希望获得权力、权威，试图强烈地影响别人或支配别人的倾向。麦克里兰发现，凡是对工作成就动机高的人均无领袖欲。换言之，成就需要和权力需要是彼此不同的两种需要。研究发现，凡是对社会事务有浓厚兴趣的人，其行为背后均存在强烈的权力动机。权力动机有两种类型：个人化权力动机与社会化权力动机。前者出于为己之目的，后者出于为人或为公之目的。麦克里兰认为，权力可以朝着两个方向发展：一是负面方向，强调支配和服从；二是正面方向，强调劝说和激励。

麦克里兰的一个主要假设是，上述三种需要均是个体在幼年时期，在人的社会化过程中习得的。被鼓励或获得正面激励的行为，较未被鼓励或受到责备、惩罚的行为更易重复出现。因此，习得性需要可归因于那些过去经常受到奖赏或鼓励的行为。由于不同个体有关于过去行为的独特的奖惩经历，所以，其促动未来行为的需要学会具有自身的特点。

既然需要是习得的，同时又带有习得时所处背景的特征或影响，自然应当对需要习得时和需要被满足时的具体社会背景和情境予以分析。假设某个孩子在与兄弟姊妹交往中发展起了一种强烈的支配需要，那么企业在向该孩子推销产品时，无疑应考虑其家庭背景这一现实。然而，当孩子长大成人，尽管其权力需要仍然像儿童时代那样强烈，但此时过去的家庭背景对他现在的行为可能只具有较小的影响，分析重点则应放在他现时所处的环境上。

一些研究人员对麦克里兰的理论作了实证调查，其中一项研究发现，具有高成就动机的男性更多地购买诸如滑冰器具、游艇之类的室外运动产品，具有高成就动机的女性较低成就动机者更多地购买镇痛片、口腔清洗剂等产品。还有一些研究发现，高成就动机的男性喜欢从专卖店购买服装；高成就动机者更多地购买室外运动产品，较少购买流行与新潮服饰，对高档、豪华轿车则不以为然；成就动机居于中游水平的人中，抽烟者的比例很高。另外，女性高、低成就动机者在某些产品的购买时机上存在明显差别。

（8）期望理论

期望理论是由美国著名心理学家、行为学家弗罗姆于1964年提出的。他认为人的任何行动都是有目标的，人们如果做着没有目标、没有希望的事，那是没有任何积极性的。弗罗姆认为，人们对一件工作动力的大小由其达到目标的可能性大小所决定，用公式可以表示为：

$$激发力量=目标效价\times期望概率$$

激发力量是指调动一个人的积极性，激发出人的潜力的强度。目标效价指达到目标后对主体满足个人需要的价值大小，即对主体的重视程度或价值意义大小。由于每个人的价值观念不同，不同的主体其目标效价存在差异。期望概率指个体凭借自己的知识、能力以及以往的经验进行的主观判断，达到目标并能导致某种结果的概率。

期望理论适用于分析顾客购买商品的动机与行为。若某种商品对顾客的效价较高，而且顾客具备购买这种商品的主客观条件，那么顾客最后实施对此种商品购买的可能性就较大。

（9）动机冲突理论

动机冲突理论是美籍德裔心理学家科特·莱温首先提出的。他既是“场理论”的创始人，又对动机冲突有精辟、独特的分析和研究。

动机冲突理论是指个体同时产生两个或两个以上相互抵触的动机时，个体心理上产生的矛盾。消费者的需要是多种多样的，也就必然会产生多种多样的动机，但由于主客观条件的限制，不可能所有的需要都能够得到满足，致使多种多样的动机无法同时满足，而呈现出动机之间矛盾、对立的状态，于是就产生了动机冲突。

莱温指出有三种类型的动机冲突：

①趋避冲突。趋避冲突又称“正负冲突”。此类冲突常发生在顾客选购某种商品时，该商品既有促使其购买的积极因素，同时也存在阻碍顾客购买的消极因素。如消费者欲选购一件衣服，其款式、大小、颜色均得到了消费者的肯定，但就是价格偏高，这样在款式、大小、颜色与价格之间就产生了矛盾，需要消费者去克服。趋避动机最终的结果取决于对立双方力量的强度大小。

②双趋冲突。双趋冲突也称“正正冲突”。此类冲突是在消费者具有两种以上都倾向购买的目标时产生的。解决的办法是消费者在两种或多种目标中选择其中之一。最终选择结果如何，取决于商品对消费者的重要程度和吸引程度。

③双避冲突。双避冲突又称“负负冲突”。指个人有两种以上想避免的目标而产生的冲突。这类冲突是最令人不快的，因为人们面临的选择都是消极的结果。无论选择哪一个都是不情愿的，都是对自己不利的。

莱温所述的动机冲突是消费者购买商品时心理冲突的基本模式，而现实中的情况往往比这三种类型要复杂得多。消费者的购买行为在一定意义上正是取决于冲突的结果，因而了解动机冲突的基本模式对于研究消费者心理、理解消费者购买行为还是很有意义的。

（10）内驱力理论

内驱力理论是由美国心理学家赫尔提出的。他认为，人的内驱力规定行为的强度，而动机作用的大小是由人体内驱力和习惯（过去经历的刺激与反应之间已建立起来的关系）两项变量决定的。即：

$$E=D\times H$$（即，动机作用力=内驱力×习惯）

后来，赫尔对上述公式不断进行修改，加入了新的变量I，新的公式为：

$$E=D\times H\times I$$（即，动机作用力=内驱力×习惯×诱因）

以后的心理学家希尔加德（E. R. Hilgard）和鲍威尔（C. H. BWer）将赫尔的公式做了补充，新公式为：

$$SE_R=SH_RDVK$$

公式中：SE_R——“反应势能”或行为；

SH_R——习惯强度；

D——内驱力；

V——刺激强度的精神动力；

K——诱因。

上述公式可解释为：行为是由习惯强度、内驱力、刺激强度、诱因四项因素共同作用所决定的，行为与各变量之间是累积乘数关系。

内驱力理论认为，当顾客面对某种商品或品牌、商标时，其SH_R、D、V、K各个因素越强，顾客购买行为发生的可能性越大。若其中任何一项因素为0时，购买行为便不可能发生。内驱力理论强调，顾客内驱力是决定行为的最重要因素。在市场营销活动中，企业应采取必要而有效的措施去提高V和K的影响力，采取各种办法来培养或改变人们的消费习惯，使SH_R提升。而D则是隐埋在顾客自身内部需要而产生的动机，如果这一项没有的话，就不能引起购买行为。

（11）逆转理论

美国心理学家阿普特尔（Apter）在1982年提出逆转理论，试图解释人类动机如何从对立的一端转变成另一端。理论假定有四对元动机状态，不同状态派生不同的动机模式。人的行为总是存在两个状态相对立的动机，在任何时候，每对动机的两个状态中只有一个能被激活。逆转理论认为，人总是处于一种状态，而不能同时处于两种对立的状态之中。

下面是四对元动机状态的基本特征：有目的的和超越目的的：严肃的、嬉戏的、目标取向的、活动取向的、事前计划安排的、为瞬间而活、避免焦虑、寻求刺激、愿望达成——成就、娱乐与享受；顺从的和逆反的：愿意墨守成规，愿意打破常规保守的、激进的、愉快的、愤怒的、愿意与人相处、愿意独来独往；控制、同情：权利取向的、关怀取向的、把生活当作奋斗、把生活当作合作、意志坚强的、感情脆弱的、关心控制、关心友善、重支配、重情感；自我中心的和他人取向的：主要关心自己、主要关心他人、自我中心、认同他人、关注自身情感、关注他人情感。

3.3.4 动机的影响因素

影响消费者购买动机的外在因素很多，这里主要介绍以下三个方面。

（1）商品本身的因素

由于消费者具有不同的爱好、兴趣、个性和经济条件，因此，在购买过程中所表现出来的购买动机也是多种多样的。但是，所有的动机都是在外部刺激之下产生的，并有一定的目标指向，这就是一定的商品和服务。不同特点的商品与一定的购买动机是有内在联系的，商品的功能直接决定消费者的购买动机。从消费者对商品的期望和要求可以看出他们的购买动机，同时从市场销售的各种商品的畅销程度也可以分析、判断出消费者比较集中的购买动机。商品功能的设计原则（包括核心功能、附加功能和衍生功能）就是要尽量满足目标市场上顾客的需要，受市场欢迎的商品一定与消费者的购买动机相吻合。

（2）影响消费者购买动机的社会因素

社会因素主要指一个国家或地区的经济状况、文化因素及社会风气等。

首先，一个国家或地区的消费水平同这个国家或地区的经济水平成正比。只有当整个国家或地区的经济发达时，人们才有足够的购买力。因为任何人的消费行为都需要有一定的经济基础，有支付各种费用的能力。特别是对于一些高消费活动来说，这种经济基础就显得更重要。比如，对于一个旅游爱好者来说，当他的经济收入仅能够维持其基本生活需要时，那么他就不会有更多的财力去支付旅游的开销，也就不能产生外出旅游的动机。经济越发达，国民收入越高的国家和地区，外出旅游的人数就越多，反之就越少。有关统计资料表明，当一个国家或地区的国民生产总值达到800～1000美元时，国民将普遍产生国内旅游动机；达到4000～10000美元时，将产生国际旅游动机。

其次，文化因素可以影响消费者的购买动机。比如，消费者的文化背景不同、所受的教育程度不同，会影响人们对不同品位商品的偏好。另外，随着大众传媒在社会生活中的影响越来越大，它在指导消费、引领时尚方面时时激发消费者的购买动机。

最后，社会风气也能影响人们的消费动机。同事、朋友、邻居的消费行为与经历往往能够相互感染，或者形成相互攀比心理，使人们产生同样的消费冲动，形成一种效仿消费行为。

此外，消费习俗、参照群体、观念定式、消费理念等社会因素都可以对消费者的购买动机产生影响。

（3）影响消费者购买动机的自然因素

在研究消费者的购买动机时，还有一个不可忽略的因素就是自然因素。自然因素包括的范围很广，既有民族和种族因素，又有地理因素、性别因素、健康因素，甚至体形因素也会对购买动机产生影响。从地理因素来说，比如，我国南方与北方相比，南方潮湿、温暖、四季变化差异不太大，而北方冬季较长、比较干燥、四季变化比较明显，因此，南、北方人在穿、吃、家具等消费方面存在一定的差异。再比如，健康因素也可以影响人们的购买动机。一般地说，身体健康的人或不受遗传病、地方病、职业病等威胁的人，在他们的消费结构中用于保健、安全、药品等方面的费用支出较少，他们也较少有购买这方面商品的动机；反之，体弱多病或受到一些职业病、地方病威胁的人，他们不仅在保健、药品等方面的费用支出较高，而且他们还要为此而积蓄一笔资金，以备将来之需。

案例链接

小猴想进城，可没人拉车。他想呀想，终于想出了一个好主意。他在车上系了三个绳套：一个长，一个短，一个不长也不短。他叫来了小老鼠，让他闭上眼，拉长套。又叫来小狗，让他闭上眼，拉短套。他再叫来小猫，在小猫背上系了一块肉骨头，让小猫闭上眼，拉不长不短的绳套。小猴爬上车，让大家一齐睁开眼。

小老鼠看见身后有猫，吓得拉着长套拼命跑；小猫看见前面有只老鼠，拉着套使劲地追；小狗看见猫背上的肉骨头，馋得直往前撵。

小猴快快活活地坐在车里，不一会儿就进了城。

关键概念

消费者资源　消费者需要　消费者动机

思考与技能实践

1. 基本训练

（1）消费者经济资源由哪几部分构成？

（2）简述消费者需要的分类。

（3）简述消费者需要的影响因素。

（4）简述动机的含义、分类。

（5）简述动机的影响因素。

（6）简述需要层次理论。

2. 技能训练

如果你想在学校周围开一家小店，请针对小店的目标群体设计一份调查问卷。

案例分析

一位从美归国的访问学者讲述了他在美期间经历的一件事情。一天他推着采购车在美国一家超级商场挑选货物时，不小心将货架上的四瓶“杜康酒”碰落，酒洒了满地。他当时心想，这下麻烦了，肯定要挨批赔款了，于是便主动找到售货小姐道歉，并表示愿意赔偿损失。那位小姐一边安慰他，一边用电话向经理通报事故，且检讨了因自己照顾不善而让顾客受惊。更出乎他意料的是，经理出来满脸赔笑，说已经从闭路电视里看到了。经理不仅毫无责怪之意，反而向他赔不是，还拿手帕为他拭去酒污。当他再次提到赔款时，经理谦恭地说：“是我的职员没把货架放稳，让您受惊，责任应在我。”并再度致歉，然后一直陪他将货物采购完，亲自送他走出商场。据这位学者说，他那次是倾其囊中所有，装了满满一车回家，并且以后每周一次的购物都要到该商场去。他粗估了一下，他花在该商场的钱较他弄翻酒瓶所造成的损失多出不止百倍。

请用所学的消费者需要理论分析该访问学者的购买心理。

第4章

消费者心理活动过程对消费者行为的影响

学习目标

1. 了解感觉、知觉的概念及感觉、知觉在市场营销中的作用
2. 了解记忆、注意的概念与分类；掌握记忆、注意在市场营销中的作用
3. 了解想象、思维、情绪、情感、意志的一般知识以及它们对消费者行为的影响

导引案例

耐克城

随着众多的非传统性的同类产品为吸引顾客的注意力而展开激烈的竞争，零售商在20世纪90年代以后生存下来的关键取决于零售商能否最大限度地利用其店内环境。顾客已经对普通的购物过程感到厌倦，便利性和价格也不再是顾客所追求的全部内容，他们把购物当成了一种乐趣。

正是由于意识到了这一点，耐克城作为一个公司，通过一种可增加知识的而且是有趣的方式来创造耐克的品牌意识，并由此得到了发展。该公司通过提倡一种几乎等同于公司产品的生活方式，终于建立起耐克的品牌意识。一位经理说："我们想要使顾客在购买我们产品时，投身于耐克公司所宣扬的运动和健身的生活方式中。"如果你准备光顾耐克城，以下就是你将看到的场景：飘扬在广场上方的超人般的东西，是一个和真人一样大小的麦克尔·乔丹的塑像。周围还有其他的雕塑，如杰克逊举重的塑像等。

耐克城以迪士尼的角色和具有未来城市特点的卡通表演作为背景设计。在耐克城里，有14个被称为帐篷的、小型的、各有主题的销售屋，装点着一排排适用包括从网球到曲棍球在内的所有运动项目的运动鞋和服装。

大多数帐篷里播放的音乐与其所专营的那个运动项目有关。如果你进入了一个篮球帐篷，你将听到篮球拍击在硬木地板上的声音从遥远的地方传来。如果你进入了网球帐篷，你将听到网球拍打小黄球的声音。在以篮球运动员查理·巴克利的名字命名的巴克利领地，篮球圈托着商品货架，篮球支撑着长凳。所播放的声音是球鞋在硬木地板上的摩擦声。由于现场的地板就是硬木的，所以，"想成为"巴克利的球迷们就可穿上一双鞋在地上摩擦。此外，引人注目的地方还有游泳和排球区。座位就是冲浪板。那儿有一个养着热带鱼的水族馆，最具特色的是其地面中心地区被设计成好似玻璃作为底的船的形状，而且在这里播放着海洋生活的录像带。

耐克城关心顾客所带走的对其品牌的美好记忆，胜过关心顾客购买一双新的旅游鞋。耐克并不是唯一一家开办自营商店的公司。越来越多的名气很大的制造商开始转而成为占主流地位的商人，他们在全国各地开设了各种被称为旗舰商店的豪华商店。

问题：耐克城的做法是如何试图改变消费者的注意、感觉、知觉的？

消费者的心理过程不完全等同于购买过程，消费者的心理过程是错综复杂的，并不局限在商店里，而是从他准备购买某种商品的信息注意到进入商店的商品选择再到买完商品后的情感感受、评价等一系列的心理过程，并且反映在每一次具体的消费活动中。为了研究消费者心理活动最一般的规律，借助普通心理学的理论，将消费者的心理过程分为认知过程、情感过程和意志过程三个方面加以分析。

4.1 消费者的认知过程

认识过程是消费者心理过程的第一阶段，是消费者其他心理过程的基础。人的认识过程主要是靠人的感觉、知觉、记忆、思维、想象、注意等心理活动来实现的。

4.1.1 消费者感觉

在消费过程中，当消费者与消费对象发生接触时，会借助眼睛、耳朵、鼻子、舌头、体肤等感觉器官感受商品的物理属性（如颜色、形状、大小、软硬、光滑、粗糙等）和化学属性（气味、味道等），并通过神经系统传递至大脑，从而引起对商品的各种感觉，包括视觉、听觉、嗅觉、味觉、肤觉等。消费者通过各种感觉器官，分辨商品和其他营销因素的具体特征，以引起不同的感觉。例如，一种新推出的面包，消费者用眼睛看到该面包的样子，用鼻子嗅到诱人的麦香，用手摸到其松软程度，并可亲自品尝其美妙的滋味。由此产生对该面包色、香、味等方面的感觉。消费者对商品的认识过程是从感觉开始的。

（1）感觉的含义

感觉是一种最简单的心理现象，感觉是人脑对直接作用于感觉器官的客观事物个别属性的反映。消费者感觉是商品外部的个别属性作用于消费者不同的感觉器官而产生的主观现象。感觉又是认识过程乃至全部心理活动的基础和起点。通过感觉，消费者才能取得进一步认识商品的必要材料，形成知觉、记忆、思维、想象等较复杂的心理活动，从而获得对商品属性全面正确的认识。也正是以感觉为基础，消费者才能在认识商品的过程中产生各种情感变化，确认购买目标，做出购买决策，即引发和完成心理活动的情感过程和意志过程。反之，离开对消费对象的感觉，一切高级的心理活动都无从实现，消费者将失去与客观环境的联系，消费行为也无从谈起。因此，一定意义上，感觉是消费者一切知识和经验的基础。

人的感觉主要有5种，分别是视觉、听觉、嗅觉、味觉、触觉。例如，人用眼睛看到漂亮的风景，用耳朵听到美妙的音乐，用鼻子嗅大自然的芬芳，用手抚摸到柔软的物体等。消费者正是通过上述各种感觉器官来分辨商品的色彩、气味、温度、重量、形状、质地等各种具体特征，通过神经系统将信息从感觉器官传递到大脑，从而形成对商品的个别的、表面的初步印象。

（2）感觉的基本规律

作为认识过程的心理机能之一，感觉有其特殊的表现形态和作用方式，具体包括感受性和感觉阈限、感觉适应、联觉等。

1）感受性和感觉阈限。

每个人都有感觉器官，但感觉能力却因人而异。同一种声音，有人听得见有人却听不到；同样的温度，有人感觉冷有人感觉热，这就是感觉能力的差别。我们把感觉器官对适宜刺激的感觉能力叫作感受性；能引起感觉的最小刺激量叫作感觉阈限。感受性是用感觉阈限的大小来度量的，二者成反比，阈限值低感受性高，阈限值高感受性低。感觉阈限可分为绝对感觉阈限和差别感觉阈限；感受性也可分为绝对感受性和差别感受性。

①绝对感受性和绝对阈限。

在消费活动中，并不是任何刺激都能引起消费者的感觉。如要产生感觉，刺激物就必须达到一定的量。那种刚刚能够引起感觉的最小刺激量，称为绝对感觉阈限。对绝对感觉阈限或最小刺激量的觉察能力，就是绝对感受性。能察觉出来的刺激强度越小，表示感受性越高；否则便是感受性低。感觉阈限是一个范围，能够感觉到的最小刺激强度叫作下限，能够忍受的刺激的最大强度叫作上限。下限和上限之间的刺激都是可以引起感觉的范围。绝对感受性是消费者感觉能力的下限。凡是没有达到绝对感觉阈限值的刺激物，都不能引起感觉。例如，有研究表明，电视广告的持续时间若少于3秒，就不会引起消费者的视觉感受。因此，要使消费者形成对商品的感觉，必须了解他们对各种消费刺激的绝对感受性和绝对感觉阈限值，并使刺激物达到足够的量。

绝对感受性与绝对阈限在数量上成反比关系。如果用E代表绝对感受性，R代表绝对感觉阈限，则它们之间的关系可用下列公式表示：

$$E=I/R$$

不同个体的绝对阈限有相当大的差异，即使同一个体也会因机体状况和动机水平而发生变化。广告是最常见的营销方式，如何达到最佳的预期广告效果，从感受性角度看，各种刺激物的强度必须在绝对感觉阈限之内。由于太弱或太强的刺激均超出了感受性的范围，所以广告中的各种刺激物的强度必须在绝对感觉阈限之内。

②差别感受性和差别阈限。

刚刚能引起差别感觉的刺激的最小变化量叫作差别感觉阈限，或叫差别阈限，又叫最小可觉差。差别阈限表示的是差别感受性，一个人能够察觉到的差别越小，说明他的差别感受性越强。

在刺激物引起感觉之后，如果刺激的数量发生变化，但变化极其微小，则不易被消费者察觉。只有增加到一定程度时，才能引起人们新的感觉。例如，一种商品的价格上涨或下降1%～2%时，消费者可能毫无察觉。但如果调幅达10%以上，则会立刻引起消费者的注意。差别阈限值越高，差别感受性则越小，反之亦然。这一规律清楚地解释了一个普遍的消费心理现象，即各种商品因效用、价格等特性不同，而有不同的差别阈限值，消费者也对其有不同的相对感受性。例如，一台价值几千元的电脑价格上调十元乃至几十元，往往不为消费者所注意；而一根橡皮筋提价2毛钱，消费者却十分敏感。了解消费者对不同商品质量、数量、价格等方面的差别感受性，对合理调节消费刺激量，促进商品销售具有重要作用。

德国生理学家韦伯（Weber.E. H.）发现同一刺激差别量必须达到一定比例，才能引起差别感觉。这一比例是个常数，用公式表示：ΔI（差别阈限）$/I$（标准刺激强度）$=K$（常数），这就是韦伯定律。韦伯定律的提出，为我们提供了一个比较辨别能力的重要指标。如果要比较不同个体某一感觉到的辨别能力而所用的标准刺激又不相同时，就不能用差别阈限的绝对值进行比较，而要用韦伯定律来比较。

19世纪德国心理物理学家费希纳（Gustav Theodor Fechner，1801-1887）从韦伯定律中看到了度量阈上感觉的可能性。在韦伯定律$\Delta I/I=K$中，ΔI代表差别阈限，也叫最小可觉差。由此出发，费希纳认为每一个最小可觉差可以看作感觉上的一个最小变化，并假设每个最小可觉差的主观量都是相等的。费希纳定律是一个表达简单的定律，其公式为$S=K\lg R$，其中S是感觉强度，R是刺激强度，K是常数。简单来说，这个定律说明了人的一切感觉，包括视觉、听觉、肤觉（含痛、痒、触、温度）、味觉、嗅觉、电击觉等，都遵从感觉不是与对应物理量的强度成正比，而是与对应物理量的强度的常用对数成正比。这个定律称为韦伯—费希纳定律。

差别阈限是相对的，而不是绝对的。差别感受性与差别阈限成反比关系。对于消费者的差别阈限，企业根据既定的营销目标在不同场合下有多种形式的要求，有时是要缩小，有时是要扩大消费者的差别阈限；或是把某种营销刺激变化控制在差别阈限之内，或是要引起消费者的充分注意并发生期望的行为变化。企业在营销活动中运用差别阈限原理的典型是在制定价格变动策略方面，企业发现应根据原价格水平来确定调价幅度才能达到某种营销目标。这是对韦伯定律的应用。但是影响差别阈限的因素相当复杂，而且营销要素也不仅仅是价格。这就要求，企业在营销活动中要巧妙运用差别感觉阈限。在广告策划过程中强调寻找产品的USP（独特销售主张），树立差异化的品牌形象和对产品进行准确的市场定位，其实都是希望在目标消费者差别阈限的基础上，通过相应的信息诉求与销售刺激引起他们的感觉，以有效达成产品销售。

2）感觉适应。

“入芝兰之室，久而不觉其香；入鲍鱼之室，久而不闻其臭。”从暗处走到明处，受到阳光刺激，起初几秒钟什么也看不清，但很快就改变了。由于刺激对感受器的持续作用从而使感受性发生变化的现象，这种现象就叫感觉适应。感觉适应既可引起感受性的提高，也可引起感受性的降低。例如，嗅觉、肤觉、视觉、听觉、味觉都会在适应后感受性提高或降低。

消费者的感受性会受到时间因素的影响。随着刺激物持续作用时间的延长，消费者因接触过度而造成感受性逐渐下降，这就叫作消费的感觉适应。要使消费者保持对消费刺激较强的感受性，就要调整消费刺激的作用时间，经常变换刺激物的表现形式。例如，商场即使设施完好无损，时间久了，顾客面对一成不变的环境就会找不到感觉。所以商场应根据不同时期、不同活动主题等经常进行装潢布置，令顾客不断拥有美好新奇的感觉。而对供应商来说，则需要不断变换商品的款式、包装，研发新产品等。

3）联觉。

人体各感觉器官的感受性不是彼此隔绝、孤立的，而是相互联系、相互作用的。各种感觉之间产生相互作用的心理现象，即对一种感官的刺激作用触发另一种感觉的现象，在心理学上被称为“联觉”现象。消费者在同时接受多种消费物刺激时，经常会出现由感觉间相互作用引起的联觉现象。例如，在进餐时赏心悦目的各色菜肴会让进餐人的味觉感受增强。

除不同感觉器官之间的联觉外，同一感觉器官内不同部分的感受性也会发生联觉现象。联觉对消费者行为有直接影响。例如，热带国家某快餐店的墙纸原为淡蓝色，给人以凉爽宁静的感觉，顾客浅斟慢酌，流连忘返，影响了餐桌周转率。后来店主将墙壁刷成橘红色，顾客进店后感到燥热不安，吃完饭立刻离去，从此餐桌周转率明显提高。可见，巧妙运用联觉原理，可以有效地对消费者行为进行调节和引导。

综上所述，企业在市场调研、市场细分、目标市场选择、市场定位基础上，制定具体的市场营销策略时，都应该恰当地运用相关理论，认真研究消费者的心理，全方位满足顾客的需求。唯有如此，企业才会长盛不衰、持续发展。

案例链接

朗格儿吃牛肉的故事

朗格儿出生在内蒙古草原，是喝着奶茶、吃着烤全羊和烤牛肉长大的，已经习惯了烤得直冒油的肥腻的大块烤肉。这一年他来到了广州，进入某著名高校学习。他来到广州，来到大学城，一切都觉得新鲜。他惊叹，广州太繁华了!朗格儿赞叹之余，也有烦恼——他在吃的方面不习惯!粤菜闻名海内外，“食在广州”尽人皆知。朗格儿来广州前多少有点了解，但他就是觉得粤菜太清淡、太精细了，吃起来不够爽!最让他受不了的就是食堂里切得细细的牛肉，这么细条细条的哪里还有牛肉的味道呀?

朗格儿经常到天河购书中心看书、买书。每次经过天河路时，他都会被路边的绿茵阁的广告牌所吸引。他已经听广州的同学说过不止一次了，在绿茵阁有大块的牛肉吃。这一天刚考完试，朗格儿就迫不及待地请广州的同学带他到绿茵阁解解馋。他跟着同学到体育西路的一家绿茵阁西餐厅。这位同学为他叫了一份六分熟的牛排。当服务员端上牛排时，他看到的是殷红的生牛肉。天啊!生牛肉也能吃吗？吃了不会生病吗？朗格儿转身跑出了西餐厅!

如果朗格儿知道在这个世界上有许多人每天都在吃半生不熟的牛排，他会大吃一惊的。

在西餐厅吃牛排时，服务员会问你吃几分熟的，你若喜欢吃嫩滑多汁的，就不能吃十分熟的；你若害怕看到牛排有血丝，就只能吃熟透的，但你吃不到牛排的鲜美滑嫩。欧美人比较喜欢吃半生不熟的牛肉，大多数中国人更喜欢吃熟透的肉食。但现在的情况有所改变，有一些人为了满足自己的感官刺激，喜欢上了日本料理，诸如生鱼之类的生冷东西也吃得津津有味；在西餐厅，许多中国人也喜欢上了半生不熟的牛肉味道。

（3）消费者感觉在营销中的作用

感觉使消费者获得对商品的第一印象。消费者对产品产生什么样的感觉，在很大程度上源于对产品的第一印象。第一印象的深与浅、好与坏，直接影响着消费者购物的态度。对商品的生产商和销售商来讲，要持有“先入为主”的意识，商品的推出能牢牢抓住消费者的眼光和感受。因此他们在产品的外观、品质、实用性、价格和服务等方面应注入更多的“感觉”成分，以打动消费者，并使其对产品保持长期的偏好感。例如，某地一家饮料厂经市场调查后发现，喝饮料的最主要群体是年轻人，于是他们在产品上下功夫，将包装制成年轻人非常喜爱的运动型标签，并专门聘请了国内的运动明星做广告宣传，另外还派专人从书籍和报纸杂志中收集了大量的体育小故事印在标签上，饮料也取名为“运动饮料”。运动饮料一面世即受到热爱运动的年轻人的首选。“运动饮料”成功之处就在于其设计、包装与品牌名称上针对爱运动的年轻人的需求特点，提升了产品的文化品位，使产品除了能解渴之外，还满足了年轻人对运动的诠释，于是便成了一种特别的“感觉产品”。

感觉特性为营销工作提供了制定营销策略的依据。在营销活动中，一方面，必须认识到感觉无处不在，必须从战略上重视感觉营销与感觉设计；另一方面，必须认识到不同消费群体的感觉是有差异的，要从消费者需求出发进行认真的市场细分，了解消费者感觉的核心与基础，并具有针对性地进行感觉设计。市场经济高度发展的今天，大多数商家能运用“感觉”进行销售活动，给消费者创造幽雅的购物环境，用灯光、音响、色彩、气味来刺激消费者，从而达到招揽顾客和促销的目的。例如，一般豆浆店卖的甜豆浆只加白糖，然而在大学城附近的一家豆浆店却独特地提供3种不同的糖供顾客选择。第一种是白糖，和普通豆浆店并无不同。第二种是具有滋养喉咙保护声带功用的蔗糖，这是为在附近教学的老师贴心准备的。第三种是黑糖，由于学生群也是该店的主力客户，而学生们喜欢新奇，店家特别针对他们的特性准备了黑糖，加上去整碗黑黑的，别有一番滋味，所以这一家豆浆店每天车水马龙，每个人也都忙得不亦乐乎，与其他店的门庭冷落车马稀少形成了强烈的对比。正因为他们在经营的创意上比别人多用了一份心，不仅提供顾客各自需要和喜爱的产品，让顾客满意，同时用亲切、额外的服务，让老顾客产生了“最大好感”。

感觉在一定程度上引发消费者的情绪。以感觉对消费者进行吸引与引导，让消费者产生愉悦的感觉。2009年，微软就开始采取以咖啡馆配合Windows7的销售。虽然咖啡馆主要销售的产品就是食物和饮料，不过调查表明，人们在喝咖啡的同时，经由咖啡馆嗅觉、味觉、视觉营造的全面体验能更好地欣赏并且感受微软的最新一代Windows7操作系统。微软通过轻松氛围的营造，走亲民化路线，赢得了消费者对微软的好感。

感觉可以实现商品的使用价值。通过感官感觉去鉴别与选择产品或服务，并对这种感觉加以强化形成记忆。如一些品牌进行品牌延伸，都会把品牌感觉带到新品类或新产品那里。消费者会对这种感觉记忆犹新，于是爱屋及乌。企业制造感官体验是为了制造情境，制造销售氛围，为消费者制造更为美好的立体体验。

4.1.2 消费者知觉

当消费者对某件衣服的颜色、款式、质地等个别属性有所反映时，可以说对这件衣服有了感觉。当他对这件衣服形成比较完整的印象时，衣服的颜色、款式、质地等属性在头脑中已经有了综合的反映，我们称这一过程的心理活动为消费者知觉过程。对同一件衣服，不同的消费者会产生不同的整体反映。

消费者通过感觉获得的只是对商品属性的表面、个别、孤立的认识。因此，若仅仅依靠感觉对商品做出全面评价和判断显然是不可靠的。在感觉的基础上，消费者的意识还会随着对感觉材料的综合处理，把商品所包含的许多不同的特征和组成部分加以解释，在头脑中形成进一步反映商品的整体印象。与感觉相比，知觉对消费者的影响更直接，也更为重要。知觉的形成与否决定消费者对商品信息的理解和接受程度；知觉的正误偏差制约着消费者对商品的选择比较；经知觉形成的对商品的认知，是购买行为发生的前提条件。

（1）消费者知觉的含义

1）知觉的含义。

个体通过眼、鼻、耳、舌等感觉器官对事物的外形、色彩、气味、粗糙程度等个别属性做出反应。人在感觉的基础上，形成知觉。所谓知觉，是人脑对刺激物各种属性和各个部分的整体反映，它是对感觉信息加工和解释的过程。例如，人们的不同感官分别对大米的颜色、香味、形状、口感、触感等各个属性产生感觉，而知觉对感觉信息进行综合，加上经验的参与，就形成了大米的完整映像。人把某一对象知觉为某一客体，除了必须获得相关的感觉信息外，还要有过去的经验和知识的参与。知觉在感觉的基础上产生，是对感觉信息整合后的反映，是把感觉信息转换成对事物的经验和知识的过程。

2）知觉的特征。

知觉的基本特征反映了知觉的规律性。这些特征主要有知觉整体性、知觉选择胜、知觉恒常性和知觉理解性。

①知觉整体性。

知觉整体性是指知觉能够根据个体的知识经验将直接作用于感官的客观事物的多种属性整合为同一整体，以便全面地、整体地把握该事物。有时，刺激本身是零散的，而由此产生的知觉却是整体的。如果客观事物各个部分的刺激共同构成一种复合刺激，则由此产生的整体知觉大于各个部分刺激所引起的知觉之和，就是说，各个部分刺激所引起的知觉之和小于整体知觉，如图4-1所示。

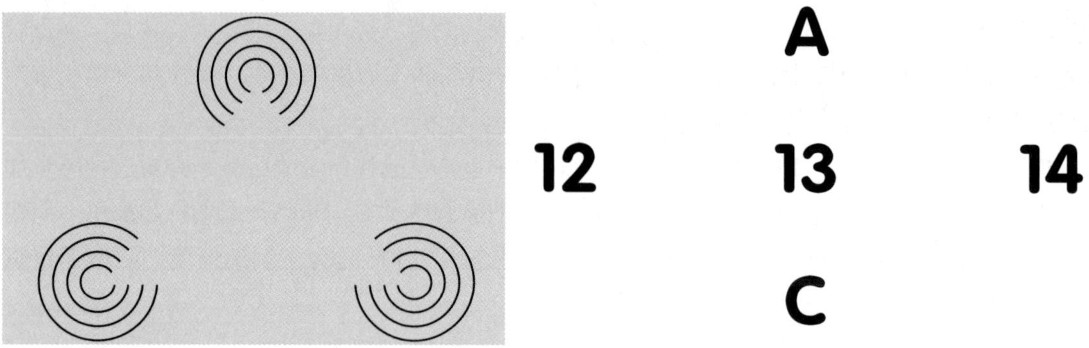

图4-1　知觉整体性

▲接近律。接近律是指人们往往把空间和时间上接近的物体知觉成一个整体。

▲相似律。相似律是指人们往往会把形状、颜色、大小、亮度等物理特征相似的物体知觉成一个整体。

▲连续律。连续律是指人们往往会把具有连续性或共同运动方向等特点的个体作为一个整体加以知觉。

▲闭合律。闭合律是指人们往往对客体提供的不完整的刺激，运用自己的主观经验为之增加（或减少）某些因素，以便获得有意义的或符合逻辑的知觉经验。

②知觉选择性。

知觉选择性指知觉对外来刺激有选择地反映或组织加工的过程。人的感官每时每刻都在接受大量刺激，而知觉并不是对所有刺激都做出反应，仅仅对其中某些刺激或刺激的某些方面做出反应。知觉的选择性保证了人能够把注意力集中在重要的刺激或刺激的重要方面，排除次要刺激的干扰，有效地感知和适应外界环境。知觉对象的选择受到主观和客观因素的影响。从客观方面看，在各种刺激中，强度大的、对比鲜明的、简洁的、有规则的、活动性的、易记忆的刺激易成

图4-2　知觉选择性

为知觉的对象。从主观来看，知觉者的需要、动机、兴趣、爱好、情绪、任务、知识经验以及刺激物的重要性都会影响知觉对象的选择以及知觉的过程和结果。影响知觉过程和结果的主观因素称为非刺激因素。一般而言，在知觉活动过程中，非刺激因素越多，所需要的感官刺激就越少，反之就越多。知觉的选择性有利于人从背景中分离、辨别、确认和记忆知觉对象，对于实践应用有重要意义。图4-2显示了由于选择不同的背景导致产生不同的知觉形象。

③知觉恒常性。

知觉恒常性是指影响知觉对象的外界条件在一定范围内发生改变时，知觉并不受到影响，仍能把握该事物相对稳定的特性，即保持对该事物的惯常认识。

由于知识经验的参与和整体知觉的作用，人们对客观事物的认知更加全面深刻。即使知觉的条件发生变化，知觉的映像仍能保持相对不变，即具有恒常性。知觉的这一特性使消费者能够避免外部因素干扰，在复杂多变的市场环境中保持对某些商品的一贯认知。有些传统商品、名牌商标、老字号商店之所以能长期保有市场份额，而不被众多的新产品、新企业所排挤，重要原因之一就是消费者已经对它们形成恒常性知觉，在各种场合条件，都能准确无误地加以识别，并受惯性驱使连续购买。因此，保持品牌视觉形象的统一和稳定，已成为一些世界知名品牌维系消费者的重要策略。知觉的恒常性分为亮度恒常性、大小恒常性、形状恒常性和方向恒常性。知觉的恒常性如图4-3所示。

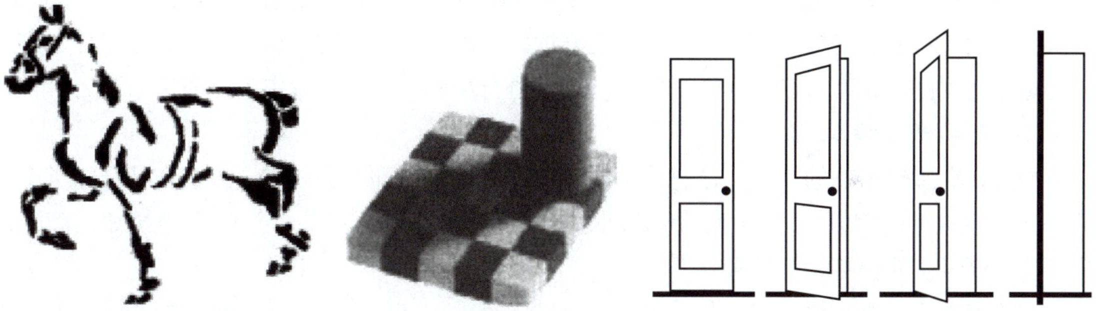

图4-3 知觉恒常性

④知觉理解性。

知觉理解性是指知觉以一定的知识经验为基础，对所感知的客观事物的有关属性进行组织和加工处理，并用词语加以说明的过程。知觉理解性的主要影响因素是个人的知识经验、言语指导、实践活动以及个人兴趣爱好等。知觉的理解性如图4-4所示。

（2）消费者知觉的分类

①视知觉、听知觉、嗅知觉、味知觉、触知觉。根据在知觉中起主导作用的分析器的特征，可以把知觉分为视知觉、听知觉、嗅知觉、味知觉、触知觉等。例如人们在看报纸的时候，以视分析器为主，因此属于视知觉。在听广播时，以听分析器为主，属于听知觉。但在多数情况下，往往是两种或多种分析器同时起作用。

②物体知觉和社会知觉。物体知觉是指对物或事的知觉。根据知觉反映的事物特征，可以分为空间知觉、时间知觉和运动知觉。空间知觉是指对占有一定的空间位置的形状、大小、深度、方位、远近等的知觉；时间知觉是指对客观事物的延续性、顺序性的反映；运动知觉是指

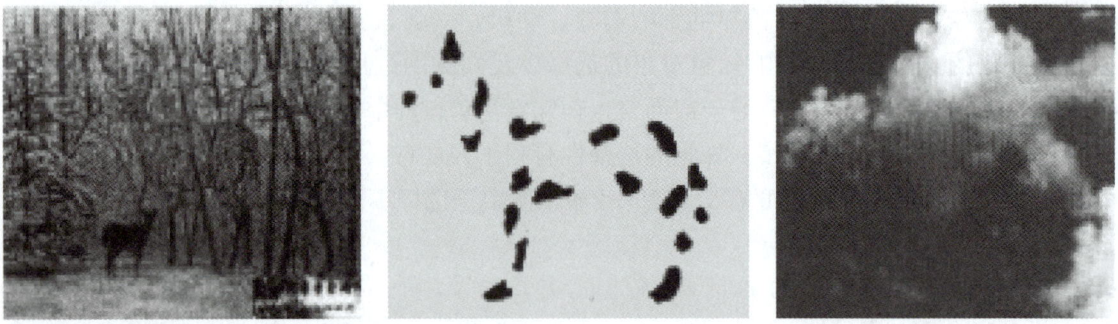

图4-4　知觉理解性

对物体的空间位移和移动速度的知觉。通过运动知觉，可以分辨物体的静止和运动及其运动速度的快慢。

社会知觉是对人的知觉，分为他人知觉、自我知觉和人际知觉。

③精确知觉、模糊知觉、幻觉和错觉。精确知觉是指符合客观实际的知觉，例如消费者对某羊绒大衣的知觉等。模糊知觉是指对直接作用于人的感觉器官的事物不清晰、不精确的知觉。对一件事情或产品的认识，消费者的认识有时是模糊不清的，这种知觉称为模糊知觉。幻觉是指在没有外界刺激的情况下，出现的虚假知觉。错觉是对客观事物错误的、歪曲的反映。错觉是普遍存在的心理现象，而因为我们每天掌握的信息约有80%～90%是通过视觉得来的，所以视错觉就变得很常见。因此，如何利用错觉也成为企业关注和研究的问题。

企业通过对消费者知觉的了解，可以更好地将其应用于企业的广告设计、商标设计、产品陈列等方面。例如，商店可以利用消费者的错觉进行展示，激发消费者的购买情绪。

（3）社会知觉偏差

消费者在感知事物的时候，还有一种特殊的社会意识，即社会知觉。人们在社会知觉中由于受到客观条件的限制而不能全面地看问题，往往造成认知上的偏差，即社会认知方面的错觉。这种错觉主要包括如下几种：

①首因效应。首因效应是人与人第一次交往中给人留下的印象，是在对方的头脑中形成并占据着主导地位的效应，即当人们第一次与某物或某人相接触时会留下深刻印象，个体在社会认知过程中，通过“第一印象”最先输入的信息对客体以后的认知产生的影响作用。同样，消费者对品牌的评价、对商店的态度、对商品的感受等都与第一印象有着很深的关系，于是商家可以通过塑造良好的服务等，建立第一印象，从而在消费者中站稳脚跟。

②近因效应。近因效应是指当人们识记一系列事物时对末尾部分项目的记忆效果优于中间部分项目的现象。这种现象是由于近因效应的作用。前后信息间隔时间越长，近因效应越明显，其原因在于前面的信息在记忆中逐渐模糊，从而使近期信息在记忆中更为突出。

③晕轮效应。晕轮效应又称“光环效应”，属于心理学范畴。晕轮效应是指人们对他人的认知判断首先是根据个人的好恶得出的，然后再从这个判断推论出认知对象的其他品质的现象。这容易产生“一好百好，一坏百坏”的以偏概全的认知偏差。消费者对品牌或产品的评价也是如此，往往由于一点的优劣推而广之。

④投射效应。投射效应是指以己度人，认为自己具有某种特性，他人也一定会有与自己相同的特性，把自己的感情、意志、特性投射到他人身上并强加于人的一种认知障碍。即在人际

认知过程中，人们常常假设他人与自己具有相同的属性、爱好或倾向等，常常认为别人理所当然地知道自己心中的想法。利用此认知偏差，营业员可以打动消费者，劝导消费者购买产品，灵活地进行促销。

（4）消费者的知觉风险

1）知觉风险的含义。

消费者的知觉风险是指消费者对其购买行为结果中所存在的不确定性的整体反映。这种风险知觉是普遍存在的。人们每时每刻都在面临选择，而购前、购中甚至购后风险知觉非常多见。经研究，多数消费者购后存在认知上的不协调状况，即购买后，一方面觉得自己的购买是物有所值的，同时又有另一种声音，即产生我的购买到底值不值、会不会买贵了、会不会别人认为不好等疑问，这体现了消费者存在着知觉风险。

2）消费者知觉风险的类型。

消费者的知觉风险主要有以下六种类型：

①经济风险。购买产品最直接的知觉风险是经济风险或称为资金风险。因为消费者的支付能力是有限的，拿到了产品，付出了货币，消费者会考虑，自己购买的产品是否物有所值。从机会成本的角度考虑，消费者真的要不要买这件产品。

②功能风险。功能风险是指消费者往往担心产品的质量和性能不能达到期望水平的风险。例如，某消费者买了台新款笔记本电脑，消费者存在着认知上的功能风险，这个产品真的像商家宣传、营业员介绍的那样有良好的性能和质量吗？

③物质风险。物质风险是指消费者担心产品是不是存在安全上的隐患。

④社会风险。这是指一种存在社会中他人不认同从而对购买者产生诋毁等的风险。

⑤心理风险。这是指一种联系到挫伤消费者自我的知觉风险。例如，这个购买如果物有所值，周围的人既认可又羡慕，那么购买者就会很有成就感，自尊心获得了满足。

⑥时间风险。随着生活节奏的加快，时间就是金钱。消费者购买一件产品的同时，就会联想到花费的时间是否值得，如果需要退换等，消费者觉得是得不偿失的。

3）减少知觉风险的方式。

风险减少理论认为，消费者在做出购买决策时，总是在努力地减少知觉风险来尽力控制风险的发生。消费者减少知觉风险的方式有如下几种：

①尽量多地收集产品的相关信息。

②尽量购买自己熟悉的产品或使用效果好的产品，以避免产生知觉风险。

③依据商店形象，购买名店名牌产品，以减少知觉风险。

④购买高价格的产品，因为人们一般认为一分钱一分货，高价必定高质量。

⑤寻求商家保证，例如能否无条件退换货等。

⑥从众购买。为了减小知觉风险，消费者有时选择从众购买。

（5）消费者知觉在营销中的作用

人们选择哪些刺激物作为知觉对象，与知觉过程和结果受到主观与客观两方面因素的影响有关，主观因素称为非刺激因素，非刺激因素越多，所需要的感觉刺激就越少，反之就越多。企业提供同样的营销刺激，不同的消费者会产生截然不同的知觉反应，与企业的预期可能并不一致。企业应当分析消费者特点，使本企业的营销信息被选择成为其知觉对象，形成有利于本企业的知觉过程和知觉结果。

知觉的选择性有助于消费者确定购买目标。现在市场上的商品十分丰富，每天消费者都要接触不同媒体的各种广告，这些都加大了消费者进行购买决策的难度。而知觉的选择性可使消费者在众多的信息和商品中能够快速找到符合自己既定购买目标的信息和商品，同时排除那些与既定购买目标不相符合的信息和商品。另外，具有某些特殊性质和特征的消费对象，如形体高大、刺激强度高、对比鲜明、新奇独特、与背景反差明显等，往往容易引起消费者的知觉选择。营销人员了解了消费者知觉的这个特点后，可以采取适当的营销策略，比如，20世纪80年代《福建日报》的一个版面上突然出现大块空白，在这块空白的中间，只是依稀写着一行小字“明日此处刊登重要消息”，这一新颖独特的举动，引起消费者知觉的选择性。在众多的报纸广告中，读者都很关心次日报纸在这块空白刊登什么消息。第二天看到的却是“希尔顿”三个字，很多消费者不知是指商品还是指企业名称，希望再进一步了解情况，于是，希尔顿酒店集团便达到了进入中国的广告宣传目的。

利用知觉的理解性和整体性可提高广告宣传效果。根据知觉的理解性这一特点，企业在广告中要针对购买对象的特性，在向消费者提供商品信息时，其方式、方法、内容、数量必须与信息接收人的文化水准和理解能力相吻合，保证信息被迅速、准确地理解。根据知觉整体性这一特点，在广告设计中，可把着眼点放在与商品有关的整体上，使消费者获得充足的信息，形成一个整体的、协调的商品形象。

利用知觉的恒常性促进商品销售。由于人们不愿放弃自己使用习惯的商品，所以知觉的恒常性可以成为消费者连续购买某种商品的一个重要因素。企业可以通过名牌商品带动其他商品的销售，或通过畅销的老商品带动新商品的销售。

4.1.3 消费者注意

消费者注意直接影响企业营销活动及其广告效果，故掌握注意的特征及分类、影响消费者注意的因素具有重要的现实意义。

（1）注意的含义

注意是人们的心理活动对一定事物的指向和集中。注意这种现象是普遍存在的，在上班路上，会看到很多的风景，但是你只会注意到其中的一部分；去商场购物，商店里陈列着琳琅满目的商品，你却经常被促销橱窗所吸引；上课的时候，每位同学都在认真地注视着老师，说明课堂授课引起学生的注意，可是有些同学却被外面的一声巨响所吸引，注意力发生了转移，但多数同学却不为所动。由此可见，注意是一切心理活动的基础和前提，是伴随认识、情感、意志等心理过程的意识状态。没有注意，何以形成感觉和知觉？如何形成情绪和情感？由此可见，没有注意伴随，一切心理活动均应停止。

消费者对事物的认知、对产品的购买，都是从注意开始的，如果消费者没有注意到这件产品或这项服务，何来购买行为？企业的营销活动、促销计划制定得再好，消费者没有注意到，也是徒劳无功。因此，能不能引起消费者注意，是商家千方百计要实现的。

注意有两个基本特征——指向性和集中性。所谓指向，是指从众多的事物中选择出要反映的对象。所谓集中，是指把心理活动关注于所选择对象的同时，离开其他事物，并对局外干扰进行抑制，集中全部精力，完成对注意对象的反映。

对于消费者而言，由于受认识能力的局限，在某一特定时点，他们不可能全面注意和处理所有展露在其面前的信息，而只是关注某一部分信息。因此，消费者的注意具有以下几大特征。

（2）注意的特征

1）注意的选择性。

在某一时点，消费者可能接触到大量的信息，但是他们会对信息进行筛选，使心理活动选择自己感兴趣的、符合自己需要的信息，避开或忽略其他无关的刺激，这就是注意的选择性。例如，当我们进商场买衣服时，可能对衣服以外的商品视而不见，对商场里的音乐以及周围人的交谈产生过滤，而只是关注衣服的款式及价格。选择性注意的研究始于彻里（Cherry）对鸡尾酒现象的探讨。在鸡尾酒会中，人们被各种声音包围，他们只能听清与之交谈者的话，或自己感兴趣的话，而“听不见”其他的谈话。

2）注意的集中性。

集中性是指心理活动不仅有选择地指向一定对象，而且相当长久地坚持指向这个对象，离开一切无关的对象，抑制其他活动。注意的集中性有时又称为注意的稳定性、持久性，因为在较长的时间内，注意可以一直保持在某一对象或活动上，一直到完成任务，达到目的为止。消费者注意的集中性则指在选购商品时总是对有意向的购买目标倾注比较多的心理活动。例如，消费者在网上选购衣服时，一会儿上淘宝看看，一会上京东商城瞅瞅，一会儿记录下商品信息，一会儿比对商品，虽然注意的对象不断变换，但都服从于“选衣服”这一主题。

注意的选择性和集中性是互为发展的，选择性是集中性的前提和基础，而集中性则是选择性的体现和发展。

3）注意的有限性。

在稳定注意的条件下有时也会发生注意分散，注意分散是指注意离开了心理活动所要指向的对象，而被无关的对象吸引去的现象。例如，学生在听课过程中，一边听老师讲解，一边做笔记，不时发个消息，和同桌说说话，我们可以看出，虽然可以同时将注意力放在几件事情上，但是做到不“顾此失彼”却是很难的。注意力是有限的，一旦注意力分散，这样势必影响到听课的效率。注意的有限性也解释了为什么消费者在购买促销品的时候往往只考虑到产品的价格而忽略了其使用价值。

（3）注意的分类

根据注意过程中有无预定目的和是否需要意志努力的参与，可以把注意分为无意注意、有意注意和有意后注意。

1）无意注意。

无意注意是指没有预定目的，也不需要意志努力的注意，又称不随意注意。无意注意一般是在外部刺激物的直接作用下，个体不由自主地给予关注。其无预定目的，自觉性较差，保持时间较短。例如，正在图书馆看书的时候，听见有人大声说话，大家不自觉地注视那人；大街上看到奇装异服的人，行人会不由自主地扭头观望。

引起无意注意的原因可以分为两个方面：一是刺激物的强度；二是人本身的状态。刺激物的强度是引起无意注意的重要原因。强烈的刺激物，例如，强烈的光线、巨大的声响、浓郁的气味，都容易引起人的无意注意。另外，无意注意虽然主要是由外界刺激物引起的，但是也取决于人本身的状态。同样的一些客观事物，由于感知它们的人的状态不同，就可能引起一个人的注意而引不起另一个人的注意。这首先是由人们的需要、兴趣和对那个事物的态度决定的。就拿一件商品来说，如果它能满足消费者的需要，跟消费者的兴趣相符合，又能引起消费者的喜欢，那么，它就很容易成为无意注意的对象。人的心境对无意注意也起着很大的作用，它在很大程度上决定着什么事物容易引起注意。

2）有意注意。

有意注意是指有预定目的，也需要作意志努力的注意。我们工作和学习中的大多数心理活动都需要有意注意。例如，学生按老师的要求比较两种相似事物的特性时所表现出的注意，就是有意注意。有意注意是一种自觉性较好、保持时间较长、服从于当前活动任务需要的注意，属于注意的高级形式。它受人的意识的调节和控制，是人类所特有的一种心理活动。

引起和保持有意注意的主要条件有：第一，加强对目的任务的理解，培养间接兴趣。间接兴趣是指对活动本身可能没有兴趣，但对活动的最后结果却有很大兴趣。间接兴趣存在于人们自觉进行的每一项工作中，对于保持有意注意具有很大的作用。第二，合理的组织活动。在明确目的的前提下，合理的组织活动也有助于集中有意注意。教师在课堂教学中案例的引入，以及开展小组讨论等都比枯燥、单一的理论讲授，更容易引起学生的注意。第三，用坚强的意志和干扰做斗争。为了保持注意，要尽可能地排除干扰，还要用坚强的意志和干扰做斗争，这样既能够锻炼意志，又能够培养有意注意。人一般在安静的环境里容易集中注意力，这时就要求想尽办法排除干扰。但是某些微弱的刺激不仅不会干扰人们的有意注意，相反会加强有意注意。例如，在嘈杂的环境中学习时，为了隔绝外界的声音，听听轻音乐，都会加强有意注意。

3）有意后注意。

有意后注意是指有预定目的，但不需要意志努力的注意。它是在有意注意的基础上，经过一段时间的学习、训练或培养后，不需要意志努力就可以保持注意。在有意注意阶段，主体从事一项活动需要有意志努力，但随着活动的深入，个体由于兴趣的提高或操作的娴熟，不用意志努力就能够在这项活动中保持注意。例如，一个刚学游泳的人在初学阶段去游泳，还是有意注意，很容易感到疲倦；随着学习的深入，泳技不断提高，当他消除了许多障碍，能够全身心地投入这项运动进而喜欢上这项运动后，可以说达到了有意后注意的状态。有意后注意是一种更高级的注意。它既有一定的目的性，又因为不需要意志努力，在活动进行中不容易感到疲倦，这对完成长期性和连续性的工作有重要意义。但有意后注意的形成需要付出一定的时间和精力。

无意注意、有意注意和有意后注意在实践活动中紧密联系，协同活动。无意注意在一定条件下可以发展为有意注意，有意注意也可以转变为有意后注意。

（4）影响营销刺激被消费者注意的因素

由于消费者注意的有限性和选择性等特征，营销刺激被消费者注意对市场营销者来说非常重要。因此，要了解哪些因素会影响营销刺激是否被注意，就需要了解其中的规律。

可以把相关的影响因素分为刺激物方面的因素、消费者个体方面的因素和情境方面的因素三类。

1）刺激物方面的因素。

刺激物方面的因素是指刺激物本身的物质特征，它的一些特征会不依赖于消费者个体特征而独立地吸引消费者的注意力。这方面的因素主要包括：

①刺激的大小和强度。

刺激的大小影响人们对刺激物注意的概率。大的刺激物相对于小的刺激物更容易被注意，所以报纸上的一份全版广告相对于半版广告更容易被消费者注意。同样，刺激强度越大，如更大的字体、更大的声音、更强的气味等都可以吸引消费者更大的注意力。

②展露的频率。

刺激物在消费者面前展露的频率会影响其被注意的可能性。比如插播频率是反映展露频率的一个方面，指相同的广告在同期杂志中出现的次数。研究发现，插播频率在提高消费者对刺激物的注意力方面具有与广告版面大小相同的效果。还有研究发现，多次插播使消费者对广告的注意力提高了20%。

③色彩和运动。

色彩和运动可用来吸引消费者的注意力，因为鲜艳的色彩和移动的物体更引人注目，色彩鲜艳的包装比色彩暗淡的包装更容易吸引人的视线。

④位置。

位置指的是刺激物在消费者视线所及范围内的位置。处于视野正中的刺激物比处于边缘位置的刺激物更容易被消费者注意。这就是为什么营销者为取得货架中与消费者视线平行的位置而激烈竞争，并愿意为之付出更高代价。电视广告在电视剧之间播出的顺序“位置”也会影响广告被消费者注意的可能性。

⑤隔离。

隔离是指将一个刺激物与其他刺激物隔开。空白（如将一则很短的信息放在一个空白的广告牌正中）的运用、广播广告之前的片刻沉默都是基于此原理。

⑥格式。

格式指的是信息展示的方式。通常来说简单、直接的展示方式比起复杂的展示方式会受到更多的注意。信息中加入需要消费者费力理解的因素会降低其关注的程度。那些缺乏明晰视点或者移动不当（如太快、太慢或太跳跃）的广告都会增加消费者处理与刺激物相关的信息的难度，难以吸引大多数消费者的注意力。同样，难以听懂的口音、音量不当、人为扭曲、过大的背景杂音等也会降低消费者的注意力。

不同的消费者个体特征也会与刺激物信息发送格式相互作用。有些格式对于某些人来说太复杂，而另外一些人则可能认为很有趣，如同其他刺激因素一样，信息格式的设计，必须充分考虑目标消费者的特征。

⑦对比。

对比指的是相对于那些与周围背景融合在一起的刺激物，消费者更倾向于注意那些与背景反差很大的刺激物，鲜明的对比度是一些获奖广告的促成要素之一。那些与消费者预期的或熟悉的广告内容大相径庭的广告，会因为对比效应而比那些普通的产品广告更吸引消费者的注意力。当然，对比效应产生后很难持续存在，因为经过多次注意，消费者会习惯于某种类型的刺激物，曾经很抢眼的广告也会逐渐失去对比效果，这种现象可以用消费者的“适应水平理论”

来解释。适应水平理论给营销人员提出了一个问题，因为消费者很容易习惯广告、包装以及其他营销刺激。一种较好的解决办法是经常改变刺激，这也是为什么许多广告主开发出主题相同但沟通方式不同的多个广告的原因。适应水平理论还能解释为什么营销人员有时要更换产品包装以再次吸引消费者的注意。

⑧信息量。

信息量更多涉及的是刺激物的整体领域而不是刺激物某一特定的方面。虽然在信息处理方面，个体消费者之间会存在差异，然而注意的有限性特征告诉我们，所有消费者处理信息的能力都是有限的。当消费者面对太多信息而不能无一遗漏地关注所有信息时，就会出现信息超载。出现信息超载时，消费者会神情沮丧，要么推延对这些信息的处理，要么放弃对信息的注意及进一步的处理，或者随意做出决定，或在决策时只利用总信息中一些次优的信息。研究发现：随着所收到商品目录数目的增加，消费者购买的商品也在增加。然而，到了一定数量后，目录数的进一步增加反而会使消费者购买的商品数量减少。对这种现象的解释是此时发生了超载现象，由于信息超载，消费者停止阅读任何商品目录。

消费者能够和愿意接收多少信息并无确定的规律。营销人员都希望商品标签、包装和广告提供充分的信息，以供消费者决策之用。通常，营销者需要准确地确定哪些信息，对目标群体是重要的，从而确定提供那些信息，并着重加强或从背景中突出这些信息。

2）消费者个体方面的因素。

除了营销刺激物本身，消费者个体方面的因素也会影响到刺激物是否被消费者注意到，这些因素主要是指消费者个体的各种特征。消费者兴趣或需要似乎是影响其对刺激物关注程度的一个主要个体因素。兴趣是消费者整个生活方式的体现，同时也是消费者长期目标、计划（如成为一名销售经理）和暂时需要（如饥饿）的结果。除此之外，不同的消费者对信息注意的能力也有很大的不同。

知觉警戒是指消费者通常更容易注意到那些与其目前需要较为相关的营销刺激。另外，消费者会故意避免一些可能对其造成心理威胁的刺激，有时尽管已经接触了该刺激，也会在潜意识里径自先行筛选，这种现象叫知觉防御。

3）情境方面的因素。

情境方面的因素是指环境中除营销刺激物（如广告或包装）以外的刺激以及因环境导致的暂时的个人特征。显然，处在忙碌状态的消费者比有闲暇时间的消费者较少关注刺激物（如你乘坐某一长途汽车，手上没有任何闲书或其他工具供你打发时间，你无聊得甚至可能会仔细阅读汽车上杂志的广告）。处于不愉快或不放松情境中的消费者，比如置身于拥挤、嘈杂、过热或过冷的商店中的消费者，会注意不到许多展露在他们面前的刺激物，因为他们想尽快从目前的环境中逃离出去。

（5）消费者注意在营销活动中的作用

1）运用无意注意，进行企业营销活动。

企业进行市场营销活动要引起消费者的无意注意。消费者每天生活在外在环境和营销环境的刺激中，而每天都有数以万计的产品问世、走向市场，大大小小的商家每天都在为争夺消费者而进行着价格战、促销战等，大多数刺激对于消费者来说属于无意注意，那么如何使消费者对无意注意的信息进行保持，变成短时记忆甚至长时记忆呢？通过研究发现，强度大的、对比性强的、变化的或者比较新奇的刺激更容易打动消费者。于是企业在进行营销活动时，要求新求变，研究消费者的这一特点，用相应的刺激来引起消费者的无意注意。例如，某年大连的啤酒节，主办方用飞机洒啤酒的方式来吸引消费者，引起了消费者的无意注意。再如，在宝洁公司三大产品——海飞丝、飘柔、潘婷垄断中国洗发水市场半壁江山的时候，丽花丝宝选择了强大的终端促销，在长春百货大楼，仿佛进入了朱砂红的舒蕾世界，震撼了消费者、媒体，消费者从对新产品的无意注意变成了关注、购买，"舒蕾"品牌"走"了出来。

2）运用两种注意交替使用的规律。

有意注意效率高，但是容易产生疲劳感，而无意注意比较轻松，但是目的性和制约性比较弱。因此，商家要想很好地抓住消费者，可以利用两种注意交替使用的规律，利用有意注意提高效率，同时利用无意注意减轻疲劳感，使顾客更多地关注本公司的产品、品牌，或是在本商店逗留更长的时间。例如，在百货商店内，人们在紧张购物之余，商家会不时地请品牌代言人来到现场与顾客互动，利用无意注意来减少疲劳感，增加顾客的情趣，也会增加消费者对商店的好感。

4.1.4 联想

（1）联想的含义

联想是由一种事物想到另一种事物的心理活动过程，是消费者认知心理中比较重要的一种心理现象。联想可以由当时的情境引起，如当时注意、感知到的事物，也可以由内心的回忆等引起。消费者心理研究主要着重于注意、感知等因素所激发的联想，这是由于企业在开展营销活动时，可以通过控制购物环境或使用各种诱因，来引导消费者形成并促进消费的联想。

（2）联想的一般规律

联想是心理学家研究得较早的一种心理现象，迄今为止，已经总结出来的一般性联想规律主要有接近联想、类似联想、对比联想、因果联想、特殊联想等。

1）接近联想。

由于两种事物在位置、空间距离或时间上比较接近，当人们认识到第一种事物时，很容易联想到另一种事物。例如，谈到北京，人们通常会联想到故宫、长城；提及西安，人们一般会联想到兵马俑、华清池等。

2）类似联想。

两种事物在大小、形状、功能、地理背景、时间背景等方面有类似之处，使人们在认识一种事物的同时会联想到另一事物。例如，我国著名水乡古镇周庄在进行国际旅游市场促销时，就曾利用类似联想推出"周庄——东方的威尼斯"的宣传口号，收到很好的效果。

3）对比联想。

两种事物在性质、大小、外观等方面存在相反的特点，使人们在认识到一种事物的同时会从反面联想到另一种事物。这种联想会为企业创造出许多新的机会，开发出满足消费者相互对立的需求的商品。例如，可以设计出大包装和小包装、成人用和儿童用、黑色和白色等配套商品。

4）因果联想。

两种事物之间存在着一定的因果关系，容易使人由一种原因联想到其结果，或由事物的结果联想到其原因等。例如，企业宣布其商品全线降价时，往往会引发消费者对降价原因的联想，是否缘于商品供大于求，或质量下降，或原料价格降低，或竞争加剧等。消费者的这种因果联想经常影响企业营销策略的实施效应，因此要特别关注。

5）特殊联想。

两种事物之间不存在必然联系，而由于某些特殊事件导致其形成特殊关联，使消费者在见到一种事物时会自然地联想到另一种事物。例如，联想集团成为体育节目赞助商并冠名奥运指定商品，消费者若在参与奥运活动时会联想到联想集团及其IT产品。

4.1.5 思维

（1）思维的含义与特征

1）思维的含义。

思维是人脑对客观现实的概况的、间接的反映，是揭示事物本质特征的理性认识，是人认识活动发展的高级阶段。具体地说，思维就是推理、判断、决策和问题解决。

2）思维的特征。

消费者在购物时往往要经过紧张的思维活动，一方面，由于所要购买的商品在满足需要上的特性不同，或者是为了实现购买还必须克服某些困难；另一方面，由于消费者个体的差异，在思维方式上又表现出不同的特点。

①独立性。

有的消费者在购物中有自己的主见，不轻易受外界的影响，而是根据自己的实际情况权衡商品的性能和利弊等，独立做出购买决定；缺乏思维独立性与批判性的消费者，则容易受到外界的影响，缺乏自己的思考，随心所欲，易被偶然暗示所动摇。

②灵活性。

有的消费者能够依据市场的变化，运用已有的经验，灵活地进行思维并及时地改变原来的计划，做出某种变通的决定。有的消费者遇到变化时，往往呆板，墨守成规，不能做出灵活的反应或不能变通。

③敏捷性。

有的消费者能在较短的时间内发现问题和解决问题，遇事当机立断，能迅速做出购买决定。相反，有的消费者遇事犹豫不决，不能迅速地做出购买决定而错失良机。

④创造性。

有的消费者在消费活动中，不仅善于求同，更善于求异。能通过多种通道收集商品信息，在购买活动中不因循守旧，不安于现状，有创新意识，有丰富的创造想象力。

（2）思维的分类

1）根据思维活动的性质和方式划分。

动作思维又称实践思维，是以实际动作来解决直观、具体问题的思维，它是在实际的活动中进行的。消费者在实际的购买活动中需要有动作思维的参与。

形象思维是指利用事物的直观表象来进行分析、比较、综合、抽象、概括等内部的加工，从而解决问题。例如，消费者在购买家具时，会把眼前家具的颜色、款式与自己居室的颜色、摆放位置是否协调等进行形象思维，思维的结果影响其购买行为。

逻辑思维又称抽象思维，是用抽象的概念和判断、推理的方式解决问题的思维。消费者的购买活动同样离不开抽象思维的参与。

2）根据思维的主动性和独创性划分。

常规思维又称习惯性思维，它是用常规方法来解决问题的一种思维。这种思维缺乏主动性和独创性，功能固定。

创造性思维是创造活动中的一种思维。它是用新的方案或程序，创造新的思维产品的思维活动。创造性思维是人类思维活动的高级过程，是一种复杂的心理活动，需要人们对已有的知识经验进行改组或重建，并在头脑中产生新的思维和想象。

4.2 消费者心理活动的情感过程

消费者在经历感觉、知觉、记忆、想象、思维等认识过程后，实现了对商品的本质属性及内部特征的正确反映，获得了商品信息。伴随认识过程，消费者需要经历情绪情感过程和意志过程，才能排除各种主观因素的影响，采取行动实施购买行为。

4.2.1 情绪与情感的概念和产生

（1）情绪与情感的含义

情绪或情感是人们对客观事物是否符合自己的需要所产生的一种主观体验。消费者在从事消费活动时，不仅通过感觉、知觉、注意、记忆等认识了消费对象，而且对它们表现出一定的态度。根据是否符合消费主体的需要，消费者可能对其采取肯定的态度，也可能采取否定的态度。当采取肯定态度时，消费者会产生喜悦、满意、愉快等内心体验；当采取否定态度时，则会产生不满、焦虑、憎恨等内心体验。这些内心体验就是情绪或情感。

情绪或情感是人对客观事物的一种特殊反应形式，它的发生与认识过程一样，源于客观事物的刺激。当刺激达到一定强度时，便会引起人的相应体验，从而产生各种情绪反应。这些情绪反应不具有具体的现象形态，但可以通过人的动作、语气、表情等方式表现出来。例如，某消费者终于买到盼望已久的新款名牌轿车时，他的面部表情和语气会表现出欣喜、兴奋，而当发现商品存在质量问题时，又会表现出懊丧、气愤等表情。

（2）情绪与情感的关系

从严格意义上讲，情绪和情感是有区别的两种心理体验。情绪一般指与生理需要和较低级的心理过程（感觉、知觉）相联系的内心体验。例如，消费者选购某品牌香水时，会对它的香型、色泽、包装造型等可以感知的外部特征产生积极的情绪体验。情绪一般由特定的情境引起，并随着情境的变化而变化。因此，情绪表现的形式是比较短暂和不稳定的，具有较大的情境性和冲动性。某种情境一旦消失，与之有关的情绪就立即减少，或减弱。情感是与人的社会性需要和意识紧密联系的内心体验。例如，理智感、荣誉感、道德感、美感等。它是人们在长期的社会实践中，受到客观事物的反复刺激而形成的内心体验。因此，与情绪相比，具有较强的稳定性和深刻性。在消费活动中，情感对消费者心理与行为的影响相对长久和深远。例如，对美感的评价标准和追求，只会驱使消费者重复选择和购买符合其审美观念的某一类或款式，而排斥其他商品及款式。

情绪与情感之间又有着密切的内在联系。情绪的变化一般受到已经形成的情感的制约，而离开具体的情绪过程，情感及其特点则无从表现和存在。因此，从某种意义上可以说，情绪是情感的外在表现，情感是情绪的本质内容。实践中二者经常做同义词使用。

4.2.2 情绪与情感的表现形式

情绪与情感是人对客观事物的一种特殊反应形式，它的发生与认识过程一样，源于客观事物的刺激。当刺激达到一定程度时，便会引起人的相应体验，从而产生各种情绪情感反应，并通过人的外部表情表现出来。

（1）面部表情。

人的面部器官有嘴、鼻子、脸颊肌肉、眼睛、眉毛等，它们都具有传送情绪与情感的功能，其中，眼、眉最能倾诉人的心灵，例如，人顿时瞪大眼睛就传达了好奇、激动的情绪，眉开眼笑则传达高兴喜爱的情绪，横眉立目则是愤怒的情绪表现。

（2）身段表情。

身段表情指通过身体各部分表现情绪和情感，包括手势、坐姿、站姿、步态及小动作等。例如，拂袖而去表现出不满意的情绪情感，手舞足蹈表达喜悦、激动的情绪情感。

（3）语言表情。

人的情绪、情感可通过语言、声调、节奏速度等来表达。当一个人语速突然加快，表达出其不耐烦的情绪；反之，如果是轻轻地细语，则是一种温和的情感；拉长语调表示轻蔑。有时，从语言的内容看是富含感情的，但语调却显得很淡漠。

由此可见，消费者的情感是商品和劳务在其内心世界的体验，但它必然要通过外部表情表现出来。企业营销部门要研究消费者对自己商品品牌的态度，就可以在各种展销活动中，通过观察消费者的各种表情来研究和推测其基本态度，从而能有的放矢地开展营销活动。

4.2.3 消费者购买活动的情感过程

消费者购买活动会产生各种不同的情感体验。消费者的情感有时是骤发过程，有时是缓释过程，有时是从厌恶到喜欢，有时是从紧张到轻松的相反变化过程。尽管影响消费者情感变化的因素是交叉作用的，消费者的情感变化也很微妙复杂，但还是有一定规律可循的。一般来说，消费者的情感体验可分为以下六个发展变化阶段。

（1）选择阶段

选择阶段是情感的初起阶段。消费者一旦对某种商品或劳务产生了需要，就会产生解决的愿望，需要和愿望会使情绪不安和波动起来，力求对商品进行认识、鉴别和选择，如果需求强烈，情绪就愈加紧张并促使消费者寻找解决问题的途径和具体办法，可见情感的选择阶段与需求密切相关。

（2）定向阶段

这是情感变化的肯定和否定阶段。这时，消费者已经初步确定了购买地点、时间和哪一类型的商品，在进一步的搜集信息，观察和思考过程中产生喜欢或不喜欢、满意或不满意的情感，并会产生联想定向，是消费者对商品或服务形成基本态度倾向的阶段。

（3）激情阶段

激情阶段是情感的明朗表现和强化阶段。在这种情绪情感引导下，消费者购买欲望会更加强烈，对他所喜欢和满意的商品非买不可，冲动型的顾客可能马上产生购买行动。大部分消费者虽然处于感情强化过程，但由于谨慎和经验，还要积极考虑和推敲一番。

（4）冲突阶段

在这一阶段，消费者对商品进行全面评价。由于多数商品很难同时满足消费者多方面的需求，消费者会产生不同程度的体验和情感的矛盾变化，比如有时对价格满意，对商品造型又不太中意；有时对质量、价格满意，却又为式样过时而感到遗憾；等等。总之，情感的强度变化和矛盾冲突会由于特定的事件或场合反复表现出来，而如果积极的情感支配着消费者，最终他还会实施购买。

（5）选定阶段

通过对商品或服务的全面综合评价，消费者的理智和感情逐渐趋于统一，最终作出了购买决定，实现了购买行为。

（6）评价阶段

评价阶段是消费者在购买商品后所体验的情感过程。如果商品符合消费者购前预想的意愿，得到周围的称赞，消费者必然会处于喜悦满意的情感之中。但如果商品出现问题，消费者会后悔、烦恼或懊丧不已，这种情感体验将促使消费者作出弥补行动，如换货、退货或修理，还会为下次的购买行为做一定的心理准备。

上述六个阶段中，定向阶段是很重要的，在这一阶段，消费者对商品初步认识后，有了大致的印象，随之形成了对商品的态度倾向。如果不喜欢，就谈不上以后的情绪发展。因此，一般来讲，诱发消费者对一商品的积极情感，对促进消费者购买行为有十分重要的意义。

4.2.4　情绪与情感的影响因素

购买活动中，消费者情绪的产生和变化主要受四方面因素的影响。

（1）消费者的心理状态背景

消费者生活的遭遇、事业的成败、家庭境况等现实状况，对消费者的情绪过程有着主要的影响，从而影响他的购买决策过程。

（2）消费者不同的个性特征

消费者的个性特征主要包括个人的气质类型、选购能力、性格特征。这些个人的个性特征也会影响消费者购买活动的情绪体验。例如，某消费者选购能力差，在众多的商品中就会感到手足无措，这时候，麻烦的情绪袭上心头，就会产生放弃购买的心理。

（3）商品特性的影响

人的情绪和情感总是针对一定的事物而发生。消费者的情绪首先是由他的消费需要能否被满足而引起和产生，而消费需要的满足则要借助于商品来实现。所以，影响消费者情绪的重要因素之一，是商品的各方面属性能否满足消费者的需要和要求。

1）商品命名中的情感效用。

厂家给商品取一个具有独特情绪色彩的名称，符合消费者某方面的需要，容易激发他的购买欲望。例如，白玉牌牙膏，符合我国消费者图吉利的思想，很容易被消费者所接受。

2）商品包装中的情绪效果。

消费者选购商品时，首先看到的是商品的包装，包装对消费者购买商品起到很大的作用，会影响他的购买意愿。例如，有一种药品的包装造型像坦克，配以适当的说明，能给人以形象的暗示。

（4）购物环境的影响

心理学认为，情绪不是自发的，它是由环境下多种刺激引起的。从消费者购买行动来分析，直接刺激消费者感官、引起其情绪变化的主要有购物现场的设施、照明、温度、声响以及销售人员的精神风貌等因素。购买现场如果宽敞、明亮、整洁，整体环境幽雅，售货员服务周到热情，会引起消费者愉快、舒畅、积极的情绪体验，反之，会引起消费者厌烦、气愤的情绪体验。

4.3 消费者心理活动的意志过程

消费者的心理职能并不只限于对商品和服务的认识过程和产生一定的情感体验，更主要的是要有计划地实施购买决策。为保证消费者不受干扰地实现预定的购买目标，而采取一系列心理活动，就是消费者的意志心理过程。

4.3.1 消费者心理活动的意志的概念及特征

（1）消费者心理活动的意志的概念

消费者心理活动的意志，是指消费者自觉地确定购买目的，主动支配、调节其购买行动并努力克服各种困难来实现预定购买目标的心理过程。如果说消费者对商品的认识过程是消费者将外在刺激向内在意识的转化，那么，意志活动则是消费者内在意识向外部行动的转化。心理机能的保证只有实现这一转化，消费的心理活动才能现实地支配其购买行为。

（2）消费者心理活动的意志的特征

1）目的性。

消费者在购买过程中的意志活动是以明确的购买目的为基础的。因此，在有目的的购买行为中，消费者的意志活动体现得最为明显。通常为满足自身的特定需要，消费者经过思考预先确定了购买目标，然后自觉地、有计划地按购买目的去支配和调节购买行动。

2）克服困难性。

现实生活中，消费者为要达到既定目的而需要排除的干扰和克服的困难是多方面的。例如，时尚与个人情趣的差异，支付能力有限与商品价格昂贵的矛盾，售货方交货慢和服务质量差所造成的障碍，申请消费信贷与贷款利息高的矛盾等。这就需要消费者在购买活动中，既要排除思想方面的矛盾、冲突干扰，又要克服外部社会条件方面的困难。所以，在购买目的确定后，为达到既定目的，消费者还需做出一定的意志努力。

3）调节行动性。

意志对行动的调节，包括发动行为和制止行为两个方面。前者表现为激发起积极的情绪，推动消费者为达到既定目的而采取一系列行动；后者则抑制消极的情绪，制止与达到既定目的相矛盾的行动。这两方面的综合作用，使消费者得以控制购买行为发生、发展和结束的全过程。

4.3.2 消费者购买行为的意志过程

（1）消费者作出购买决策的阶段

在这个阶段中，消费者从自身需要考虑和决定购买目标，面对多种实现途径，消费者要以意志的努力和理智的思维选择一个比较满意的解决方法，然后再实施购买方式、购买时间等整个计划。有时面对多种需求，消费者要分清轻重缓急，并作出购买的顺序计划，通过这个决策过程，消费者才能决定购买商品。

（2）消费者执行购买决策方案阶段

这个阶段是消费者将购买决策阶段的想法付诸实际行动，是意志活动的高峰，但这一过程并非一帆风顺。首先，商品质量、价格、式样等影响，消费者要进行比较和权衡，在对商品反复认识中重新修正原来的购买设想，不断优化自己的购买方案后才执行购买。其次，在购买时还会出现各种障碍或困难，如有时商品无货，或者有货，但消费者要进行货比三家，而交通、通信工具的不方便，造成劳累、烦琐、费时、反复等，消费者必须有意识地自觉排除这些外界因素干扰，才能较顺利地完成购买活动。最后，消费者在执行购买决策过程中，会受各种因素的影响，其中某些因素的变化，使消费者自我意志发生动摇，向否定方向变化。为了实现意志的目的，就要进行重新决策。可见，执行决策方案阶段是一个不断排除障碍、克服困难的过程，消费者采取购买行动时，可能会出现两种情况：一是作出决定后，不失时机地立即执行购买决定；二是决定的指向是比较长期的购买目标，并不立即导致购买行为，而是引起心理定向，这是完成未来购买行动的心理准备，出现这种情况的原因较多，如经济条件的制约、其他人的反对等。

（3）消费者执行购买决策方案后的意志检验阶段

当消费者执行购买决策方案后，并不意味着意志行为的结束，消费者还要检验与评价自己的意志决策是否正确。这种检验是在商品的使用中进行的，通过商品性能是否良好、使用是否方便、实际效果与预期需要是否接近等方面的评价来判断购买决策正确与否。意志的这种检验和反省是通过思维进行的，如果结论比较满意，消费者就有可能在意志的肯定下再次惠顾，产生重复购买行为。如果在意志的检验阶段得到否定或产生矛盾时，就会使消费者考虑在今后的购买中回避或减少对该商品的购买。

4.3.3 消费者的意志品质

意志品质是消费者购买意志的具体体现。在购买活动中，常可以观察到消费者不同购买行为的显著特征，如有人购买行为果敢、坚定，独立性强；有人则犹豫、冲动、盲从。究其原因，一方面是由于消费者性格特征不同，另一方面则反映了消费者意志品质的差别。消费者具有坚强的意志品质，是克服不利因素及困难，完成购买决定的重要心理机能保证。

消费者购买意志品质主要表现在以下方面。

（1）购买意志品质的自觉性

购买意志品质的自觉性，是指消费者对将要进行的购买活动有明确的方向和目的，能主动认识了解所要购买的商品，通过综合考虑制定购买决策并意识到购买后的实际意义和效果。自觉性是产生坚强意志品质的基本条件，可以促使消费者在执行购买决定时正视现实并不易受阻，能自觉、主动、独立地调节和控制自身的购买行为，遇到障碍时运用理智分析，自觉修改购买方案。.在目标指引下勇于克服困难，承担外界压力，完成所预想的购买计划。与自觉性意志品质相反的是盲目性，这类消费者在购买过程中往往表现出依赖、冲动和回避的态度，不愿付出必要的智力、思维和体力，由于缺乏自身意志的努力，购买行为也缺少自觉动力。

（2）购买意志品质的果断性

购买意志品质的果断性，是消费者以个人的良好素质（如知识、敏锐、机智等）对待外界事物，迅速而合理地采取决定。这类消费者在购物中善于捕捉机遇，积极思考，反应敏捷。例如，某种电器商品价格回落时，大多数人往往等待观望，“买涨不买落”；但有人能根据其他因素适时作出购买决定，而不是从众犹豫。果断性会给消费者带来一些自身利益，反之，优柔寡断的消费者在不同的购买目的和购买手段之间取舍不定，往往错过最佳购买时机。

随着商品种类的不断增加，满足人们同一需要的商品越来越多，差异也越来越小。许多消费者面对琳琅满目的各种商品难下决断，所以，企业在推出产品时要在特色上下些功夫，有实力的企业还要创名牌，因为大多数消费者对名牌商品的认定是无条件的。如对于世界著名品牌的“可口可乐”饮料，消费者对其购买果断性就很强。

（3）购买意志品质的自制性

购买意志品质的自制性，是指能够支配、控制自己的情感，完成自己的购物行动。消费者在购买活动中会出现各种各样的矛盾，发生某些不愉快的事，如售货员态度恶劣、购物环境拥挤或商品有问题等，对此，消费者善于控制自己不满意的情绪，避免冲动，从而缓和矛盾，就有利于购买行为的实现；反之，如果消费者自制性差，未能控制自己的言行，就会激化矛盾，不仅影响购买行为的完成，还会造成心理上的伤害。购买意志的自制性体现了一个人的道德素质和精神文明。

（4）购买意志品质的坚韧性

购买意志品质的坚韧性，是指消费者在购买活动中呈现的坚持到底、不畏困难的顽强精神，由于意志过程是一个不断排除障碍或克服困难的过程，因此消费者必须要有坚韧的意志。坚韧性需要消费者精力和体力的高度统一，要保持充沛的精力、顽强的毅力和坚定的稳定情感。坚韧性不仅表现为消费者能排除各种干扰，坚持主见，还表现为要依据主客观因素的变化当机立断，保证购买目标最后能够实现。

案例

麦肯锡：中国新一代务实型消费者

中国消费者的行为方式与发达国家的消费者越来越像，与过去相比，他们越来越挑，也越来越实际，他们的视野更加开阔，超越了对产品功能的基本关注。此外，他们越来越愿意为更高的产品价值和质量而花钱，并且花费更多时间研究产品以及探究产品之间的细微差别。麦肯锡2017年中国消费者调查还发现，中国消费者正在开辟一条独具特色的中国道路。显然，中国提供了一些全球最大的增长机会，但是只有那些能透彻了解和正确应对这个快速演变的市场的消费品生产企业，才能抓住这些机会。

中国消费者仍然注重品牌，但与其他国家的消费者不同，他们对产品价值的关注如此强烈，以至于对品牌的忠诚度往往退居其次。与发达国家的消费者相比，对于中国消费者来说，自己家人的需求或兴趣具有更大的重要性。与其他国家相比，在中国，口碑已成为传播产品信息的一个更重要的来源，这主要归功于快速增长的互联网应用，中国消费者将互联网视为一种可靠的信息来源。

然而，最有意思的是，中国消费者通过在不同的产品门类中进行权衡取舍，来安排自己购物的优先顺序：通过在他们最关心的产品门类上花更多的钱，而减少在其他产品门类上的开支，以使他们的购买力最大化。

此外，中国的市场分布广泛，其规模和范围意味着任何趋势的影响可能都要取决于当地的具体情况，因地而异。在大多数城市群中，总的趋势都保持未变。尽管如此，作为一项关键的购买动因，身份价值对购物者的重要性在上海要比在以武汉为中心的城市群大得多。2016–2017年的调查显示，在武汉城市群中，具有较高身份价值的产品门类销售急剧下降。再比如，深圳是唯一的消费者将电视广告作为一种可靠产品信息来源的偏好超过口碑的主要城市群，这种奇怪的特性可能源于深圳人口中来自其他地区的移民比例很高，他们生活在远离自己大家庭的环境中。此外，深圳的消费者似乎对被其他城市群视为利基渠道的广告形式（如公交车广告和广告牌）有一种特别的偏好。

在中国，没有哪一种方法可以“放之四海而皆准”，因为不同地区、不同收入水平的消费者群体的消费行为模式大相径庭。管理者应该量身打造自己的产品组合，以满足当地消费者的偏好，并按照地域城市群来管理营销工作，从而更有效地迎合中国不断变化的消费环境。这些趋势证明了中国人消费行为的转变——他们正成长为世界上最复杂的消费者。现在，中国已是仅次于美国的全球第二大经济体，其消费部门可能是所有大国中最健康的。过去，消费品企业可以凭借自己现有的产品进入中国，将其简化为基本功能，然后以低价在全国各地销售，从而搭上以两位数增长的中国消费快车。如今，就像发达市场的消费者一样，中国消费者也会正确评价和要求购买更好的产品。因此，许多努力在中国寻找利基市场的企业，现在可能为自己的产品找到了市场，并吸引到合作伙伴。与此相反，那些依赖低成本、低质量商业模式的企业，可能最终会在权衡决策上失败，它们可能需要转变价值标准。

关键概念

感觉　知觉　记忆　注意　想象　思维　情感　意志

思考与技能实践

1. 名词解释

（1）感觉　（2）知觉　（3）韦伯定律　（4）差别阈限　（5）绝对阈限

2. 填空题

（1）注意的基本特征是______和______、______。

（2）______与______是认识的开端，是人类认识世界的基础。

（3）注意的种类按其目的性和意志努力的程度不同，可分为______和______。例如，阿基米德刚坐进浴池，便发现池内水位上升，此时的注意即______，这使他惊喜不已，他立即对这一现象作了深入细致的研究，此时注意即______，最后提出了著名的流体力学定律。

（4）有意后注意是指有预定目的，但不需要______的注意。

（5）最简单的心理现象是______，我们关于世界的一切认识的最初的源泉是______。

（6）知觉的基本特征有______、______、______和______。

技能实践

1．许多研究表明，人们的感觉捕捉能力会随着年龄的增长而衰退。试思考厂商如何应用绝对阈限来吸引老年人的注意。

2．假定你是某位厂商的顾问，他想为一种新的条形巧克力设计包装，目的是打进已饱和的市场。你会就颜色、象征意义及图案设计等包装因素提供什么建议？并请给出建议原因。

3．知觉与感觉的不同之处是什么？联系是什么？

4．面对一款白金首饰，消费者是如何感知的？营业员该如何把产品卖出去？

案例分析

娱乐业产生好心情

娱乐业的产品是什么？近日，北京东方康乐园的决策者们找到了答案，他们向北京娱乐界提出“我们生产好心情”的倡议。

占地3500平方米的北京东方康乐园，是国内首家以沐浴为主的综合娱乐场所，开业7年来在北京已是小有名气。为了使康乐园健康发展，并且提高服务水平，员工们深入探究消费者的心理，发现：“花钱买罪受”，人们打0分；“花钱买温饱”，人们打60分；“花钱买健康”，人们打80分；只有“花钱买高兴”，人们才会打100分。他们仔细分析了娱乐业的定位，认识到：“稻香村”生产好糕点，“同仁堂”生产好药品，“万家乐”生产好电器，而康乐园这样的娱乐企业就应该生产好心情。

为人们提供好心情不是一件简单的事，东方康乐园为此开发出了一些与众不同的项目。例如，专家设诊、免费鸡尾酒、有奖小吉尼斯纪录等，都是能让人开心、益心、益智的项目。他们还实行透明收费，每项服务都明码标价，多年来不收服务费、不收小费，让顾客花钱花得明白、舒心。另外，一般娱乐场所最让人不放心的就是色情服务，东方康乐园的按摩室都是大房间，7年来几乎成为有关部门的免检单位，健康经营换来的是顾客的信任、开心、舒心、放心，这样，康乐园就自然能为顾客提供好心情了。

思考

（1）北京东方康乐园注意的是顾客一般心理过程的哪些方面？

（2）北京东方康乐园是如何引导顾客的情感向积极方面转化的？

第5章
消费者学习与记忆对消费者行为的影响

学习目标

1. 消费者学习的含义
2. 经典型条件反射理论、操作性条件反射理论及其营销应用
3. 认知学习的不同形态及其营销应用
4. 学习的一般特征及其应用
5. 记忆及其在企业营销中的应用

导引案例

周强的故事

天刚蒙蒙亮，屋外树丫上的小鸟已叽叽喳喳地叫个不停，伴着闹铃声，周强一骨碌就翻身下了床。又是一个美丽的早晨!周强已经习惯了早起，这是从高中时养成的习惯。他随便用水洗脸，很得意地欣赏起昨天刚买的一双白网鞋。这是小时候学生们最喜欢穿的运动鞋，记得那个时候很多学生买不起白鞋油，穿旧了的鞋子用白粉笔一涂，就当新鞋子一样高高兴兴地穿着去学校了。他今天要穿起它去跑8公里。

跑步回来，一边听着苏小明的“军港之夜”（20世纪80年代的流行歌曲），一边刷牙，“中华牙膏的味道就是好，”周强想，“高中时用不起，现在我要用个够。”刷完牙，再洗把脸，就该到食堂吃早餐了。学校食堂的早餐品种真多，但周强选来选去，还是选择了肉包子。“这肉包子也太小了，为什么不做成像读大学时的包子那样二两一个呢？那才够劲嘛!现在连包子都缩水了。”周强不无遗憾地摇摇头。

吃完早餐回来，周强照例搬出一张小凳子（20世纪80年代军用小凳子，周强读大学时，学校给每个学生都会发一把用作读书学习之用），到草坪上读一会儿英语。8点钟准时回宿舍，周强赶紧打开20世纪80年代末买来的钻石牌鸿运扇。“以前的东西就是耐用、好用!”看着转动柔和的风扇，周强如同欣赏着翩翩起舞的少女一样陶醉满足。

现在21世纪了，但周强的生活似乎没有离开过20世纪80年代，他仍然保留着高中和大学时早睡早起的生活习惯，喜欢听李谷一、关牧村、蒋大为、苏小朋和台湾的校园歌曲，喜欢钻石牌风扇，甚至连早餐吃的都是以前喜欢的肉包子和咸菜白粥，穿的运动鞋也是老式的白网鞋，而不是时下流行的耐克、阿迪达斯之类的品牌，类似周强那样怀旧的人是不少的。他们的生活与某些产品和品牌有着不可分割的关系。

许多营销者意识到，这种产品与记忆之间长期习得的联系是一种重要的商机，也是培养和保持品牌忠诚的有效途径。学习是人类的重要特征，人们的学习行为是非常普遍的。消费者学习使得消费者不断地了解外部事物，不断地改善和修正自己的行为，使自己成为理性的消费者。对消费者学习特征的研究具有重要的意义和价值。

5.1 消费者学习概述

5.1.1 消费者学习的内涵

（1）学习概念

学习是人们适应环境的动态过程，指人在生活过程中，因经验而产生的行为或行为潜能的比较持久的变化。学习是一种十分复杂的心理现象，它不仅与感觉、知觉、注意、思维等认知过程有着直接联系，而且还涉及人的情绪、动机、个性和社会化等问题。在消费者行为研究中，我们可以将消费者的学习理解为：消费者在购买和使用商品活动中不断获得知识、经验和技能，不断完善其购买行为的过程。在这样一种关于消费者学习的界定中，有几个观点值得注意。

学习是中间变量，它通常介于经验与行为之间。学习者必须凭借反复的体验，积累经验，才能产生行为或潜能的持久性变化。通俗地说，我们不能直接观察到学习本身，当消费者在外界条件的作用下，他的原有行为发生改变时，就可以认为他是在学习。比如，一位女士可能从来也没有化过妆，但追求美的心理促使她要学习化妆，她可以通过观看化妆的实际表演，或是阅读杂志上化妆的宣传介绍学会化妆。这位女士通过学习完成了她从未执行过的行为，这就是消费者的学习。

“学习是一个过程”，是人们主观能动性不断发展变化的过程。这一过程开始于消费者的观察、认知、经验、练习等，经过大脑的分析、加工、处理，最后使消费者行为发生一定的变化。就上例来讲，当我们看到化了妆的那位女士后，知道这是学习的结果，但学习的行为在她观看化妆表演或阅读杂志上刊登的化妆的宣传介绍就已经开始了。所以消费者不断购买商品、使用商品的过程，也就是一个不断进行消费学习的过程。

行为改变是学习的必然结果，学习是如此的基本与平常，以致我们几乎意识不到。只有当学习进程在某种程度上受到阻碍或行为有显著的改变，才会使我们注意到学习。学习的显著特征就是行为的改变。

学习既可能是来自消费者本人的亲身体验，如学习某种操作，不亲身实践就无法掌握；也可能是来自非实践的学习，如消费者想买某一产品，他可以通过广告、产品说明书、其他人的口传信息等了解产品，学习到有关商品的知识。当然，由学习导致人行为的改变，有时是立刻就会发生的，但有时是潜移默化的，行为改变要在一段时间之后才会显现出来。这种情况在广告效应中最为典型。广告效果测试显示，重复的次数多了，就会引起消费者购买行为的改变。

（2）学习的分类

对于学习如何分类，学术界一直众说纷纭。传统上，学习被划分为记忆学习、思维学习、技能学习和态度学习。

根据学习材料与学习者原有知识结构的关系，可分为机械学习与有意义学习。机械学习是一种单纯依靠机械记忆学习材料，而避免去理解其复杂内部和主题推论的学习方法。平时多称为死记硬背。如小孩在没有学算术之前，背诵加法口诀表就靠的是机械记忆。他们在背诵过程中并未理解学习内容所代表的真正含义。有意义学习这一理论是由美国认知心理学家奥苏贝尔提出的，他认为有意义学习指符号所代表的新知识与学习者认知结构中已有的适当概念建立人为的、实质性联系的过程。例如，用“脑白金”作保健品商标，消费者自然会产生对大脑有益的联想；用“劲量”作电池商标，则会使消费者将电池与“动力足”“使用时间长”等遐想相联系。消费者对这一类内容的学习，无须借助外在的和人为的力量，属于意义学习的范畴。

根据学习的效果，可将学习分为加强型学习、削弱型学习和重复型学习。消费者使用某种商品，如果觉得满意，他可能会对与该商品有关的知识和信息表现出更加浓厚的兴趣，他对该产品的好感和印象会由此而强化，所以，这一类型的学习被称为加强型学习。削弱型学习则是指通过新的观察和体验，使原有的某些知识和体验在强度上减弱直至被遗忘。消费者如果对某种商品存在不愉快的使用经历，或者被亲朋好友告知某种商品有不好的效果，他对该产品的购买兴趣就会减弱。重复型学习则是指通过学习，学习效果既没有加强，也没有减弱，只是在原有水平上重复而已。

（3）消费者学习的作用

①获取消费信息。消费者的购买决策是以获得有关购买问题的知识和信息为前提的。信息获取本身就是一种学习，而通过哪些渠道获取信息，获取哪些方面的信息，均需要借助学习这一手段。另外，在现代社会，随着产品更新换代的加快，消费者获取信息的内容也越来越多、越来越广、越来越杂，消费者或主动或被动地接触这些信息，而其中被消费者接受并能够影响消费者行为或行为潜能的可能只有一小部分，但是，正是这一小部分信息，使消费者行为不同以往，使他的购买决策更富于理性和趋于优化。

②触发消费联想。联想是指消费者由此事物而想到另一事物的心理过程。

联想有两种类型：一是刺激对象之间的联想，如由钢笔联想到墨水，由冬天联想到寒冷；二是行为与结果之间的联想，如由饮料联想到解渴，由面包联想到充饥，等等。联想在消费者行为中有着非常重要的作用，它既能触发消费者的购买行为，又能抑制或阻碍消费者的购买行为。很多企业在宣传其产品时，都试图通过语言、文字、画面促发消费者的积极联想，从而激起消费者的购买欲望。同样的刺激或暗示，对于不同的人可能会激发不同的联想，其中一个重要原因就是学习与经验使然。而且，企业营销人员发现，经由学习而产生的联想，经多次重复，日久天长，便会形成习惯。如家里的洗涤灵快用完了，消费者会自动地联想到离住处不远的“顺天府超市”和某种品牌的洗涤灵。所以，企业营销人员千方百计在产品、品牌、体验营销、学习、联想与购买之间寻找结合点，希望消费者长期购买本企业品牌的产品。

③影响消费决策。学习的过程常常贯穿于消费者的购买决策全过程。我们分解消费者购买决策过程，会发现消费者通过学习，获取所需要的信息，对所要购买的商品有了大致意向后，在确定方案阶段，还要通过学习进一步掌握新的信息，以做出最后决策。所以，学习的过程，也是选择购买方案的过程。需要指出的是，学习的作用会因学习的方式不同而有所区别。学习可以分为正式与非正式两种。人们往往把学校的学习、系统的培训作为正式学习。就消费者购买行为来讲，更多的学习是非正式的。比如，从商场的橱窗中观察商品的陈列，或者在购买决策过程中，来自家人、同事、朋友的意见，亲自使用某产品的体会等，都会不同程度地影响购买行为。

5.1.2 学习过程的要素

学习过程主要是指包含着动机、暗示、强化等一些共同的基本要素。

（1）动机

动机是根植于需要和目标的，对学习来说是一种刺激，例如，希望成为优秀羽毛球选手的男士或女士，会在这一动机的驱使下去学习有关的羽毛球知识，并在可能的条件下随时加以练习。如果他们通过“学习”认识到一副好的羽毛球拍是打好比赛的重要工具，他们就会搜寻有关羽毛球拍的价格、质量和性能等方面的信息。相反地，那些对羽毛球不感兴趣的人则可能会忽视所有与羽毛球有关的信息，目标（精通羽毛球）和他们毫不相干。这种关联程度决定了消费者去搜寻与产品或服务相关的知识和信息的动机水平。探求消费者的动机是商家的一项基本任务，据此他们设法向消费者解释他们的产品如何满足消费者需要的理由。

（2）暗示

如果动机服务于刺激学习，那么，暗示则是直接作用于这些动机的刺激。一则羽毛球野营的广告对那些羽毛球迷来说起到暗示作用，羽毛球迷们会突然“意识到”参加这样一个野营活动是一个利用假期提高他们球技的好途径，这则广告是一种暗示或刺激，它暗示着有某种特别方法来满足他们的动机需求。一个企业得到“国家免检”的称号，则传递消费者“我们的产品质量好”的信息。在市场上，设计、包装、广告、价格及商品摆设陈列等都起到这种暗示作用，它有助于消费者需要的满足。另外，当暗示与消费者的期望一致时，暗示就成为消费者的直接驱动力。

（3）强化

强化提高了某种特别的反应在将来的情境中再次发生的可能性，这种反应是特定的暗示与刺激的结果。几版广告中一再强调同一产品的效果和作用，或反复动用不同的明星代言同一产品，加大市场说服力，可认为是正强化。如果技术工人发现某种止痛药能够使他在手臂肌肉拉伤的情况下也能坚持完成工作的话，就很可能在受到其他伤害的情况下去购买同一品牌的止痛药。很明显，因为止痛药实现了他的止痛预期，通过这种逆强化，学习就发生了。相反，如果这种止痛药在他第一次使用时没有减轻他的疼痛感，那这位工人以后可能就不再相信这个品牌，即使有大量广告或商品陈列在暗示着这一产品。

5.1.3　消费者学习的类型、特征及意义

（1）消费者学习的类型

消费者主要的学习方法有以下几种。

1）模仿式学习。

模仿是指仿照一定榜样做出类似行动和行为的过程。社会学家的研究表明，人类在社会行为上具有模仿的本能，这一本能同样存在于人们的消费活动中。消费者对他人的消费行为认可或者向往时，产生效仿和重复他人行为的倾向，从而形成模仿式学习。在消费活动中，经常会有一些消费者，尤其是名人、专家等做出示范性的消费行为。这些特殊消费者的示范性行为会引起其他消费者的模仿，模仿者也以能仿效他们的行为而感到愉快。在消费心理领域，消费模仿是一种常见的社会心理现象，也是一种普遍的学习方式，是一个学习的过程。也就是通过获取信息，观摩效仿的方法进行学习，其结果是消费者摒弃旧的消费理念及消费方式，适应新的消费观念。

2）反应式学习。

也就是通过外界信息或事物的不断刺激，会形成一种相应的连锁反应，并通过感观和体验为消费者所接受和学习，促使其产生购买的行为。例如，近年来，“苹果”颠覆性的产品风靡全球，引发了无数“果粉”的膜拜。在iPhone手机的首发日，全球各地都出现了用户连夜排队购买的景象，可见该品牌在世界的品牌效应如此强大。

3）认知式学习。

也就是通过对前人经验的总结与学习，辅之以复杂的思维过程所学到的分析与解决问题的能力，对付不断面临的购买决策问题。可以理解为消费者在知悉的范围内由外部环境刺激所形

成的心智上的表达。例如，保乐力加在中国推出芝华士防伪新装后，将整合力量集中对防伪新装进行宣传和推广，让消费者能尽快对新产品和防伪知识有一定的认知。宣传内容包括：在媒体广告中告知消费者，芝华士已经推出防伪新装，并且让消费者记住防伪瓶盖的模样；在芝华士的销售渠道中，通过宣传品和展示架，让消费者直接地了解到芝华士防伪新装，以及如何鉴别和使用新的防伪瓶盖。

（2）消费者学习的特征

了解学习的一些基本特征，可以帮助营销人员掌握消费者学习心理活动的特点和规律，以便有针对性地采取措施，强化消费者对产品、广告、品牌、服务等营销活动的认知度。在学习的基本特征中，对营销人员最有价值的是学习强度、消退、刺激泛化、刺激辨别和反应环境。

1）学习强度。

学习强度是指学习的行为或反应不被遗忘，能够持续的强度。学习强度受四个因素的影响：一是学习内容或被学习事物的重要性；二是强化的水平或程度；三是重复的水平；四是产品或品牌的意象。一般而言，接受的信息越多，过程中接受的强化（或惩罚）越多，刺激重复（或练习）的次数越多，信息中包含的意象成分越多，学习就越快而且记忆也越持久。

2）消退。

消退又称自然消退，是指撤销对原来可以接受的行为的正强化，即对这种行为不予理睬，以表示对该行为的轻视或某种程度的否定。心理学的研究证实，一旦对于习得的反应所给予的强化减弱，习得的反应不再被运用或消费者不再被提醒做出反应，消退或遗忘就会发生。遗忘发生的速度与最初的学习强度呈负相关关系。即学习的内容越重要、强化越多、重复越多、意象越多，学习对遗忘的抵制就越强。营销人员通常希望消费者能对本企业产品品牌、广告等保持长久的记忆和深刻的印象，但如果不注意强化，这种期望就是不现实的。这在广告记忆效果调查中得到了很好的验证，在一次对13000多名成人进行的民意测试中发现，有一半以上的人记不起刚过去的30天里看过的、听过的或读过的具体广告。遗忘给企业的促销工作带来了很大的困难。

3）刺激泛化。

刺激泛化是指由某种刺激引起的反应可经由另一种不同但类似的刺激引起。例如，一个消费者知道伊利的冰激凌很好吃，就认为新推出的伊利酸奶也好吃，这种情况就是刺激泛化。泛化在营销中是一个非常重要的概念，越来越多的名牌产品运用这一原理进行品牌延伸，且极易获得成功。

在巴甫洛夫的实验中，曾经表征过这种泛化现象。研究表明，泛化的程度与两个刺激相似性有密切关系，即新刺激与原有条件刺激越相似，泛化越明显；相反，两者差异越大，泛化越小。然而，对于企业来说，刺激的泛化是一把“双刃剑”，一方面，企业可以利用刺激泛化将消费者形成的关于本企业或产品的一些好的情感和体验传递到新产品上去，以此促进新产品的接受和购买；另一方面，关于企业或其产品的不好的信息经由刺激泛化以后，会对企业的营销活动产生不利影响，存在一荣俱荣、一损俱损的风险。

4）刺激辨别。

刺激辨别又称刺激辨识，是指人们将某一刺激与另一刺激相区分的学习过程，或者说是消费者对相互类似的刺激予以不同反应的学习过程。刺激辨别与刺激泛化是具有紧密内在联系的学习现象。对新刺激的最初反应通常是接近于对以往类似刺激所做的反应。只有经过这样一个泛化阶段以及随之而来的对有关线索的学习之后，我们才开始学会将新刺激与旧刺激区别开来。刺激辨别在市场中不是个别现象。随着市场竞争加剧，同类产品繁多，产品同质化现象日趋突出，产品之间的差异变得越来越小，要让消费者对不同产品做出准确判断，不是一件容易的事情。目前，广告宣传是大多数企业用于帮助消费者进行刺激辨别的主要手段。通过各种传播渠道，引导消费者注意本企业产品的特征，强化差别认识。例如，产品的一切外部特征，包括品牌、品名、色彩、外观、包装等，最终把自己的产品从同类产品中区分出来。

5）反应环境。

反应环境指消费者学习信息和回忆信息时所处的环境。现实中常常出现这样的情况，在需要的时候我们找不到存储在记忆中的相关信息。影响信息提取能力的因素有两个，即最初的学习强度与回忆时所处的环境，是否与最初的学习环境具有相似性。最初学习的强度越大，在需要的时候，提取相关信息的可能性就越大。在回忆时提供越多与当初学习该信息时相似的环境线索，回忆就越有效。反应环境对消费者的品牌学习有着基本的意义，通过反应环境有助于唤醒和强化品牌记忆。

（3）消费者学习的意义

消费者的购买行为不是与生俱来的，而是学习的结果。消费者每时每刻都在学习，学习本身及学习效果都对消费行为有着重要意义。

1）获得有关购买信息。

随着全球经济的迅猛发展，消费市场的日益扩大导致商品和服务种类越来越多，在相关购买信息多如牛毛的情况下，消费者的购买决策是以收集和获得有关购买问题的知识和信息为前提的。这种消费信息获取过程本身就是消费者学习的过程：通过哪些渠道获取商品或服务信息、选择哪一方面的信息、对商品有关情视了解到什么程度，均需要借助学习这一手段。在消费者掌握更大信息控制权的时代，一旦消费者确定对某种商品或服务的需要后，他就会有目的、有意识地广泛搜集与该商品有关的信息与情祝，以便自己做出决策。消费者搜集信息的来源与渠道可以有很多种，既可以翻阅报纸杂志，又可以收看电视广告，还可以向朋友、同事、熟人等了解情况。而购买方案正是在消费者这种有目的的消费信息收集和加工处理过程中形成的。正是这种对商品信息的学习过程，简化了消费者的决策过程，使他们的购买决策更富于理性和优化。

2）促发联想。

联想是指消费者因一种事物而想起另一种事物的心理过程，它是消费者行为中非常重要的心理活动。例如，在节日来临之际，自然而然会想起需要购买一些贺卡寄给远方的朋友；家人咳嗽了，不由得会想起广告中经常播出的“川贝枇杷止咳糖浆”。这些都是建立在对商品信息的学习基础上的。联想在消费决策中有着非常重要的作用，它既能促进消费者的购买行为，又能抑制或阻碍购买行为。很多企业在宣传其产品时，都试图改变单一的广告宣传策略，采取多种方式，加强主动宣传的力度对消费者施加更积极的影响，努力促使消费者对自己产品的积极联想，从而激起消费者的购买欲望。

3）影响消费者的态度和对购买的评价。

消费者对特定商品或服务的态度，是经由学习逐渐形成的。例如，当消费者经过观察、比较和接触，对某公司的产品或者服务持否定态度时，不仅他们自己会停止使用该公司的产品，他们还会要求亲戚和朋友也这样。另外，消费者的学习还影响他们对产品和服务的评价。典型的评价标准通常是与消费者期望获得的利益有关的产品特征或属性。例如，对于购买牙膏的顾客而言，首先考虑的是价格因素，觉得牙膏都具有清洁口腔的功效，除了品牌的差别外，效用没有任何区别。然而，当他们试用过某一款含氟的牙膏以后，觉得氟是与防蛀牙这一利益相关的评价标准，在下次选购牙膏时，除了考虑品牌和价格外，是否含氟也成为其对产品的选择和评价标准。

5.1.4 消费者学习的效果、作用与方法

（1）消费者学习的效果

消费者存储在记忆中的关于商品和服务的大部分信息来自学习过程，消费者通过学习可以改变其购买态度和行为方式。一般来说，消费者学习之后对于原来行为的改变有四种效果：

1）加强型学习。

通过一段时间的学习，加强了原来的行为，增加了购买行为的频率。例如，某家庭在使用过程中发现，某品牌的节能灯，不仅节能效果佳而且质量非常好，以后只要买节能灯，该家庭就会首选这一品牌，并且会向亲朋好友大力推荐该品牌。

2）稳定型学习。

由于学习消费某种商品或某一类型的商品之后，逐渐形成了一定的消费需要或消费习惯，这种行为方式逐渐地被稳定下来。例如，一位女士使用香水，这种行为便成了她的一种习惯。形成消费习惯后，该消费者购买香水的直接动机就不再是因为兴趣、炫耀或新奇等，而是出于习惯性的需要了。

3）无效型学习。

无论怎样学习，消费过商品也好，接受过商品信息也罢，都没有改变他对待这种商品的行为方式。学习之后没有任何效果，出现这种情况的原因可能是消费者长期缺少这一方面的需求。

4）削弱型学习。

削弱型学习效果与加强型学习相反，是指在接受了商品的信息，了解到商品的某些特点后，反而削弱或转变了原来的行为方式。例如，国家卫生总局频频曝光某品牌的牛奶，以至于原先非这个牌子的奶不喝的李先生再也不敢选购这个牌子，转而尝试其他的品牌。消费者学习的效果告诉我们，企业的营销策略主要应该促成加强型学习，强化消费者对企业和产品的良好印象，提高产品质量和服务，防止或减少削弱型学习的不良后果。

（2）消费者学习的作用

人的语言、知识、技能、生活习惯、宗教信仰、价值观念，乃至人的情感、态度、个性无不受后天学习的影响。如果说动物主要受本能的驱使，其行为主要是一种本能行为，那么，人的行为主要是一种习得行为。习得行为与本能行为的一个重要不同，就是前者可以通过学习而加以改变。正因为如此，习得行为比本能行为更灵活，它能使人类摆脱遗传基因的严格限制，使之能够更好地适应复杂多变的外界环境。因此，学习在人的行为塑造、保持人类行为同外界环境的动态平衡上发挥着巨大的作用。

从消费者角度来说，学习主要有以下作用。

1）获得有关购买的信息。

消费者的购买决策是以获得有关购买问题的知识和信息为前提的。信息获取本身就是一种学习，而怎样或通过哪些渠道获得信息、获得哪些方面的信息，均需要借助学习这一手段。在现代社会，消费者每天都要接触大量的信息，如有关新产品的信息、产品的新的使用方法的信息、他人使用产品的行为与体验的信息等。消费者或主动或被动地接触这些信息，而其中被消费者接受并能够影响消费者行为或行为潜能的可能只有一小部分，但正是这一小部分信息，使消费者行为不同以往，使其购买决策更富于理性和趋于优化。

2）促发联想。

联想是指消费者由此一事物而想到彼一事物的心理过程。人们一提起冬天，可能就会联想到寒冷，一提起教室，会联想到黑板、课桌等。联想有两种类型：一是刺激对象之间的联想，如由香烟联想到火柴、由钢笔联想到墨水等；二是行为与结果之间的联想，如由吸烟联想到疾病、由喝水联想到止渴等。联想在消费者行为中有着非常重要的作用，它既能促发消费者的购买行为，又能抑制或阻碍购买行为。很多企业在宣传其产品时，都试图通过语言、文字、画面促发消费者的积极联想，从而激起消费者的购买欲望。同样的刺激或暗示对于不同的人可能会激发不同的联想，其中一个重要原因是经验和学习。对于长期生活在南方的海南岛居民来说，“冬天”这一词汇所激起的联想与生活在北方黑龙江居民中所激起的联想显然是有重大差别的。经由学习而产生的联想经多次重复，日久天长便会形成习惯。如家里牙膏快用完了，会自动地联想到离住宅不远的小店卖的某种品牌的牙膏；圣诞节或春节快到了，会自然地想到要购买一些贺卡寄给远方的亲朋好友。

3）影响消费者的态度和对购买的评价。

消费者关于某种特定产品或服务的态度，也是经由学习逐步形成的。例如，一些过去对外国电器产品十分偏爱、对国产电器产品不屑一顾的消费者，在经过长期观察、比较和接触各种各样信息之后，也在逐步改变自己的态度，甚至成为国产品牌的忠诚购买者。消费者态度的转变绝非空穴来风，而是建立在学习的基础之上的。消费者的学习还会影响对产品或服务的评价。例如，对于初次购买个人计算机的用户，评价和选择计算机时可能考虑得比较多的是计算机的运行速度、内存、硬盘容量，而对其他配置可能相对予以忽视，而在使用一段时间后则会发现，这些被忽视的配置同样非常重要。换句话说，当消费者经过学习，具有更多的知识和经验后，他对产品的评价和选择标准也将发生改变。

（3）消费者学习的方法

1）模仿法。

模仿法是指仿效和重复别人行为的趋向，是消费者学习的一种重要方法。一些明星的发型、服饰，甚至生活方式，之所以能很快在某些人群中流行开来，就是由于模仿使然。模仿可以是有意的、主动的，也可以是无意的和被动的。当被模仿行为具有榜样作用，社会或团体又加以提倡时，这种模仿就是自觉进行的。例如，当某种饮食方法被某某名人奉为强身健体、延年益寿之法，而传媒又对此大加渲染之后，社会上就会有很多人自觉地予以模仿。在社会生活中，很多模仿都是无意识的，如小孩模仿大人的行为、经常接触某个群体的成员不自觉地带有该群体的言谈举止等。模仿可以是机械地模仿，也可以是创造性地模仿，前者如驾驶和明星一样品牌的汽车，理和明星一样的发型；后者如根据明星的服饰加以裁剪，制成更适合自身的装束等。

2）试误法。

试误法又叫尝试错误法，是指消费者通过尝试与错误，从而在一定的情境和一定的反应之间建立起联结。消费者渴了的时候，可以喝茶、咖啡、可口可乐、矿泉水等，也就是说可以作出许多不同的反应。但经过多次尝试，发现作出某种特定反应能获得最满意的效果，于是该种反应与渴这一情境的联结就会得以保存。如果在今后的行为练习中，作出此种反应之后总是伴随着满足，则联结的力量会增强；反之，若作出反应之后伴随的是不满和烦恼，联结的力量将减弱。

3）观察学习法。

观察学习法，是指消费者通过观察他人的行为，获得示范行为的象征性表象，并作出或避免作出与之相似的行为的过程。在消费过程中，消费者会自觉或不自觉地观察他人的消费行为，并以此指导自己的消费实践。例如，当发现同事家的某种品牌的音响设备效果特别好，就可能在头脑中留下印象，在自己需购置音响设备时，不自觉地想到同事家的音响，并形成某种选择或购买意向。反之，如果经观察发现同事所买的音响设备音质不理想，则在购买音响设备时，可能会避免选择该品牌的产品。观察学习使个体突破直接经验的限制，获得很多来自间接经验的知识、观念和技能，它是消费者所采用的十分普遍的学习方法。

案例链接

万宝路香烟的广告

万宝路乃全世界知名的香烟品牌之一，它采用“万宝路牛仔”这一形象作为品牌的象征。它代表的是一种生活方式，一种男人都渴望追求的性感形象。在它的广告中，体现出这样的含义：牛仔是英雄，他控制着周围的世界；牛仔是可信的，不必问每个细节的真实性；万宝路图片必须是自然拍摄的，绝不是人工制作或矫揉造作的；万宝路广告必须以最高标准执行，以确保最佳效果；万宝路广告的主题保持不变，具体设计必须富于变化；万宝路世界必须是美妙的，它的美丽景色和难忘面貌必须始终被强调。1987年，美国某杂志的专栏作家斯特普特·布洛尼克调查了1546个万宝路爱好者，结果表明，在很大程度上顾客选择万宝路只是因为万宝路牛仔所创造的附加价值。不管布洛尼克的调查结果是否可信，万宝路品牌本身的价值到1997年达到了476.35亿美元。由此可见，一个有特色的广告若能成功吸引目标受众的眼球，对产品建立条件反射，那么这无疑将对树立品牌具有重要作用。

（资料来源：互联网）

5.2 行为学习理论及其应用

目前关于学习的有关理论主要有两大类，即行为主义学习论和认知学习理论。其中行为主义学习论，也称刺激—反应理论，这一理论主张学习完全可以由外部可观察到的行为来加以解释，认为学习就是刺激与反应之间建立一种前所未有的关系的过程。刺激—反应理论主要包括经典条件反射理论和操作性条件反射理论。

5.2.1 经典条件反射理论

（1）经典性条件反射理论

经典条件反射，又称巴甫洛夫条件、反应条件、Alpha条件，最早是由俄国生理学家伊万·巴甫洛夫（Ivan Pavlov）提出来的。该理论认为，借助于某种刺激与某一反应之间的已有联系，经由练习可以建立起另一种中性刺激与同样反应之间的联系。

经典条件反射理论是建立在著名的巴甫洛夫的狗与铃声的实验基础上的。巴甫洛夫命助手给狗喂食前都先发出一些信号（一开始是摇铃，后来还包括吹口哨、使用节拍器、敲击音叉、开灯等），起先，狗看到食物或吃东西之前会有流唾液的现象，连续几次之后，他试了一下摇铃但不喂食，发现狗虽然没有东西可以吃，却照样流唾液，而在重复训练之前，狗对于铃声响是不会有反应的。他从这一点推知，狗经过了连续几次的经验后，将"铃声响"视作"进食"的信号，因此引发了"进食"会产生的流唾液现象。受此现象的启发，巴甫洛夫开展了著名的条件作用研究。巴甫洛夫的发现开辟了一条通往认知学的道路，其喂狗的实验表明：原来并不能引起某种本能反射的中性刺激物（如铃声），由于它总是伴随某个能引起该本能反射的刺激物（如食物）出现，如此多次重复之后，这个中性刺激物也能引起该本能反射（流口水）。后人称这种反射为经典条件反射。

这个实验的过程如下：①食物可以使狗流唾液，流唾液是自然的、无法控制的反应。食物是一种无条件刺激。②一般情况下，铃声不会使狗流唾液。铃声是一种条件刺激。③巴甫洛夫把食物和铃声配合起来，使狗学会把这两者联系起来。④最后，即使没有食物，铃声也可以引起狗流唾液。由此得出，条件反射的情境涉及四个事项，两个属于刺激，两个属于机体的反应。两个刺激中，一个是中性刺激，它引起预期的、需要学习的反应，在条件反射形成之前，即条件刺激（CS）——在巴甫洛夫的实验中就是铃响。第二个刺激是无条件刺激（US），它在条件反射形成之前就能引起预期反应（本能）——条件反射形成之前，出现了食物，即US，就引起唾液分泌。对于无条件刺激的唾液分泌反应叫作无条件反应（UR），这是在形成任何程度的条件反射之前就会发生的反应；由于条件反射的结果（被刺激）而开始发生的反应（流口水）叫作条件反应（CR），即没有食物，只有铃响的唾液分泌反应。当两个刺激紧接着（在空间和时间上相近）反复地出现，就形成条件反射。通常，无条件刺激紧跟着条件刺激出现，条件刺激寄生于无条件刺激。条件刺激和无条件刺激相伴出现数次后，条件刺激就逐渐引起唾液分泌，这时，动物就有了条件反应。由此得出，经典条件反射中的四个变量是无条件刺激（US）、无条件反应（UR）、条件刺激（CS）、条件反应（CR）。

在学习过程中，许多学生的态度就是通过经典性条件作用而学到的。例如，许多学生可能不喜欢数学，因为他们将数学与要求进行烦琐而又枯燥的计算联系了起来。在课堂上被提问难题（CS）引起了焦虑（UR），学生形成了对数学恐惧的条件作用，可能泛化到他们对其他课程或学校机构的恐惧，以致在其他学校经验中发生类似的学习过程。

经典条件反射始于刺激—反应（S-R）联系，婴儿生下来会吮奶，手指碰到烫的东西会马上缩回，食物进口会分泌唾液等。这些都是先天就有的本能，不需要任何训练，而且能一直保持下去。巴甫洛夫把这类先天性反射称为"非条件反射"，而条件反射则是后天习得的过程。

条件反射的例子在生活中很常见，例如，学校在上课和下课都会响起铃声，当我们在上课时，熟悉的铃声一响，学生的反应就是“下课了”，即使铃声提前响起，还没有到下课时间学生也会以为是下课了。也就是说，他们把铃声和上下课形成了联系，有了条件反射。图5-1所示为一关于警车灯光的经典条件反射案例。

由图5-1可知，大家都见过警车，警车开过的时候有闪烁的红蓝灯，还有刺耳的警笛声。我们一般人走在大街上看到警车经过有没有反应？应该没有反应。警车的光和声音对我们来说属于中性刺激。可当一个人因为犯罪而逃避警察的追捕时，只要一听到大街上警笛的声音或者老远看到警车的影子，他都会害怕。

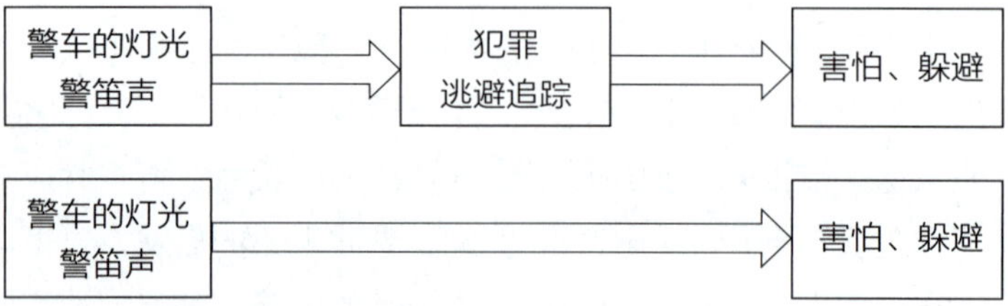

图5-1　经典条件反射

在生活中，经典性条件反射可以不断地建立，也可以由于环境的改变使一些已经形成的条件反射消退，可以利用这些原理来消除一些不好的行为习惯，这样会更有利于我们的学习和生活。

案例链接

巴甫洛夫的狗

俄国生理学家伊万·巴甫洛夫（Ivan Pavlov）用狗做了这样一个实验。在助手给狗喂食的过程中，他发现当狗只要一看见食物，唾液分泌量就增加，在实际吃到食物以前就已经分泌唾液了。这种现象引起了巴甫洛夫的兴趣，开始了他对条件作用的研究。他给狗动了手术，在狗的腮帮子上开个小孔，用一根细细的导管安在它的一个唾液腺上。当狗吃东西流唾液的时候，一部分唾液就通过导管流到了外面。巴甫洛夫通过实验发现，只要食物落到狗的口中，它就会分泌出唾液，如果食物是湿的，分泌的唾液就少些，食物是干的，分泌的就多些。这种反射活动是狗和其他一切动物生来就有的，巴甫洛夫称它为非条件反射。但后来的实验中，他又发现一个非常重要的事实，除了食物刺激口腔会引起狗的唾液分泌以外，其他伴随着喂食的一系列刺激，如光、声音等的刺激，也能引起狗的唾液分泌。

1903年，巴甫洛夫在马德里的国际医学年会上宣读了他的实验和研究报告，认为条件反射是高等动物和人类对环境做出反应的生理机制，1904年，诺贝尔奖基金会将该年度的生理学和医学奖金授予了巴甫洛夫，巴甫洛夫是世界生理学家中第一个享有这种荣誉的科学家。

（资料来源：符国群.消费者行为学[M]. 北京：高等教育出版社，2010）

（2）经典条件反射原理对营销的意义

经典条件反射过程中的学习，实际上是关于条件刺激与无条件刺激之间关系的学习，可称为S-S学习。在商品经济高度发达的今天，经典条件反射理论已经被广泛地运用到市场营销实践中。例如，一则立邦漆的广告，在一套刚刷完漆的新房里，一对年轻的父母带着一个可爱的宝宝牵着一条牧羊犬，悠闲自得地追逐嬉戏，给人的感觉似乎来到了一片森林中，充分地呼吸着空气的氧离子，这样的画面似乎在诉说着空气的清爽和生活的美好。很显然，该广告是试图通过营造一种美好的氛围，以激发受众的联想，并使之与画面中的产品相联结，从而增加人们对该款立邦漆的兴趣与好感。

正如巴甫洛夫所研究的理论那样，经典性条件反射有四个特征：习得、消退、恢复、泛化。在营销应用中，营销企业也应该巧妙运用这四个特征，通过广告让消费者在获取到大量的产品信息的时候，反复宣传，以防止这种反射消退。久而久之，消退的现象消失了，取而代之的是恢复，甚至更甚从前，最终达到泛化的效果。根据经典条件反射理论，市场营销活动都可以被视作对购买者行为的刺激，如产品、价格等。营销者通过观察消费者的反应和购买选择来推断他们的购买决策，包括产品的选择、品牌选择、购物商店选择、购买时间选择和购买数量选择等，并据此来不断调整营销策略。

5.2.2 操作性条件反射理论

（1）操作性条件反射理论

操作性条件反射，也叫工具性条件反射，发生在消费者修正其行为以对市场的奖励和惩罚做出回应之时。根据操作性条件反射，行为发生的频率会受到行为结果的修正，其理论来源于美国心理学家斯金纳（B. F. Skinner）的老鼠喂食实验。斯金纳把一只饿鼠放入实验箱内，当它偶然踩在杠杆上时，即喂食以强化这一动作，经多次重复，老鼠为了得到食物即会自动踩杠杆。这类必须通过自己某种活动（操作）才能得到强化所形成的条件反射，称为操作性条件反射或工具性条件反射。操作性条件反射理论的基本思想实际上很简单，该理论认为：学习是一种反应概率上的变化，而强化是增强反应概率的手段。如果一个操作或自发反应出现之后，有强化物或强化刺激相尾随，则该反应出现的概率就增加，这是经由条件作用强化了的反应；如果出现后不再有强化刺激尾随，该反应出现的概率就会减弱，直至不再出现。用一句话归纳，就是强化会加强刺激与反应之间的联结。例如，当我们在一家饭店吃过一顿可口的午餐时，下次吃饭时就会考虑再去这一家。

一般来说，操作性条件反射作用更适合于高介入度的购买情境。因为在高介入情境下，消费者对购买回报将会有意识地予以评价。以购买电脑为例，消费者将电脑购买回家后很可能会从价格和性能两个方面对购买行为做出评价，在此情形下，强化无疑会在消费者心理上产生重要影响。例如，如果有其他人对消费者所买的电脑予以赞许，或者在同事家发现对方购买的电脑性价比不如自己的电脑时，就会对消费者起到正面的强化作用。在低介入的购买情境下，除非产品功效远远低于预期，否则消费者不会对购买作太多的评价。故此，低介入情境下的满意购买虽然对行为也具有强化作用，但相对而言不如高介入情境下作用那么大。

案例链接

美国的花旗银行最早将定向促销手段引向零售业务。花旗银行通过对客户信息的处理推出一项系列优惠服务计划。这项计划的主要内容如下：按照一定的标准划分不同的客户群，分别向各类客户提供相关的优惠服务，推出一整套极有吸引力的服务项目。这项计划包括为某些信用卡持卡人提供有关免费服务，对某些信用卡削减随机费用、核定年度收费标准，推出“花旗就餐卡”“花旗旅行卡”“花旗购物卡”等系列性的优惠消费业务。此计划中的“花旗美元券”的发行为相当数量的家庭主妇购买成套商品提供了方便和价格优惠。花旗银行通过反复宣传和使用这一促销手段，大大提高了营业业绩。

（资料来源：互联网）

（2）操作性条件反射理论的营销启示

经典条件反射作用的原理虽然为许多市场应用和消费者行为提供了理论解释，但它并不能解释所有的消费者学习行为，我们对商品的评价经常是建立在“满意度—回报—做出购买行为”的感受性基础上。也就是说，一些购买行为会因为操作性条件反射的作用产生。

操作性条件反射理论特别强调强化物对学习的重要性，其对营销的启示是，通过各种强化手段保持与顾客的长期交换关系。因为，消费者决策是建立在消费者对商品间断性体验的基础上的，是消费者在长期的消费体验中，经过点滴的积累逐步形成的。因此，企业在营销实践中应格外重视产品质量的一致性，只有保持产品质量的稳定，才能更好地满足消费者的需要，从而强化消费者对该产品的反应。

操作性条件反射重视消费者的消费体验对其未来行为的影响作用，其对以下营销活动提供了理论基础：

首先，在营销活动中极力避免消费者产生消极情绪，促使顾客恰当使用泛化和分化。在某些情境下，消极情绪可能通过经典性条件作用习得。如果一个顾客在一次消费中发生了不愉快，他可能会对这家超市、这种品牌的商品，甚至生产这种产品的企业产生厌恶的情绪，进而影响他的再购买行为。因此，在营销过程中应尽力避免这种情况的发生。

其次，注重引导消费行为与积极情绪结合。例如，企业在进行营销活动的时候，可以根据商品的特点及消费者的需求来布置展销会，以此吸引顾客的注意，进而让顾客对该商品或服务产生加强型学习。另外，商家对于购买他产品的顾客给予诸如折扣、赠品之类的“额外”强化，或者免费派送试用品或优惠券鼓励消费者试用产品。这样使消费者对其产品产生正强化，增加消费行为，甚至成为它的忠实顾客。

5.2.3 经典条件反射和操作性条件反射的区别

经典条件反射和操作性条件反射基本原理是相同的，它们都以强化和神经系统的正常活动为基本条件。它们之间也有不同之处，经典性条件反射与操作性条件反射在刺激、反应、强化时间的先后、神经系统的操作水平、可观察到的行为变化、行为消退的方式以及学习模式等方面有众多相异之处。

经典条件反射和操作性条件反射具体到营销应用方面的区别有以下几点。

①经典条件反射和操作性条件反射的区别首先体现在有无意识参与。

从神经系统的操作水平来看，经典性条件反射中被试的动作是在植物性神经系统的支配下进行的，是不随意的。被试的行为动作大多是自发做出的，是一种较低级的行为反射，不需太多的学习与锻炼，往往是与生俱来的，意识的参与程度较低。操作性条件反射是在躯体性神经系统的参与下完成的，往往有高级的神经系统参与活动中，是一个需要意识参与的过程。

另外，就接受强化的性质来看，具有主动与被动之别。经典性条件反射中，有机体是被动地接受强化，强化的主动权是掌握在实验者的手里；而在操作性条件反射中，有机体要学的反应需要它自己去寻找，只有通过有机体的操作活动才能得到强化，它的主动性较强。例如，从上面巴甫洛夫和斯金纳的实验中可以看出，在形成操作性条件反射过程中，动物可以自由地活动，它通过主动操作来达到一定的目的；但在形成经典条件反射时，动物往往被束缚着，是被动地接受刺激。

在实际营销活动中，一款护肤产品，聘用一个人气很高的明星做代言人，消费者因为喜欢这个明星而喜欢、购买这种牌子的护肤品，这是经典条件反射，不需要太多的心理过程和注意；在使用过该产品以后，发现这款护肤品很适合自己，以后经常购买，包含评判和反应等过程，这就属于操作性条件反射了。所以，如果从首次购买与多次购买的角度来讲，首次购买中，经典条件反射运用比较多，在多次购买中，利用操作性条件反射比较有效。

②经典条件反射和操作性条件反射的区别表现为刺激和行为出现的先后顺序。经典条件反射中，刺激物在行为之前已经呈现，刺激是作为引发行为的一种手段，也就是说特定的刺激引发特定的行为。而在操作性的条件反射的实验中，刺激物在行为之后呈现，它是用做强化的，即强化实验者所期望被试做出的行为。当被试做出实验者期望的行为，那么刺激就会出现。从某种意义上来说，操作性条件反射的强化更有利于被试学会所预期的行为。而经典条件反射的强化刺激仅仅是用作引发商家所期望做出的行为。

由此可以推知，经典条件反射多用在品牌、产品包装、广告策略等方面，如品牌的延伸、包装的优化等，它们需要更多的时间来建立产品与购买行为之间的联结；而操作性条件反射多应用于消费者学习选择商品、选择服务的过程中，因为这样会增加消费者对产品、服务和整个消费活动满意度的强化，从而学会商家所预期的行为。

③从介入的程度上来看，经典性条件反射适合于低介入度的购买情景，而操作性条件反射更适合于高介入度的购买情境。在低介入情境下，经典性条件反射比较常见，因为此时消费者对产品或产品广告可能并没有十分注意，也不关心产品或广告所传达的具体信息。然而，在一系列对刺激物的被动接触之后，各种各样的联想或联系可能会由此建立起来。应特别指出的是，在低介入情境下，消费者所学到的并不是关于刺激物的信息，而是关于刺激物的情感反应。正是由于这种反应，将导致消费者对产品的学习和试用。操作性条件反射更适合于高介入的购买情境。因为在高介入情境下，消费者对购买回报将会有意识地予以评价。在低介入情境下，除非产品功效远远低于预期，否则消费者不会对购买作太多的评价。故此，低介入情境的满意购买虽然对行为也具有强化作用，但相对而言不如高介入情境下作用那么大。简言之，就是消费者通过经典性条件反射学习到对商品的良好的情感，由于良好的情感而购买商品。而操作性条件反射下，消费者通过强化物的安排，如奖券、积分、赠品、试用等方式学习到对商品

良好的态度，进而再次购买。

例如，一位女士因为使用了某一品牌的化妆品后，多年的黯淡肤色得到了改善，并得到了周边朋友们的赞美，她以后会更有购买这一品牌的产品的倾向；但若该女性因为使用这一品牌的化妆品导致肌肤不舒服或者没有明显的效用，这时消退现象就会发生，她将不打算再购买这一品牌的化妆品。

5.3 认知学习理论及其应用

认知学习形式很多，包括顿悟学习、影像式机械学习、观察学习等，在企业活动中应用最为广泛的是观察学习，即替代性学习。

5.3.1 观察学习实验

观察学习是由美国心理学家班杜拉（A. Bandura）确立的一种学习理论，又称为社会学习理论和替代性学习。观察学习打破了人们过多重视外在刺激引起行为（即刺激—反应理论）的研究领域，认为很多现实问题是行为学派所难以解释的。例如，为什么个体会表现出新的行为，以及为什么个体在观察榜样行为后，这种已获得的行为可能在数天、数周甚至数月之后才出现等现象。

观察学习与行为学习理论的主要区别在于无论是经典条件反射理论还是操作性条件发射理论，均强调的是在外在刺激作用下消费者比较被动地产生反应，不关注人们的认知；而观察学习或称为替代性学习则不然，它强调人类学习可以通过观察，使认知发生改变进而引起人们的行为或行为潜能发生改变，是主动的，是有意识的，不直接依赖于强化措施，也不必然引起外显的行为反应。班杜拉把这种人类通过观察别人的行为以及行为结果而改变自身行为的学习，称为替代性学习，又称为观察学习。为了说明楷模的作用效果，班杜拉和他的助手们进行了一系列实验。在一项典型观察学习的实验中（Bandura，et al.，1963），班杜拉分别通过让孩子观察现实中、电影中和卡通片中的成人榜样行为，来观察成人榜样对儿童行为有没有影响。结果发现，所有这三类成人榜样都同样会导致儿童模仿某种行为。

5.3.2 观察学习理论

根据班杜拉的社会性学习的观点，人的学习可以分为四个过程，即注意、保持、再造和动机过程（图5-2）。

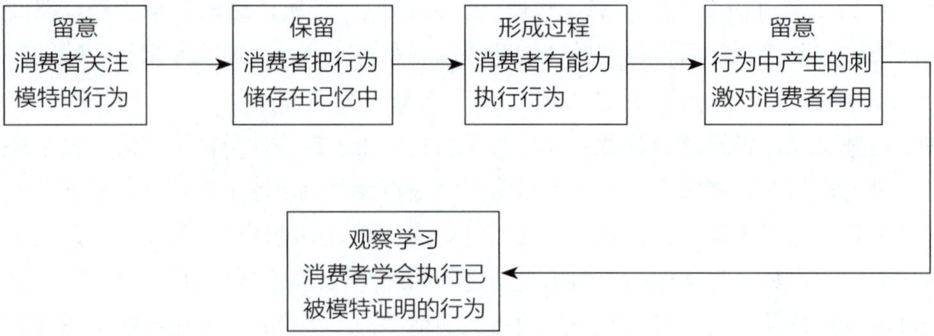

图5-2 动机过程图

①注意过程。注意过程是指在模特展示过程中，消费者关注到了这一刺激，关注在一定程度上引起消费者的感觉和直觉，学习产生了。例如，中午吃饭的时候，无意中关注到电视中的一则使用某品牌化妆品的模特展示广告，展示此化妆品专门针对某类肤质，产品价位、品牌个性、定位等正好和自己的实际需求契合，于是开始特别关注此产品的展示，包括产品的使用过程、使用后的效果等，为购买打下基础。

②保持过程。当消费者关注了某一模特展示之后，把模特的示范行为以印象和言语形态保存在记忆中，成为记忆编码，会在以后实行这种行为时起到向导作用。例如，就上例而言，消费者强烈关注的刺激，会在人的头脑中形成一定的印象，它不会轻易磨灭，而是以一定形式保持在记忆中，也许不会直接导致消费者购买行为的改变，但在下次购买化妆品时，这一信息也许会突然跳出来。

③再造过程。人把以符号形式编码的示范信息转化为适当的行为，这一过程即再造过程，也就是行为的实行过程。这一过程非常关键。例如当消费者观察到某品牌电视的正确使用，可以很好地保护视力，而且具有节能、环保的特征时，便将此保持在他的头脑中。那么在他把电视买回家时，自然地倾向于像模特展示的那样进行操作，这就是行为的再造。当然，再造过程中可能存在一些偏差。例如，某美容院为了拉近与顾客之间的距离，建立良好的顾客关系，并促进本公司产品的销售，专门聘请了美容顾问为消费者现场演示如何化妆，于是消费者回家之后会尽量地再造这一过程，但实际上由于遗忘一些细节等原因，只能大致地再造这一行为。

④动机过程。经由注意、保持、再造三个过程之后，示范行为基本上为观察者所掌握，但人们不一定展现出他们所学到的所有东西。只有产生了积极的诱因之后，如示范行为预期能导致有价值的结果，或经由观察所获得的行为提高行为的满意感，这时，这些行为才会从潜伏状态转化为动机。如果导致惩罚或无报偿的结果，就会抑制或削弱观察者发生这种行为的倾向。例如，出于孩子上学的需要，消费者决定近期买一套房子，于是进行了广泛的了解，有一个朋友向其推荐了某团购网站，于是这则信息被关注、保持，并经常登录此团购网站。偶尔有一天，朋友说，自己通过此网站买了一套房子，价格每平方米便宜近千元，于是此消费者真正动心了，开始着手报名并产生了通过此网站购买房子的动机。

5.3.3 观察学习的营销应用

（1）观察学习应用方式分类

观察学习揭示了通过观察人即能产生学习，而不必去通过实践来达到，非常简单易行，很快被企业所应用，俗称模特展示行为。

1）外在模特行为。

例如有些厂商通过广告、播放影片等来影响消费者，使其产生学习，称为象征性模特行为。有些厂商通过销售人员对产品展示等促使消费者购买，被称为活人模特行为。这两种方式在企业营销过程中是最常见的，称为外在模特行为。例如在超市中，经常看到洗护用品的货架旁有一台电视机，正在播放一段使用某品牌洗发水的过程和良好效果的录像，消费者产生学习，倾向于购买产品并按片中展示来使用。洗发水商家不需要真人展示，不需要额外的促销费用便教育了“消费者”。另外，商家聘请名人做代言，其实也是看中了名人的号召力，使消费者在名人的劝说下爱上某个品牌和产品。

2）隐喻式模特方式。

隐喻式模特方式是指不展示具体的动作和结果，而是向人讲述主题，让听众想象。例如某啤酒的广告，展示在炎热的夏天，工人汗流浃背，机器快速转动，下班了，工人喝一口冰凉的啤酒，那种神清气爽的感觉，即是一种隐喻式模特方式。另外，如雪碧的广告语“晶晶亮，透心凉”，旨在给人以想象空间。

3）口头模特方式。

口头模特方式是指不展示行为，也不需要听众想象，而只是告诉和听众类似的人是如何行动的。例如，消费者去选购某品牌的羊绒衫而犹豫不决时，购物小姐会及时提示，说这款产品是今年最流行的，销量最好，供不应求，从而打消了消费者的顾虑。

（2）模特展示的作用

借助模特，可以用来帮助观察者们获得一种或更多的新的反应模式，这些反应模式在观察者们过去的行为中是没有的。

借助模特，可以禁止或减少不受欢迎的行为。例如某零售店在店内用录像带播放店内失窃的现象，播放小偷被抓受到大家指责的场景，小偷再次光顾就会有所顾忌。有份潜意识的研究，某家商店经常在店内播放内容为“我很诚实，我不会偷窃，偷窃是不诚实的”录音，而且是在一种几乎听不到的可听水平上播放的。通过9个月的测试，一家六层连锁店的失窃损失减少近40%，公司损失降低额达600000美元。

促进消费者的反应。模特展示不是在突出产品的优点，而是加速消费者的反应，起到反应促进剂的效果。

（3）影响模特展示效果的因素

模特行为对消费者产生多大影响，以及模特行为在多大程度上被模仿，与很多因素有关，这也是企业乐于研究和利用的问题。

1）模特本身的影响力。

通过研究证实，模特被模仿的程度与模特本身的社会吸引力有关。这种吸引力建立在多个因素的基础上，包括模特的相貌、体形、专业知识、对评价者的熟悉程度，以及模特社会影响力是否正向，号召力是否很大，模特自身的特质与产品和特定的情景是否相匹配等。企业在展示公司产品时，倾向于请明星做代言人，是看重了明星的社会影响力，但是如果明星在社会上形象不佳或在代言过程中出现绯闻或丑闻，引起消费者反感，这一模特行为不仅不能使消费者模仿，还会使消费者产生反感甚至厌倦。

2）被影响者的个性。

模特展示的效果也与被影响者的个性有关系，对于不同气质、性格、能力的人会产生不同的影响。

3）特定的情境。

任何事情的发生都有其特定的情境，也就是说，购买行为发生时的临时环境组成会影响模特展示的效果。例如，在爱国热潮高涨的时候，美菱公司适时推出广告语“中国人的空调，中国人的美菱”。可见任何购买行为的背后都有着特定的环境，包括物质环境、社会环境等。

4）模特展示内容和组织形式。

模特展示的效果也与模特行为本身的内容与人们的价值观等是否接近有关，也与模特展示的信息表现形式有关，那些表现为幽默诉求、恐惧诉求、情感诉求和新异刺激的展示，比较容易引起消费者的注意、保持、再造和动机，产生学习。

5.3.4 对观察学习理论的评价

（1）肯定

班杜拉在其对观察学习的研究中，注重社会因素的影响，改变了传统学习理论重个体轻社会的思想倾向，把学习心理学的研究同社会心理学的研究结合在一起，对学习理论的发展作出了独特的贡献，改变了原来行为学派的只重行为与刺激的研究而忽视认知的研究的做法。建立在丰富坚实的实验验证资料基础上的研究，得出的结论是比较有说服力的，在企业界和营销界都有很好的应用价值。

（2）局限性

对观察学习的研究以儿童为实验对象，选择攻击性主题，受到一些质疑，另外此理论也不能解释所有的学习现象。

案例链接

柯勒的黑猩猩

德裔美国生理学家沃尔夫冈·柯勒（1887–1967）在1935年因公开批评纳粹政权而被迫移民美国之前，在学术上已功成名就，已担任柏林大学心理研究所所长多年。他的主要学术成就是参与创建名列“理学六大门派的格式塔心理学派（“格式塔”是德语“整体”的音译，又译做完形心理学派），”但是他最广为人知的研究成果是对黑猩猩的思维能力的有趣实验。

1913年，柯勒前往南非的西班牙属地加那利群岛的特内里费岛，担任普鲁士科学院设在那里的类人猿研究站主任。不久，第一次世界大战爆发，柯勒被困在了岛上，和9只黑猩猩相伴，待了大约7年。岛上有一个巨大的室外实验场地，还有一些“玩具”——箱子、木杆、竹竿等。柯勒就用它们对黑猩猩做了一系列实验，并用电影记录下来。

其中最著名的是“接竿实验”。柯勒将黑猩猩关在笼里，笼里有一粗一细两根竹竿，笼外远处放着香蕉，但是竹竿不够长。在尝试了许多次之后，黑猩猩把细竹竿的一端塞进了粗竹竿的孔中，将二者连接在一起，然后用它把香蕉拨了过来。

另一个著名的实验场景是这样的：在天花板上悬挂着一串香蕉，黑猩猩跳来跳去想去抓它，但是够不着。在蹦跳了一段时间后，黑猩猩生气地走开了，突然停下来，看看香蕉，又看看放在场地上的玩具，反复看了几次后，最终开始用玩具来获取香蕉。不同的黑猩猩采用不尽相同的方式。一只黑猩猩把一根木杆放在香蕉下，试图沿着木杆爬上去。有几只黑猩猩把几个箱子搬到香蕉下，成功地垒放起来，但是难以保持箱子的平衡。有一只黑猩猩只搬来一个箱子放在香蕉下，爬上去之后，用一根木杆把香蕉打了下来。

这一切似乎表明黑猩猩具有一定的推理能力，能够根据目标和工具制定行动方案，柯勒将这称为“顿悟学习”，而不是经过反复的试错经验之后才掌握的。

（资料来源：符国群. 消费者行为学：第2版[M]. 北京：高等教育出版社，2010：179、180）

5.4 消费者记忆

5.4.1 消费者记忆的内涵

记忆是人脑对经历过的事物的反应。凡是人们感知过的事物、体验过的情感以及练习过的动作，都可以保留在人的头脑中，在必要的时候又可以把它们再现出来，这个过程就是记忆。

记忆是在头脑中积累和保存个体经验的心理过程，代表着个人对过去认识、经验的印象累积。凡是人们感知过的事物、学习过的东西、体验过的情感都可以以映像的形式保留在人的头脑中，在必要的时候又可把它们再现出来，这个过程就是记忆。人脑之所以能对经验过的东西进行反映，是由于人脑受到外界事物刺激之后，会在大脑皮层上留下兴奋的痕迹，这些痕迹在一定条件的诱导下，就会重新活跃起来，在人脑中重现出已经消失的刺激物的映像。记忆既不同于感觉，又不同于知觉。感觉和知觉只能反映在当前感观到的事物上，离开当前的客观事物，感觉和知觉就不复存在了。记忆则出现在感觉和知觉之后，是人脑对过去经验的反映。例如，消费者在逛完街后，能把比较中意的几件衣服的款式、料子、颜色和手感描述出来，这就是通过记忆来实现的。

记忆是一个复杂的心理过程，它包括识记、保持、回忆或再认三个基本环节。识记是记忆的开端，它是主体通过反复感知，借以形成比较巩固的暂时联系，从而积累知识和经验的过程。保持是巩固已获得的知识和经验的过程，然而其并非是原封不动地保存头脑中识记过的知识、经验的静态过程，而是一个富于变化的动态过程，这种变化表现在质和量两个方面。回忆是主体从头脑中提取知识和经验的过程，是记忆的第三环节。凡经历过的事物再度出现时，能把它重新回想起来，则称回忆或再认。从信息加工的观点看，记忆就是对输入信息的编码、储存和提取的过程。其中，对信息的编码相当于识记过程，信息的存储相当于保持过程，信息的提取则相当于再认或回忆过程。记忆过程中的三个环节是相互联系和相互制约的，识记是记忆的开始，是保持和回忆的前提。保持是识记和回忆之间的中间环节，回忆是识记和保持的结果，回忆也是对识记和保持的检验，而且有助于巩固所学的知识。

从理论上讲，虽然消费者的记忆容量很大，对信息、保持的时间也可以很长，但在现代市场条件下，消费者接触的信息实在太多，能够进入其记忆并被长期保持的实际上只有很小的一部分。正因为如此，企业才需要对消费者的记忆予以特别的重视。

5.4.2 记忆系统与机制

（1）记忆的系统

人的记忆系统不仅包括短时记忆和长时记忆，而且还包括感觉记录。外部信息首先进入感觉记忆系统，信息在感觉记录系统保持的时间极其短暂，其中一部分信息受到特别注意而进入短时记忆系统，若信息给人的刺激极为强烈、深刻，也可能直接进入长时记忆系统；那些没有受到注意的信息则很快变弱直至消失。短时记忆中的信息一部分来自于感觉记忆，另一部分则取自于长时记忆。

（2）感觉记录

感觉记录，又称瞬时记忆，它是指个体凭视、听、味、嗅等感觉器官，感应到刺激时所引起的短暂记录，其持续时间往往按几分之一秒计算。感觉记录只留存在感官层面，如不加注意，转瞬便会消失。乘车经过街道，对街道旁的店铺、标牌、广告和其他景物，除非有意注意，否则大多是即看即忘，此类现象即属感觉记录。感觉记录按感觉信息原有形式贮存，它反映的内容是外界刺激的简单复制，尚未经加工和处理，因此，感觉记录的内容最接近于原来的刺激。

（3）短时记忆

短时记忆是指记忆信息保持的时间在一分钟以内的记忆。例如，我们从电话簿上查一个电话号码，然后立刻就能根据记忆去拨号，但事过之后，再问这个号码是什么，就记不起来了，此类记忆就是短时记忆。感觉记忆中的信息如果被注意和处理，就会进入短时记忆，而且，这些信息可以保持在一种随时被进一步处理的状态。也就是说，短时记忆中的信息可以自动而迅速地被提取，一旦需要对新输入的信息予以解释，长时记忆中的信息也可带入到短时记忆中来。实际上，短时记忆是这样一种即时的信息处理状态：从感觉记录和长时记忆中获取的信息被带到一起同时处理。短时记忆中的信息经适当处理，一部分会转移到长时记忆系统，另一部分则会被遗忘。

（4）长时记忆

长时记忆是指记忆信息保持在一分钟以上，保持数年乃至终身的记忆。人们日常生活中随时表现出的动作、技能、语言、文字、态度、观念，以至有组织有系统的知识等，均属长时记忆。长时记忆系统被认为是语意和视听信息的永久贮存所。各种事件、物体、处理规则、事物的属性、感觉方式、背景资料等，均可贮存在长时记忆中。与短时记忆相比，长时记忆的容量是相当大的，甚至被认为是无限的，长时记忆中的信息是以类似于网络结构的方式有组织地贮存的。A. M. 柯林斯（A. M. Collins）和M. R. 奎利恩（M. R. Quillians）于1969年提出了一个语意记忆的层次网络模型，其基本思想是将各种概念按一定层次组成一个网络，以此表明各种概念的属性及不同概念之间的相互联系。除了层次网络模型以外，还有集合论模型、特征比较模型、人的联想记忆模型等，这些模型实际上都可视为网络模型的变种。在网络模型中，经由新概念与贮存在记忆中的旧概念的联结，或通过增加与已存概念的联结通道，新信息被融入网络中。同时，经由一个概念，可以激活并联系上下左右各相关概念，并在此基础上作出推论。这样的推论允许我们对新的信息作出反应并验证新获信息是否与我们所知道的相一致。

5.4.3 记忆过程的几个环节

（1）复述

个体在内心对进入短时记忆的信息或刺激予以默诵或作进一步处理努力，称为复述。复述具有两大功能：一是保持信息在短时记忆中被激活；二是将短时记忆中的信息转移到长时记忆中。复述有以下特点：①复述决定保持方式。如“瞬间的选择决定十年”等广告语能引起消费者的反复注意，从而使广告信息从短时记忆转入长时记忆；

②复述是顺次性的处理过程。就是说，一次性地复述一个项目的信息；③复述受刺激特性的影响。从系列位置效果理论来看，复述影响信息的保持程度。系列位置效果理论认为特定信息项目的保持程度取决于此信息项目所处的刺激目录的位置。在所提示的刺激目录中，头几个信息项目的保持程度较高，这种效果叫首位效果。在所提示的刺激目录中的最后几个信息项目的保持程度也比较高，这种效果叫最近效果。这些系列位置效果理论对市场营销活动意义很大。在广告中重要信息内容要安排在广告顺序的开头部分或最后部分，或者把广告安排在节目的开始之前或节目刚结束之后。

另外，复述可分为维持性复述和精细性复述。维持性复述是在短时记忆中维持信息的过程。例如，边打电话，边记电话号码。精细性复述是通过深层次的信息处理，帮助信息从短时记忆向长时记忆的转入。

（2）编码

复述直接影响短时记忆中的信息能否进入长时记忆，对记忆具有重要作用，同样不容忽视的是信息的编码，因为后者很大程度上决定着转换的时间，以及信息在记忆中的存放位置。在复述过程中，消费者可以简单地对刺激物重复默记，以此将刺激物与长期记忆中已经存在的信息建立联系。当消费者建立起了这种联系和对信息编码日益娴熟，存贮速度就会加快。编码过程有选择性编码过程和精细性编码过程。在大部分情况下，感觉刺激与内部表象之间形成1：1的对应关系，但在有些情况下，对刺激的核心部分或特点进行编码，或者对追加的另外信息进行编码。前者是选择性编码过程或叫缩小性编码过程，后者是精细性编码过程。把“Every Good Boy Does Fine”编码为“E、G、B、D、F”，这五个字母就是选择性编码。编码的精细程度也影响信息的保持。在信息处理过程中编码的精细程度越高，新的信息与原有信息之间形成更多的联结，从而提高消费者的趋近信息的可能性。所以，引起视觉形象的图像信息比语言信息引起更多的记忆效果。

图像信息作为信息组织化手段起作用，而信息的组织化又引起信息项目间精细化，所以记忆效果好。根据这一解释，文字信息与图像相互吻合时，文字信息更具体化和形象化，从而更容易被记住。但是，如果消费者的卷入程度高时，广告的图像内容与文案内容不一致，这样，消费者就会更多地思考广告所传递的内容，更精细地处理广告产品信息，从而提高记忆效果。

（3）贮存

贮存是指将业已编码的信息留存在记忆中，以备必要时供检索之用。信息经编码加工之后，在头脑中贮存，这种贮存虽然是有秩序、分层次的，但不能理解为像存放在保险柜里的文件一样一成不变。随着时间的推移和经验的影响，贮存在头脑中的信息在质和量上均会发生变化。从质的方面看，贮存在记忆中的内容会比原来识记的内容更简略、更概括，一些不太重要的细节趋于消失，而主要内容及显著特征则被保持；同时，原识记内容中的某些特点会更加生动、突出甚至扭曲。

（4）提取

提取是指将信息从长时记忆中抽取出来的过程。对于熟悉的事物，提取几乎是自动的和无意识的，例如，当问及现在市面上有哪些牌号的电视机时，消费者可能会脱口说出诸如“长虹”“康佳”“索尼”等多种牌号。对于有些事物或情境，如去年的元旦你在干什么，恐怕很难立刻回忆出来，往往需要经过复杂的搜寻过程，甚至借助于各种外部线索和辅助工具，才能完成回忆任务；但有时不提示适当的提取线索，就不能提取信息。

影响提取信息的因素有以下几方面：

①提取的线索。消费者提取信息的线索直接与获得信息的情景有关，那么消费者就容易提取其信息。特别是消费者获得信息时所形成的心情与提取信息时的心情类似的时候，就容易提取其信息，这种提取信息的效果叫心情一致效果。例如，在广告内容中提示产品的包装，那么消费者在购买产品时就根据广告中所提示的产品包装轻易地辨别出其产品。

②刺激的熟悉感。在一般的情况下，消费者对某一刺激越熟悉，就越容易回忆起其刺激。所以企业为使消费者熟悉自己企业的品牌，而反复做广告。但消费者并不一定提取所有的熟悉的信息，而是只处理其中的部分信息。例如，把电视广告中的音像部分用来做广播广告，把电视广告中的录像部分用来做报纸广告，这时消费者接触广播广告或报纸广告时并不是重新处理广告信息，而是用回忆电视广告中的音像部分或录像部分的方法处理信息。

③刺激的突出性。刺激越突出，就能越多地引起消费者的注意，所以刺激的突出性会影响信息的提取。

④信息的视觉性。视觉性刺激一般比语言性刺激更容易被提取。提取的失败就是遗忘，可以由衰退理论和干涉理论来解释。根据衰退理论，记忆痕迹的强度随着时间的推移而递减，遗忘就是由于记忆痕迹的强度很低而引起的。根据干涉理论，遗忘是在信息的保持中被其他信息干涉而发生的。这种干涉有两种：一种是长期保持的信息阻碍了最近保持信息的提取，这种干涉叫顺行干涉；另一种是最近保持的信息阻碍了长期保持信息的提取，这种干涉叫逆行干涉。

5.4.4 记忆在营销中的作用

消费者的记忆与消费者收集商品信息并作出购买决策有十分密切的关系，消费者往往对所记住的商品产生较多的购买行为。因此，企业要想更多地销售自己的商品，必须让消费者知道并记住企业的商品。企业在传达信息时，首先考虑的必须是消费者接受各种信息的识记极限问题。在消费者的瞬时记忆中，一般只能记住7～8个单位的信息，超出这个范围的信息则容易被遗忘。比如“钻石恒久远，一颗永流传”“维维豆奶，欢乐开怀”“要想皮肤好，早晚用大宝”等广告语简短且押韵上口，很容易被消费者记住。从记忆的效果看，消费者的记忆容易受情绪与情感因素的影响。当消费者处于兴奋、激动、高兴的情绪时，对商品及有关信息会形成良好的记忆，而且记忆保持的时间也较长，消费者也愿意经常回忆这种愉快的体验。此外，气愤、屈辱的情绪也能加强消费者记忆的印象，当消费者在商店里受了气，对于营业员和商店环境的恶劣记忆也是难以忘怀的，并且会长期避免与这样的营业员和商店打交道。要使消费者记忆保持较长时间，重复信息是很有效的手段。研究表明，记忆保持和重复信息会同步增加，尤其是对广告来讲，重复是非常必要的。国外一些学者调查了两种新产品刊登广告的情况，其中研究了广告刊登4周、8周和20周对产品知名度的影响。研究发现，这两种产品刊登广告后，知名度迅速上升，特别是广告连续刊登20周，知名度能够达到75%。需要指出的是，重复的积极作用也存在一个限度，超过了这个限度，重复就会变得单调，就会导致消费者产生疲倦、习惯化，甚至感到厌恶，因此在销售宣传上，重复的多样性也不可缺少。

思考与技能实践

1. 名词解释

（1）消费者学习（2）负强化（3）遗忘曲线（4）瞬时记忆（5）经典条件反射

2. 填空题

（1）记忆过程的环节有______、______、______。

（2）在______情境下，经典性条件反射比较常见，而操作性条件反射作用更适合于______介入度的购买环境。

（3）从传统上，学习被划分为______、______、______和______。

（4）消费者学习的构成要素主要包括动机______、______、______、______和重复。

（5）遗忘的原因主要有______、______、______这三种说法。

（6）在______反射条件下，消费者试用在先，对产品的喜爱在后。在反射条件下，消费者喜爱在先，对产品的试用在后。

（7）______学习是通过主动的探索、发现和体验，学会对大量信息的收集、分析和判断，从而增进思考力和创造力的学习方式。

（8）强化理论主要包括______、______、______这几种类型。

（9）______是指某种条件反射形成后，由于在一定时间内不予强化，久而久之这种反射被判定无价值而导致此行为出现的频率降低或最终逐渐消退。

（10）______是无条件刺激的英文缩写。

3. 简答题

（1）简述消费者学习的一般特征。

（2）造成遗忘的因素有哪些？

（3）简述经典条件反射理论及其在营销中的应用。

4. 案例分析题

案例分析

星巴克公司

1971年4月，位于美国西雅图的星巴克创始店开业。1987年3月，星巴克的主人鲍德温和波克决定卖掉星巴克咖啡公司在西雅图的店面及烘焙厂，霍华德·舒尔茨则决定买下星巴克，同自己创立于1985年的每日咖啡公司合并改造为“星巴克企业”。几年后，星巴克已经成为全球最大的咖啡零售商、咖啡加工厂及著名咖啡品牌。到2006年2月，星巴克在全球范围内已经有9000多家连锁店，分布在北美洲、拉丁美洲、欧洲、中东和环太平洋地区。

1998年3月，星巴克进入我国台湾，1999年1月进入北京，2000年5月进入上海，目前星巴克已成为国内咖啡行业的第一品牌。星巴克靠什么从一间小咖啡屋发展成为国际著名的咖啡连锁店品牌？

1. 模式：根据世界各地不同的市场情况采取灵活的投资与合作模式

同麦当劳的全球扩张一样，星巴克很早就开始了跨国经营，在全球普遍推行三种商业组织结构：合资公司、许可协议、独资经营。星巴克的策略比较灵活，它会根据各国各地的市场情况而采取相应的合作模式。星巴克在世界各地的合作伙伴不同，但是经营的品牌都是一样的。

另外，星巴克制定了严格的选择合作者的标准，如合作者的声誉、质量控制能力和是否以星巴克的标准来培训员工。美国星巴克集团很看好中国市场，逐步加大投资，将持股比例增加到50%，对这个地区更加重视。

2. 直营：多以直营经营为主

近40年来，星巴克对外宣称其整个政策都是：坚持发展公司直营店，在全世界都不要加盟店。业内人士分析说，如果星巴克像国内多数盟主那样采用“贩卖加盟权”的加盟方式来扩张，它的发展速度肯定会比现在要快得多。当然，也不一定比现在好得多。星巴克为自己的直营路子给出的理由是：品牌背后是人在经营，星巴克严格要求自己的经营者认同公司的理念，认同品牌，强调动作、纪律、品质的一致性；而加盟者都是投资客，他们只把加盟品牌看作赚钱的途径，可以说，他们唯一的目的就是为了赚钱而非经营品牌。星巴克之所以不开放加盟，是因为星巴克要在品质上做最好的控制。

3. 广告：不花一分钱做广告

星巴克给品牌市场营销的传统理念带来的冲击同星巴克的高速扩张一样引人注目。在各种产品与服务风起云涌的时代，星巴克公司却把一种世界上最古老的商品发展成为与众不同、持久的、高附加值的品牌。然而，星巴克并没有使用其他品牌市场战略中的传统手段，如铺天盖地的广告宣传和巨额的促销预算。但是，他们仍然非常善于营销。“我们的店就是最好的广告”。据了解，星巴克从未在大众媒体上花过一分钱的广告费。因为根据在美国和中国台湾的经验，大众媒体泛滥后，其广告也逐渐失去公信力，为了避免资源的浪费，星巴克故意不打广告。这种启发也是来自欧洲那些名店名品的推广策略，它们并不依靠在大众媒体上做广告，而每一家好的门店就是最好的广告。星巴克认为，在服务业，最重要的营销渠道是分店本身，而不是广告。如果店里的产品与服务不够好，做再多的广告吸引客人来，也只是让他们看到负面的形象。只有通过一对一的方式，才能赢得信任与口碑。

另外，星巴克的创始人霍华德·舒尔茨意识到员工在品牌传播中的重要性，他另辟蹊径，开创了自己的品牌管理方法，将本来用于广告的支出用于员工的福利和培训，使员工的流动性很小。这对星巴克“口口相传”的品牌经营起到了重要作用。

4. 风格：充分运用“体验”

星巴克认为他们的产品不单是咖啡，而且包括咖啡店的体验。研究表明，2/3成功企业的首要目标就是满足客户的需求和保持长久的客户关系。相比之下，那些业绩较差的公司，这方面做得就很不够，他们把更多的精力放在了降低成本和剥离不良资产上。

（1）重视同客户之间的沟通。每一个服务员都要接受一系列培训，如基本销售技巧、咖啡基本知识、咖啡的制作技巧等。要求每一位服务员都能够预感客户的需求，使顾客有“咖啡”体验。

（2）星巴克更擅长咖啡之外的“体验”，如气氛管理、个性化的店内设计、暖色灯光、柔和音乐等。就像麦当劳一直倡导售卖欢乐一样，星巴克把美式文化逐步分解成可以体验的东西。

“认真对待每一位顾客，一次只烹调顾客那一杯咖啡。”这个取材自意大利老咖啡馆工艺精神的企业理念，道出了星巴克快速崛起的秘诀。注重“one at a time”（当下体验）的观念，强调在每天工作、生活及休闲娱乐中，用心经营“当下”这一次的生活体验。星巴克还极力强调美国式的消费文化，顾客可以随意谈笑，甚至挪动桌椅，随意组合。这样的体验也是星巴克营销风格的一部分。

5. 推广教育消费者

在一个习惯于喝茶的国度里推广和普及喝咖啡，首先遇到的是消费者情绪上的抵触。星巴克为此首先着力推广“教育消费”。通过自己的店面，以及到一些公司去开“咖啡教室”，并通过自己的网络，星巴克成立了一个咖啡俱乐部。顾客在星巴克消费的时候，收银员除了键入品名、价格以外，还要在收银机键入顾客的性别和年龄段，否则收银机就打不开。所以公司可以很快知道消费的时间、消费了什么、金额多少、顾客的性别和年龄段等。除此之外，公司每年还会请专业公司作市场调查。星巴克的“熟客俱乐部”，除了固定通过电子邮件发新闻信，还可以通过手机传简讯，或是在网络上下载游戏，一旦过关可以获得优惠券，很多消费者就将这样的信息，转寄给其他朋友，造成一传十、十传百的效应。

6. 异同的VI及店内设计

星巴克在上海的每一家店面的设计都是由美国方面完成的。据了解，在星巴克的美国总部，有一个专门的设计室，拥有一批专业的设计师和艺术家，专门设计全世界开出来的星巴克店铺。他们在设计每个门市的时候，都会依据当地的那个商圈的特色，然后去思考如何把星巴克融入其中。所以，星巴克的每一家店，在品牌统一的基础上，又尽量发挥了个性特色。这与麦当劳等连锁品牌强调所有门店的高度统一截然不同。

在设计上，星巴克强调每栋建筑物都有自己的风格，让星巴克融合到原来的建筑物中去，而不去破坏建筑物原来的设计。每增加一家新店，他们就用数码相机把店址内景和周围环境拍下来，照片传到美国总部，请他们帮助设计，再发回去找施工队。这样下来，星巴克才能做到原汁原味。

只用了短短几年时间，星巴克在中国就成了一个时尚的代名词。它所标志的已经不只是一杯咖啡，而是一个品牌和一种文化。

讨论题：

1. 运用学习相关理论分析星巴克公司是如何研究消费者的。

2. 分析星巴克的扩张策略有什么问题和风险。

3. 分析星巴克靠什么从一间小咖啡屋发展成国际著名咖啡连锁店品牌。

第6章

消费者态度对消费者行为的影响

学习目标

1. 了解态度是可以通过行为学习或认知学习形成的，消费者态度具体的形成过程则依赖于产品的性质和消费者个体的特征
2. 了解消费者对产品或品牌的态度与特定购买行为态度的差异性，并理解如何对消费者的态度及其购买行为产生影响

导引案例

赵女士的态度

2016年春节前夕，赵女士在家附近的小超市里买了一箱伊利纯牛奶，看着外包装箱上还很久远的保质期，赵女士把这箱牛奶放到了阳台上的阴凉处。春节期间的饮食足以满足全家人的营养需要，暂时不必喝牛奶了。春节过后，赵女士一家准备喝牛奶，她把打开的一盒牛奶倒在碗里，放到微波炉里加热，发现牛奶变成了豆腐脑状，而且有酸味。以前加热过的牛奶不是这样的，显然这盒牛奶变质了。她顺手拿起小包装盒，仔细阅读上面的文字，发现这盒牛奶的保质期已经过去一周了，她急忙检查其他牛奶盒上的保质期，发现日期标识不一致，有的已过期，有的还有几天才到期。

望着还有一周多时间才到保质期的外包装箱，再看看散乱在桌子上的保质日期不一的内包装盒，赵女士怎么也不敢相信这就是国内著名企业、知名品牌的所作所为。她感觉被欺骗了，愤怒之下马上拨打了外包装箱上标注的厂家电话，陈述自己的消费经过，表达自己的不满情绪。对方记录了赵女士的电话，并说当地经销商会与她联系，给予妥善解决。还好，对方态度不错，赵女士的气消了一点。

过了一会儿，电话铃响了，是经销商打来的，询问情况之后，要了赵女士家的地址。半小时后，经销商登门拜访。他首先仔细检查了外包装箱上的封条，然后说，这箱牛奶确实是伊利生产的，但外包装箱上的封条已不是出厂时的封条了。也就是说，这箱牛奶在销售环节被重新组装过，很可能是零售商把零散的盒装牛奶组装在一个外包装箱内，以便整箱出售，但却忽略了包装箱内外保质期的一致性问题。真相大白，赵女士对伊利的不满情绪已烟消云散。

第二天，经销商再次登门，不仅向赵女士赔礼道歉，而且作为补偿，送来了一箱新出厂的伊利纯牛奶。从此，赵女士成了伊利牛奶的忠实消费者。

消费者在了解、接触和消费某一产品与服务的过程中，会在内心对这一产品以及提供这一产品的企业产生某种心理倾向，或喜欢，或讨厌，或赞赏，或反感，从而形成对企业及其产品的态度。这种态度不仅决定着消费者对企业及其产品的看法和评价，而且影响消费者的购买行为。虽然态度是消费者的心理状态和倾向，但这种心理状态和倾向却可以测量和认识，并根据营销的需要设法维持和改变。所以，研究消费者的态度，对认识、引导消费者的行为极其重要。

6.1 消费者态度内涵

6.1.1 消费者态度的概念

在西方，态度（Attitude）一词源于拉丁语中的Aptus，后者有“合适”

或者“适应”的意思。到了18世纪，Attitude开始被用来指身体姿势，代表人对其他事物身体上的倾向。18世纪末，达尔文在生物学上使用了这个词，并赋予它“在身体上表达情感”或“情感的外部表露”之类的意思。实际上，到了现在的21世纪，态度的用法已经普遍地与一个人的自我宣泄或情感表露相联系。克雷奇曾经把态度解释为“一种与个人所处环境有关的动机、情绪、知觉和认识过程所组成的持久结构”。

在过去的研究中，很多学者从不同角度对态度下过定义，这些定义大概可以分为三种：第一种定义认为，态度主要是情感的表现，反映的是人们的一种好恶观。心理学家瑟斯顿（L. L. Thurstone）认为，态度是人们对心理客体的肯定或否定的情感；赖茨曼（L. S. Wrightsman）将态度定义为对某种对象或某种关系的相对持久的积极或消极的情绪反应。第二种定义认为，态度是情感和认知的统一。美国学者罗森伯格（M. Rosenburg）认为，对态度客体的情感反应是以对客体进行评价所持的信念或知识为依据的，所以，态度既有情感成分，又有认知成分。第三种定义则将态度视为由情感、认知和行为构成的综合体。克雷奇和克拉茨菲尔德把态度理解为一种与个人所处环境有关的动机、情绪、知觉和认识过程所组成的持久结构；弗里德曼（J. L. Freedman）在其所著《社会心理学》一书中，将态度理解为一种带有认知成分、情感成分和行为倾向的持久系统。现在，理论界一般倾向于第三种定义，即将态度定义为人们对某一事物或观念所持有的正面或反面的认识上的评价、情感上的感受和行动。

对人、对事物的看法、评价，的确可能带有很多的主观上的情感因素。比如，当我们的需要由于某人或某物的阻碍而得不到满足时，我们就会有情绪，讨厌这种障碍物。此时，情感因素在态度形成过程中好像起了决定性作用，但由此认定态度由单一的情感成分构成则是片面的。以消费者对某个企业产生好感为例，这种好感很可能是建立在该企业产品卓越的品质、良好的服务和为消费者带来超值利益的基础上的，也可能是建立在对该企业不断创新、造福社会、乐善好施的认识之上的。从这个意义上讲，态度又总是与一定的认知成分相联系。同时，消费者一旦对企业或其产品形成好感和正面认知，则可能产生要选择、购买该企业产品的行为倾向。所以，将态度理解为由情感、认知和行为所构成的系统，则更能反映态度的本质。基于此，我们按照系统论的观点，将消费者态度定义为：消费者对某一事物或观念所持有的正面或反面的认识上的评价、情感上的感受和行为上的倾向。

消费者态度的反应方式可以是肯定的反应，如赞成、支持、欣赏等，也可以是否定的反应，如反对、拒绝、厌恶等。认识上正面的评价往往表现为质量优、服务好，在情感上的正面感受往往表现为喜欢、赞扬，在行为上的正面倾向往往表现为趋向购买；认识上反面的评价往往表现为质量劣、服务差，在情感上的反面感受往往表现为讨厌、贬低，在行为上的反面倾向往往表现为回避购买。

态度作为人们的一种心理倾向，通常以语言形式的意见，或非语言形式的动作、行为等作为反应的表现形态。因此，通过对其意见、行动的了解和观察，可以推断出人们对某一事物的态度。同样，通过消费者对某类商品、劳务的意见、评价，以及积极、消极乃至拒绝的行为方式，也可以了解他们对该类商品或劳务的态度。例如，当观察到消费者对某个畅销品牌的商品踊跃购买时，就可以推断出消费者对该品牌持肯定、赞赏的态度。

6.1.2 消费者态度的构成

消费者的态度是由认知、情感和行为倾向三种成分构成的复合系统。各个成分在态度系统中处于不同的层次地位，承担不同的职能，如图6-1所示。

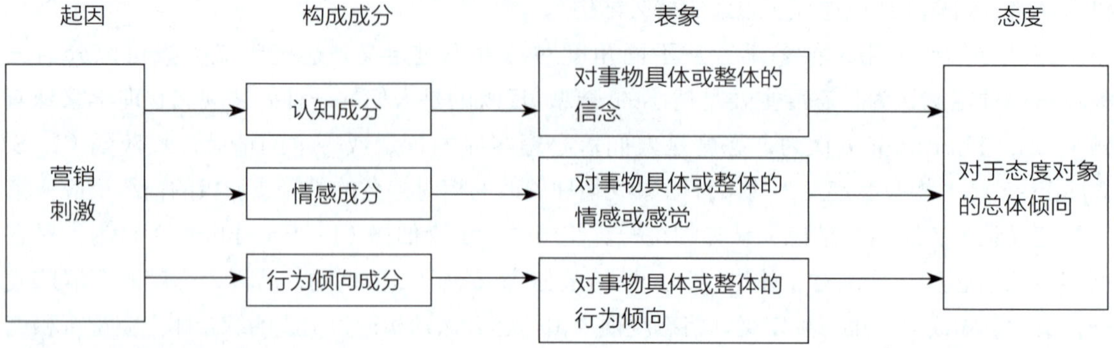

图6-1 态度的形成过程

（1）认知成分

认知是指对态度对象的认识、理解与评价，它是构成消费者态度的基石。认知表现为消费者对有关商品质量、商标、包装、服务与信誉等的印象、理解、观点和意见。消费者只有在对某类商品有认知的基础上，才有可能形成对某类商品的具体态度。而认知是否正确，是否存在偏见或误解，将直接决定消费者态度的倾向或方向性。因此，保持公正、准确的认知是端正消费者态度的前提。

（2）情感成分

情感是在认知的基础上对态度对象的感情体验，它是态度的核心。情感因素表现为消费者对有关商品质量、商标、信誉等的喜欢或厌恶、欣赏或反感等各种情绪反应。如果说认知是以消费者的理性为前提的，那么情感则带有非理性倾向，它往往更多地受消费者生理本能和气质、性格等心理素质的影响。情感对于消费者态度的形成具有特殊作用。在态度的基本倾向或方向已定的条件下，情感决定消费者态度的持久性和强度，并伴随消费者消费行为和购买活动的全过程。

（3）行为倾向成分

行为倾向是指消费者对态度对象的反应倾向和意动效应。这里说的反应倾向和意动效应并不代表行为或行动本身，而是做出行为、行动前的思维倾向，它将形成消费者态度的准备状态，具体表现为消费者对有关商品、劳务采取的反应倾向，其中包括表达态度的语言和非语言的行动表现。例如，消费者向他人宣传某商品的优越性，准备购买的意向等。行为倾向是消费者态度的外在显示，同时也是态度的最终体现。只有通过行为倾向，态度才能成为具有完整功能的有机系统。此外，行为倾向还是态度系统与外部环境进行交流和沟通的媒介。通过语言和非语言行为倾向，消费者可以向外界表明自己的态度，其他社会成员、群体、生产厂家及商品经营者也可以从行为倾向中充分了解消费者的真实态度。

一般而言，认知、情感、行为倾向的作用方向是相互联系、相互制约、相互协调的，形成一个相对稳定的统一体。一种态度的形成，就是消费者获得足够的信息，对产品或服务产生好感，并萌生强烈的购买倾向的过程。例如，消费者在选购商品时，对商品有了一定了解和认识之后，就会产生喜爱或厌恶的情感，在此基础上可能产生购买或拒绝的行为。

然而，在特殊的情况下，这三种因素也有可能发生背离，呈反向作用，出现不协调，以致使得消费者的态度呈现矛盾状态，表现为“口是心非”或“言行不一”。例如，消费者预先了解到某种商品在使用寿命或功能上存在不足，但由于消费者对商品外观具有强烈的好感或偏爱，因而促成其“明知故买”。又如，对某一款计算机，消费者认为有必要且愿意购买，但在行动上却因某种原因一再拖延。因此，在态度的各项构成因素中，任何一项因素发生偏离，都会导致消费者态度的失调和作用的不完整，而其中尤以情感因素和行为习惯这两个方面对完整态度的形成具有特殊作用。

了解消费者态度各构成成分之间的关系对企业营销人员来说具有重要的意义。态度各成分之间如果存在着相互协调的关系，就意味着企业如能影响消费者态度三种成分中的某种成分，那么另外两种成分也会发生相应的转变。在市场经济条件下，企业最关心的是消费者的购买行为，但企业又很难直接影响消费者的购买行为，也就是说，企业没有能力也没有权利要求消费者作出购买决策，更不能强迫消费者购买企业产品，但是企业却可以通过各种方式让消费者了解自己及产品，让消费者对本企业及其产品产生好感，从而间接地影响消费者的行为。

6.1.3 消费者态度的特点

（1）态度的对象性

态度是针对具体的观点和事物所形成的，这种对象可以是具体的事物，也可以是某种状态。态度是主体对客体的一种反映。谈到态度必然要谈到态度的对象，如对某种产品的印象如何，必然涉及产品的质量、服务等一系列具体的条件，可以说，没有对象的态度是不存在的。

（2）态度的持续性

消费者的态度一旦形成，在一定的时间内就会保持相对的稳定，如消费者购买并使用了某种产品，如果感觉很好就会形成对这个品牌的商品的肯定态度，当他以后需要类似商品时可能还会重复购买。此外，态度持续时间的长短也和态度形成时的外界作用的强度有关。外界刺激越强烈，态度越鲜明，持续时间也较长，否则就较短。

（3）态度的调整性

态度的一个重要特点就是它的调整功能。在购买活动中最常见的是人们根据他人或社会的奖惩来调整或改变其态度。例如，一个消费者购买了一件她自认为很漂亮的时装，如果其同事或朋友表示出不同看法时，她很可能由喜欢转为讨厌，发生态度的转变。实践证明，来自外界的评价对于消费者态度的调整十分有效。在许多情况下，消费者对一些商品并没有积极的态度，但在附送赠品或有奖销售的促销方式下，使消费者对商品产生积极态度，并踊跃购买。

（4）态度的知识性

态度的知识性最常见于消费者对商品和劳务的评价，如“联想电脑的质量好”“北京饭店档次高”等。态度的知识功能对于指导消费者购买行为十分重要。企业的营销就在于帮助消费者加强对企业产品及服务的有益体验，以使消费者确立对商品的积极态度。研究表明，态度的知识功能也会影响消费者购买商品的方式与途径，如购买大型或贵重商品，到大型的百货商店或知名的购物中心购买是首选，这是因为对大型商场的经营管理正规、可信度高的认识。

（5）态度的价值性

态度的价值性是指态度对象对人意义的大小。消费者对事物的态度主要反映了该事物对人的意义与价值，这种价值包括很多方面，如实用价值、理论价值、道德价值及社会价值等。事物对人价值的大小，一方面取决于事物本身；另一方面，也受人的需要、兴趣、爱好、信念、理想等因素的制约。人们的价值观不同，对同一事物也可能形成不同的态度，价值观念对人们态度的形成起到一种基本的综合作用。

（6）态度的社会性

态度虽然是人们的一种心理倾向，但它不是先天就有的，而是在人们的社会实践活动中形成的，例如，消费者对一件商品的态度，或是根据他自己观察得来；或是根据广告宣传，其他消费者的看法、意见等形成的。这说明，态度是适应环境的产物，离开了社会实践活动，也就无所谓人的态度。

6.1.4 消费者态度的功能

消费者对产品、服务或企业形成某种态度，并将其贮存在记忆中，一旦需要时就会将其从记忆中提取出来，应付或帮助解决当前面临的问题。通过这种方式，态度有助于消费者更加有效地适应环境，使之不必对每一新事物或新的产品、新的营销手段都以新的方式作出解释和反应。学术界被广泛注意的卡茨（Katz）四功能说，认为消费者态度有适应功能、自我防御功能、知识或认识功能和价值表达功能。

（1）适应功能

适应功能又称实利功能或功利功能。它是指态度能使人更好地适应环境和趋利避害。人是社会性动物，他人和社会群体对人的生存、发展具有重要的作用。只有形成适当的态度，才能从某些重要的人物或群体那里获得赞同、奖赏或与其打成一片。例如，售货员如对购买者的购买行为表示赞美，进而使顾客形成正面的态度和好感，销售则会比较容易；而且消费者在下次遇到这些产品或服务也会作出一致的反应，从而节省了在购买决策上的时间。

（2）自我防御功能

自我防御功能是指形成关于某些事物的态度，能够帮助个体回避或忘却那些严峻环境或难以正视的现实，从而保护个体的现有人格和保持心理健康。在消费过程中，我们经常可以看到一些收入水平并不高的消费者也会不时购买一些高级美容品、抗衰老产品或者对这种行为持积极的态度，实际上也是出于自我防御的目的，有意识或无意识地防御由于身体衰老或自感容貌平平所滋生的不安情感。

（3）知识或认识功能

知识或认识功能是指形成某种态度，更有利于对事物的认识和理解。事实上，态度可以作为帮助人们理解世界的一种标准或参照物，有助于人们赋予变幻不定的外部世界以某些意义。例如，消费者对某种类型的销售人员形成了一种印象或态度，这种态度可能是正面的，也可能是负面的，那么，在下次再遇到该种类型的销售员时，消费者根本就不用细听销售人员说些什么，而是根据以前所形成的态度决定是趋近还是回避该销售员。通过这种方式，可以使外部环境简单化，从而使消费者集中精力关注那些更为重要的事件。态度的知识功能，也有助于部分地解释品牌忠诚度的影响。对某一品牌形成好感和忠诚，能够减少信息搜集时间，简化决策程序，并使消费者的生活更为稳定。

（4）价值表达功能

价值表达功能是指形成某种态度，能够向别人表达自己的核心价值观念。例如在20世纪70年代末80年代初，一些年轻人以花格衬衫和喇叭裤为时尚，而很多中老年人对这种装束颇有微词。这实际反映了在刚改革开放时两代人在接受外来文化上的不同价值观念。

此外，以伯恩、克劳雷和斯台茨为代表的理论认为，消费者态度的形成是通过条件反射，通过"刺激—反应"的学习过程完成的。例如，顾客通过各种商品、劳务及广告、推销行为的刺激，作出相应的反应，掌握商品的有关信息，作出相应的价值判断，并引起情绪反应，综合组成一定的行为倾向。在这一学习过程中，强化、模仿等因素发挥着重要的作用。

6.2 消费者态度的形成

6.2.1 消费者态度的形成过程

态度是在社会生活中，经过社会化而逐渐形成的。态度的形成过程和个体的社会化过程同步。个体在从自然人变化为社会人的过程中，逐渐形成了对周围世界的种种态度。态度一旦形成，便成为人格的一部分，影响一个人的行为。态度不同于一般的认知活动，它具有情感等因素，比较持久、稳固。态度的形成需要经历服从—同化—内化三个阶段。

（1）模仿与服从

态度的形成，开始于两个方面：一是出自自愿，不知不觉地开始模仿；二是出自受到一定压力的服从。人有模仿和认同他人的倾向，尤其是倾向于认同他所崇拜、敬爱的对象。由于人在模仿中认同不同的对象，因而习得不同的态度。以模仿习得态度，是态度形成的开端。在家庭中，父母常常是孩子认同的对象。随着年龄的增长、交往的增多，使个体在学校、社会模仿不同对象，不断习得不同的态度。这时态度往往以不知不觉、自觉自愿的方式表现。在市场营销中，生产商、营销商要选择受人尊敬的、敬爱的、美丽的人物作为广告的载体，以利于消费者模仿学习，形成认可、接受该产品（劳务）的态度。服从又称顺从，是指一个人按社会要求、群体规范或别人的意志而做出的行为，其特征表现为行为、观点受外界的影响而被迫产生。对服从的影响来自两种行为：一是外在强制下被迫服从，二是受权威的压力而产生的行为。在市场经济条件下，外压力强制下被迫服从所产生的消费行为（接受态度）是不可能的，也是法律所不允许的。值得思考的是受权威的压力而产生的消费行为，一般来说，态度的形成都从中开始。但是在消费领域，消费者态度的形成，也许主要是从模仿中开始，这一点还需要深入研究。

（2）同化

同化，是指在思想、感情和态度上主动地接受他人的影响。态度在这一阶段已由被迫转入了自觉地接受、自觉地进行。在这个阶段，新的态度还不稳定，还没有同原有态度体系相融合，容易改变。

（3）内化

内化是指真正地从内心接受他人的思想观点，并将自己所认同的新思想与自己原有的观点结合在一起，构成统一的、新的态度体系，这是态度形成的最后阶段。这个阶段所形成的态度比较稳固，不容易改变。

态度的形成是从模仿到学习，从自发到自觉，从感性到理性，不断深化，不断增强的过程。但并不是所有的人对所有事物的态度都能完成这个转化过程，有些人对一些事物的态度可能完成了整个过程，但对另一些事物可能只停留在服从或同化阶段。有的即使到了同化阶段，还要经过多次反复，才有可能进入内化阶段，或者一直停留在同化阶段徘徊不前。因此，要形成人们牢固的态度十分艰巨。就生产商、销售商而言，某产品（商标）要成为消费者“永远的信赖”“永远的首选”，任务十分艰巨，但应该作为组织追求的目标。同时，我们要改变人的态度，最好在服从、同化阶段进行，因为这时态度成分的组织未固定化，容易改变。而进入内化阶段后，再要改变态度，困难就要大得多。就消费者态度的形成而言，基于求新、求异的心理，消费者态度一般都处于服从、同化阶段，很难达到内化阶段。

6.2.2 消费者态度形成的相关理论

（1）诱因理论

诱因理论是从趋近因素和回避因素的冲突看态度问题，即将态度的形成看作在权衡利弊之后而做出抉择的过程，以此来分析消费者行为。消费者对于一种产品或服务既有一些趋近的理由，也有一些回避的理由。例如，新产品上市与众不同，能够体现自己的个性，使用时可能会得到来自同事、朋友的赞叹，产生令人兴奋的感觉，但是这种产品的品质不一定有保证，价格比较贵，而且自己的父母或家里的其他成员并不喜欢这种产品。前者会使消费者对购买这种新产品产生积极的态度，后者则会使之产生消极的态度。按照诱因理论，消费者最终态度是由趋近和回避两种因素的相对强度来决定的。如果前者在强度上超过后者，则会形成总体上的积极态度；反之，则会形成消极态度。

诱因理论把人的态度的形成看成是有理性的、主动决策的过程，与学习论对态度的解释相比是一种进步，但把人的态度看成是为追求个人得失而进行周密思考和计算的表现，似乎并不完全符合事实。不少研究表明，态度一旦形成，即使当时诱发态度形成时的诱因已被遗忘，人们的原有态度仍倾向于保持不变。对人、对事的情感成分比认知成分往往更为持久和更加有力。同样品质、同样价格的产品，仅仅由于原产地的不同，人们的评价会有令人惊异的差别；为了购买到产自家乡的产品或很久以前所喜爱的产品，消费者愿意付出更多的时间和金钱。这些事实说明，人的态度形成是一个复杂的过程，并不一定或并不总是依理性原则行事。

（2）认知一致性理论

认知一致性理论的核心思想是消费者的态度形成过程具有一致性的要求，注重认知、情感和行为之间的和谐。如果出现不一致的矛盾，消费者便会产生一种压力感和紧迫感。为了获得一致性，消费者会在必要时改变他们的认知、情感或行为。一致性原则提示我们，态度不是在真空状态下产生的，消费者已经持有的其他相关态度倾向对最终态度的形成具有很大影响。由于各种认知之间的不一致性会引起内在紧张，这就促使消费者在必要时会改变其思想、感觉和行为，使不一致的认知变得一致，以减少压力。认知一致性理论说明了态度不是在真空中形成的，一种态度的形成受到已经持有的其他相关态度的影响。

（3）认知失调理论

认知失调理论是由费斯汀格提出的，它描述了一种影响方式，即人们的行为对其态度有影响。认知失调是指某人在做出决定、采取行动或者接触到一些有违背原先信念、情感或价值的信息之后所体验到的冲突状态。当人们的态度与行为不一致，并且无法为自己的行为找出外部理由时，常常会引起个体的心理紧张，为了克服这种由认知失调引起的紧张，人们需要采取多种方法，以减少自己的认知失调。

在消费者行为领域认知失调常常表现在消费者购买行为发生后，称为购买后失调。由于购买决定的做出需要大量的妥协，当我们选购完一件商品后，可能会想到没有选择的其他产品的独特性和优秀品质，产生后悔或者怀疑自己的不良情绪。此时，人们会努力寻找有利的信息来支持自己的决策，消除认知失调，以达到态度与行为的一致性。为此，营销者应重视提高消费者购买后的满意度，提供额外的强化，以便建立积极的品牌态度。

（4）平衡理论

平衡理论是由心理学家海德（F. Heider）1958年提出的。平衡理论（Balance Theory）是指人们会考虑他所认为相互关联的一些事物的关系。该理论认为，认知的平衡状态是一种理想的或令人满意的状态。如果认知上出现了不平衡，就会产生心理上的紧张、焦虑和不舒适、不愉快。为了从不平衡状态恢复到平衡状态，需要改变现有的某个认知或添加一种新的认知。

一般而言，他所考虑的关系主要包括三种关系：他自己（O）、他对他自己与其他人（P）关系的知觉以及他自己与其他的人对态度标的物（X）的知觉（图6-2）。因此，每一组态度结构都包含这三种因素之间的三种关系。他们会希望维持一种认知一致性的状态。当三角关系不平衡时，人们会为了保持各因素间的协调关系而形成新的态度，直到重新恢复到平衡的三角关系为止。

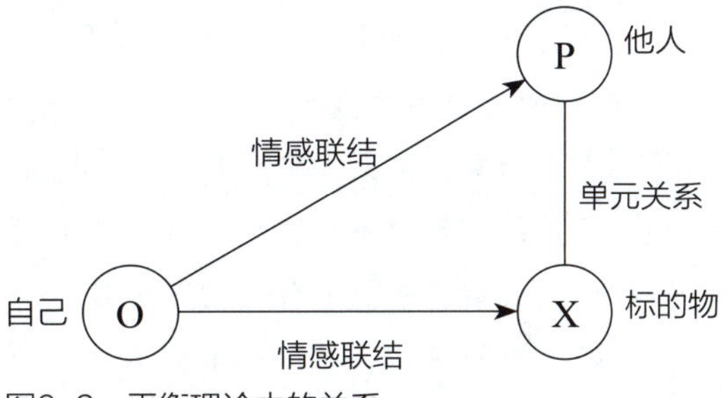

图6-2　平衡理论中的关系

根据这一理解，当消费者与他人产生对产品的相反态度时，便产生了三角关系的不平衡。为消除不平衡，一种结果是消费者顺从他人的态度形成新的态度，另一种结果是坚持自我的态度而减低在他人心目中的地位。

（5）社会判断理论

社会判断理论假设人们根据已知的或已有的感觉来吸收和同化态度对象的新信息，其中原有的态度起到指导框架作用，新的信息根据已有的标准进行分类。根据这一理论，人们的现有态度会对新态度的形成产生影响和制约。这就像我们总是根据以前搬箱子的经验来判断一个箱子的轻重一样，我们在对态度对象形成判断时也会采用一套主观的标准。该理论强调，某个刺激或者信息是否被接受总是因人而异，而人们在态度标准基础上形成了可接受与拒绝的态度。属于可接受态度的观念会被欣然接受，否则就会被拒绝。一个人对某个对象的介入程度越高，对这个对象的可接受范围就越窄，这时，消费者能接受远离其立场的观念越来越少，而且会反对哪怕是与主观标准只有细微偏差的观念。

（6）多属性态度模型

由于态度的复杂性，多属性态度模型近年来比较流行。该模型假定消费者对态度对象的态度（评价）取决于其对该对象的几个属性的信念，并且以各种构成信息的评分作为加权系数。多属性态度模型通过确认和协调特定信念并把它们结合起来，推导出一个测量消费者综合态度的方法，实际中还可用来预测消费者对一种产品或品牌的态度。

（7）学习理论

学习理论认为，态度是个体后天习得的。在态度的形成过程中，强化和模仿起了重要的作用。如果个体的某种态度得到了强化，受到了社会的赞许，那么这种态度就倾向于保持下去。反之，如果某种态度得不到社会赞许，受不到强化，就会消失。而人们的很多态度都是来自于对榜样人物的模仿。榜样人物对某种事物持怎样的态度，人们就容易模仿他们的态度。

凯尔曼的理论不仅很好地解释了态度的形成从外到内、由浅入深的过程，并且使我们认识到态度的形成与改变是一个复杂的过程，并非所有人对所有事物的态度都必然经历上述过程。如果仅停留在顺从或认同，稳固、持久的态度的形成就十分困难。这就告诉厂商，在企业经营活动中，应注意消费者态度的形成与转化，设法进行消费引导、消费教育，促进态度的内化。

案例链接

万宝路从“淑女”到“牛仔”形象的转变

菲力普·莫里斯从1924年开始将万宝路推向市场，当时它是一种极为温和的过滤嘴香烟。“像五月一样温和”是当时的促销口号。早期的促销活动无一例外地用非阳刚气质的历史人物来宣传万宝路。到了20世纪50年代，女士香烟的形象已被牢固地树立起来。

20世纪50年代中期，过滤嘴香烟占据整个市场的趋势已日益明显，然而万宝路的销路不佳，吸烟者中很少有人抽万宝路的，甚至知道这个牌子的人也极为有限。

在一筹莫展中，1954年菲力普·莫里斯找到了当时非常著名的营销策划人李奥·贝纳，交给了他一个课题：怎么才能让更多的女士购买消费万宝路香烟？

在对香烟市场进行深入的分析和深思熟虑之后，李奥·贝纳大胆向莫里斯公司提出：将万宝路香烟改变定位为男子汉香烟：让香烟市场的主要消费者——男性接受万宝路。

广告上的重大改变是：万宝路香烟广告不再以妇女为主要诉求对象，广告中一再强调万宝路香烟的男子汉气概，以浑身散发粗犷、豪迈、英雄气概的美国西部牛仔为品牌形象。

这是迄今为止最为成功和伟大的营销策划，在万宝路的品牌形象改变后的第二年，万宝路香烟在美国香烟品牌中销量一跃排名第10位，之后便扶摇直上。成为今天世界上销量最大的香烟品牌，其品牌价值高达500亿美元。

6.2.3 消费者态度形成的影响因素

社会心理学家认为个体的社会经验在态度的塑造过程中扮演了重要角色。人们的认知经验、情感经验和行为经验是态度形成的关键（图6-3）。

态度受到人们的背景、文化、信念、教育、朋友、家人、重要事件等因素的影响。拥有不同的个性、出身和文化背景，处于不同团体的人对同一事物可能抱有截然不同的态度。这里将消费者态度形成的影响因素总结为四个方面。

（1）对产品的观察

消费者对某种新产品的态度常常与该产品的品牌有关，而对该品牌喜爱的态度可能源于对同一公司的其他产品感到满意。例如，我们看到宝洁公司推出的某款新产品，会联想到宝洁产品一贯的质量，从而对这个新产品产生好感。

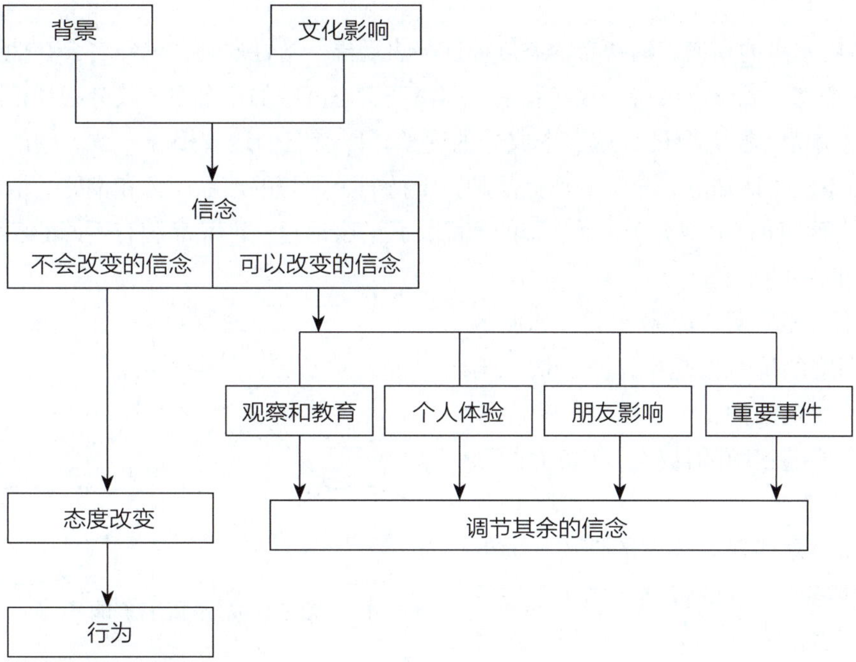

图6-3　态度的形成与影响因素

（2）获得的产品信息

消费者获得的关于某产品的信息越多，越有可能形成对该产品的态度，包括肯定的或否定的态度。然而，消费者一般仅使用有限的有用信息做出判断。研究者指出，只有两三个重要的产品特质决定态度的形成，而不太重要的特质在态度形成中并没有什么作用。因此，营销者应该避免在广告中展示出产品的所有特质，而应集中介绍产品有别于竞争者的关键特质。

（3）个人经验与相关群体、大众传媒的影响

产品态度的形成最初源于消费者试用和评价产品的直接经验。此外，亲友、同事、偶像等影响着人们的意见和观点，他们对产品的偏好也会潜移默化地影响消费者态度的形成。例如，年轻消费者可能会因喜欢周杰伦而喜欢“优乐美”奶茶，或因朋友的影响更喜爱肯德基而不是麦当劳。

除直接经验外，消费者对产品的态度也来自于间接的体验。现代商业社会，报纸、杂志、广播、电视、互联网等大众媒体每天都向我们传递大量的商品信息。虽然有研究表明，大众媒体在培养消费者态度方面的作用有限，但是它可以强化已经存在的态度，为此营销者仍利用大量的媒体广告来强化忠实顾客的态度。

（4）个性因素

个性对消费者态度的形成具有极大的影响。不同个性的消费者即使接受同样的信息和体验，也不一定会形成同样的态度。固执的人往往非常排斥与原有信念不同的意见，坚持已形成的态度，开放型的人则比较容易受到外部信息的影响，改变已有的态度。

6.3 消费者态度的测量

6.3.1 消费者态度的一致性

为了维持消费者本身的和谐，消费者的态度往往会表现出一致性原则，消费者会在他们认知、情感与行为三个态度成分上维持一致与和谐，即消费者态度中的三个主要成分必须相互一致，如果不一致，消费者便需要进行这三个成分的调整，以使它们达成相互一致。例如，我们很难对一个评估不佳（认知的成分）的产品品牌，维持一个很好的产品印象和偏好（情感成分），更不大可能去购买（行为成分）这个品牌的产品，我们会对这一产品品牌有不好的感觉，如此才能维持我们内在的平衡。

态度的一致性主要和两个因素有关：态度的价值性与强度。态度的价值性是指认知、情感与行为成分的正面性或负面性；为了维持一致性原则，正面的认知会伴随正面的情感，而负面的认知则会伴随负面的情感。另外一个因素则是强度，高强度的认知必须伴随高强度的情感，而低强度的认知则会伴随低强度的情感。由于一致性原则必须维持这三者的平衡，因此，这三个部分会相互影响（图6-4）。

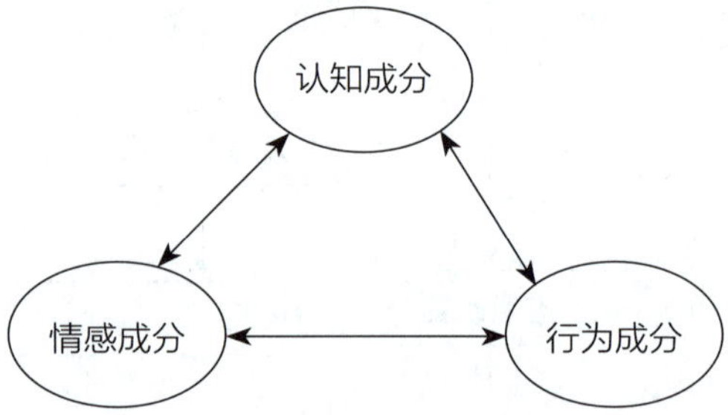

图6-4 态度三个成分的相互影响

6.3.2 消费者态度的强度

态度在强度上，可以有所不同。一般认为态度的强度和其对产品的涉入有关。态度的强度通常是以态度的承诺程度来表示，高强度的态度也代表做高承诺。态度的强度依其强弱可以分为服从、认同和内化三个层次。

首先，在低收入的情况下，态度是一种服从，此时态度之所以会形成，是因为它帮助一个人从他人处可以取得报酬和避免惩罚，此时态度往往是很浮面的，很容易改变，当诱因失去时，态度则不容易维持。例如，俗语的“有奶便是娘”就是这个层次的；我们常到便利商店去购买商品往往是因为其便利性，而不是基于对其所出售商品的忠诚度，一旦便利性消失，则诱因也就失去了，就很少去光顾该店。

其次，态度可能会达到认同的层次。认同的产生主要是因为态度的形成是为了迎合其他的人或其他的群体。例如，广告利用模仿对象的示范来促使消费者产生模仿的行为，很多商品也利用同辈群体的示范来形成消费者对该商品的认同。当我们很多朋友都使用智能手机时，如果我们不买一部智能手机，那我们便会被我们的朋友认为是落伍了。因此，很难被他们接纳，这时我们对智能手机的态度已经达到认同的层次。

最后，当涉入很高时，态度则可能会内化。内化是指消费者的态度已经深入其内心，而变成其价值系统的一部分，由于这些态度已经变成一个人相当重要的一部分，因此很难改变。例如，我们经常会看到各种产品的收藏迷，他们事实上已经将对该产品的正面态度内化为其自身的一部分。

6.3.3 消费者态度的测量

态度作为一种潜在变量，无法直接被观察到，但可通过人的语言、行为以及对外界的反应等间接地进行测量。态度是可以测量的，在消费者行为学中常用的态度测量方法是态度量表、问卷等。在设计态度测量方法时首先必须明确态度对象。态度对象可以是比较具体的，也可以是比较抽象的，但必须能与其他概念清楚地区别开来。态度的主要属性是评价性，即对一定态度对象的积极或消极的反应倾向。

态度量表是常用的且较为客观的测量态度的工具。态度量表，即对态度作定量测量的工具。它能够测量出态度的方向和强弱程度，通过一套有关联的叙述句或项目，由个人对这些句子或项目做出反应，根据这些反应推断个人以至团体的态度。

态度应在评价连续系统中处于一定的位置，表示其方向和程度。态度与个人的基本价值观和基本需要有联系，这会造成自我卷入程度上的差别。态度不是直接观察到的，它的存在是通过可见反应显示出来的。可见反应可区别为三类，即认知反应（同意或不同意）、情感反应（喜欢或不喜欢）和行为反应（支持或反对）。评价倾向可以通过上述任何一种反应来估量，信念方面通常只能通过认知反应来估量。例如，通过测量消费者对整体品牌的喜好或情感，可以相当准确地预测该消费者对这一品牌的购买和使用情况。

一些用于测量消费者态度的工具和方法主要有以下几种。

（1）语义差距量表

语义差距量表是运用若干语义相反的极端形容词（短句）来调查应答者的态度，它实现了把个人的定性判断转换为可以定量分析的方式。语义差距量表包含了一系列反映研究对象的不同属性的相反的形容词，受访者通过指出在连续序列中的定位来反映对每个属性的印象。

在社会学、社会心理学和心理学研究中，语义差异量表被广泛用于文化的比较研究、个人与群体间差异的比较研究，以及人们对周围环境或事物的态度、看法的研究等。语义差异量表以形容词的正反意义为基础，标准的语义差异量表包含一系列形容词和它们的反义词，在每一个形容词和反义词之间有7～11个区间，我们对观念、事物或人的感觉可以通过所选择的两个相反形容词之间的区间反映出来。它要求人们记下对性质完全相反的不同词汇的反应强度。

语义差距量表能够度量不同特性在被访者心目中的差别，通过累加各种特性所收集的分数可以得出该答案的总分数。首先要确定被测量对象相关的一系列属性，对于每个属性，选择一对意义相对的形容词，分别放在量表的两端，中间划分为5个、7个，甚至9个连续的等级。受访者被要求根据他们对被测对象的看法评价每个属性，在合适的等级位置上做标记。语义差异量表看起来似乎是评级量表，可以作为等距量表来处理，但由于诸多属性形容词并没有可比性，所以最好当作顺序量表对待。

由于功能的多样性，语义差异量表被广泛地用于市场研究，用于比较不同品牌的形象，以及帮助制定广告战略、促销战略和新产品开发计划。

（2）李克特量表

李克特量表是由一组与测量问题有关的陈述语和记有等级分数的答案组成的并以总分作为评价依据的主要用于测量态度等主观指标强弱程度的社会测量表。实践中常用李克特量表测量情感成分，它由一组句子所构成，这组句子是从围绕所要测量的问题搜集到的众多句子中，采用项目分析方法筛选出辨别力较强的句子组成。根据被调查者对这组句子的各项回答，使用总和计分方式，以判明其态度的强弱。它的特点有：

①主要应用于测量态度意向等主观指标。

②它由一组陈述语及其等级分答案组成。

③答案一般分成五个等级，分别记以1、2、3、4、5，具有排序功能。

④评判回答者态度强弱的依据是他在所有陈述语上的得分总和。

李克特量表有一个假设前提，即认为每一个叙述句在测定态度时均起同等作用，在表现态度的程度差别时，其能力是相同的。研究者在使用李克特量表所获结果时必须充分注意到这一点。

（3）直接询问法

直接询问的方法是最简明的消费者态度测量方法，常用来测量行为成分。例如，最近一次我购买的饮料是什么？下一次你买软饮料时，你买健怡可乐的可能性有多大？有以下几个选项：肯定会买、可能会买、可能不会买、肯定不会买等。

（4）瑟斯顿量表

瑟斯顿量表是瑟斯顿为构造品质态度测量方法而设计的一项技术，即从单一的维度测量态度。它由在测量态度的尺度上间隔相等地排列的一组题目组成。实施时，受试者就量表各项目表示赞同或不赞同，将每个受试者赞同的量表项目依分数高低排列，选择居中的项目分数为该受试者的态度分数。

1）瑟斯顿量表的编制步骤。

①搜集与所研究的态度主题有关的广泛的观点和见解，并按照从最消极到最积极的等级排列。

②通过大量的判断把这些观点分到11个等级中去，这些等级是按对态度主题从最消极到最积极的次序排列的。

③计算各条观点在11个等级中的次数分配。根据累积次数百分比图，决定每一项目的中位数与四分位数（Q值）。Q值大的陈述句由于其意义不明确而被删除。对剩下的观点进行内部一致性项目分析，把不一致的陈述句作为离题的项目删除。

④从剩下的一致性高的、意义明确的观点中选择Q值小的观点构成量表，它们的量表值（评分中位数）是从1到11排列的。

2）瑟斯顿量表的特点。

该量表由调查表中的每一组11个等距观点中选出的两个或更多的陈述句组成。被试者找出所有他们同意的观点，而每位被试者所赞同的项目依分数从高到低排列，居中的项目分数便为其态度分数。

如果题库中有足够多的测题，那么选择一些配对的测题便可建构两套相同的测验，从而确定态度得分的信度。

与其他技术相比较（如李克特量表、古特曼量表和奥斯古德量表），瑟斯顿量表有其优越性，但它非常耗时，它大部分已被新发展起来的态度测量技术所代替。然而瑟斯顿量表是行为固定等级量表编制的关键环节。

由于这个方法复杂、费时和不方便，如今已很少使用了。

（5）社会距离量表

社会距离量表是用以衡量人们对某个事物态度的重要工具，也是一种研究偏见行为成分的重要工具。主要用于测量人际关系亲疏态度和社会距离等。量表制度的根据是人对某一群体的偏见越深，就越不愿与该群体的成员交往。

测量的方法是由研究者设计出一套能反映不同社会距离的意见，让被试者根据自己的实际看法，根据自己感情的第一反应，从由密切到疏远的七种关系中选出自己愿意与某个群体的一般成员产生一种或一种以上的关系。然后根据自己的选择在相应的意见项内打上记号，再把一个群体的所有成员的态度距离加以统计，制成曲线图。曲线图反映了一个群体对某个对象所持的态度的距离分布。不同的群体对同一事物的态度的距离分布可作比较，同一群体对几个事物的态度距离分布也可以作比较。

事实证明，社会距离量表不论在测量一般社会距离（接受或拒斥外来群体的倾向性）的个体差异方面，还是在测量群体偏好程度方面，都有极高的信度。如博加达斯的社会距离量表。你愿意让黑人？以下有5个选项：

生活在你的国家吗？

生活在你的社区吗？

住在你的那条街吗？

做你的邻居吗？

同你的子女结婚吗？

每一选项的分值从弱到强为1～5分，被试者的态度为其选择的最强的项目分数，这个分数除说明被试者的态度外，还显示出被试者的态度结构。

需要注意的问题是避免测量错误。在态度测量上常出现两种问题：客观解释问题和主观偏向问题。研究者发现，问卷使用的态度量表有时并未反映出反应者的真实态度。如果某个项目编制用语模糊，被试发生误解，那么对这个项目的反应就不可能反映出被试者的态度，这是客观上的解释问题。要避免这种错误，在编制态度量表时应当用多个项目测量同一个态度，这样可以克服理解上造成的误解，测量到真实的态度。更严重的问题是主观偏向问题。如果人们由于某种原因而不愿表达真实的态度，那么就可能提出虚假的反应，有时人们也可能自己并不了解与行为不同的内心深处的态度，在这种情况下作为测量工具的态度量表的效度就成了问题。社会心理学家已提出一些避免这类问题的办法。

在许多场合下，人们提出虚假反应是由于他们知道哪些态度是社会赞许的，哪些是社会不赞许的。为了解决这个问题，有人提出了一种称为假通道技术的方法，实验者申明采用一种仪器可以探查到被试者的真正态度（实际上这是做不到的）。如果被试者不了解实情，相信实验者真能做到，就可能做出真实的反应。H. 西戈尔等人1971年的研究证明，采用假通道法与传统量表法相结合比单用传统量表法更能揭示出真实的态度。他们的实验基本假设是，由于社会压力，大学生倾向于对美国人表现出比实际态度差一些的态度，对黑人表现出比实际态度好一些的态度。他们共用60名白人大学生作被试者，分为两组。第1组30人对美国品质表做出反应，第2组30人对类似的黑人品质表做出反应。每一组的15人连通一架标名为“肌电图”的仪器，其余15人只作反应，不连通仪器。结果表明，结合假通道技术的确能探查出更真实的态度。

除了假通道技术外，还有人提出利用行为指标的办法。人们认为，当人们倾听他们赞成的信息时往往点头而不是摇头，这种运动也可以用来探查真实态度。其次，皮电反应和肌电图也是可以利用的。虽然这类生活反应与态度没有直接联系，但有助于了解唤起水平，从而查明不真实的反应。

某些人格特征也会造成反应偏向。社会心理学家发现，某些人对问卷或测验总是以一定模型反应，而不管其态度。有些人有赞同反应倾向，他们对问卷项目倾向于做出肯定的回答，即使它不反映其真实态度。有些人有否定倾向，他们对问卷项目倾向于做出否定回答。对此可采用对一个态度运用多个问题的方法，而且问题的表述采用不同方式，对同一问题有时要求用“同意”回答，有时要求用“不同意”回答。

6.4　消费者态度与行为

6.4.1　消费者态度与行为的关系

（1）消费者态度对购买行为的影响

一般而言，消费者态度对购买行为的影响，主要通过以下三个方面体现出来：

首先，消费者态度将影响其对产品、商标的判断与评价。其次，态度影响消费者的学习兴趣与学习效果。最后，态度通过影响消费者购买意向，进而影响购买行为。

费希本（M. Fishbein）和阿杰恩（I. Ajzen）认为，消费者是否对某一对象采取特定的行动，不能根据他对这一对象的态度来预测，因为特定的行动是由采取行动的人的意图所决定的。要预测消费者行为，必须了解消费者的意图，而消费者态度只不过是决定其意图的因素之一。

（2）购买行为与态度不一致的影响因素

消费者态度一般要透过购买意向这一中间变量来影响消费者购买行为，态度与行为之间在很多情况下并不一致。造成不一致的原因，除了前面已经提及的主观规范、意外事件以外，还有很多其他的因素。下面择要对这些影响因素作一简单讨论。

①购买动机。即使消费者对某一企业或某一产品持有积极态度和好感，但如果缺乏购买动机，消费者也不一定会采取购买行动。例如，一些消费者可能对IBM生产的计算机怀有好感，认为IBM计算机品质超群，但这些消费者可能并没有意识到需要拥有一台IBM计算机，由此造成态度与行为之间的不一致。

②购买能力。消费者可能对某种产品特别推崇，但由于经济能力的限制，只能选择价格低一些的同类其他品牌的产品。很多消费者对“奔驰”汽车评价很高，但真正作购买决定时，可能选择的是其他品牌的汽车，原因就在于“奔驰”的高品质同时也意味着消费者需支付更高的价格。

③情境因素。如节假日、时间的缺乏、生病等，都可能导致购买态度与购买行为的不一

致。当时间比较宽裕时，消费者可以按照自己的偏好和态度选择某种牌号的产品；但当时间非常紧张，如要赶飞机，要很快离开某个城市时，消费者实际选择的产品与他对该产品的态度就不一定有太多的内在联系。

④测度上的问题。行为与态度之间的不一致，有时可能是由于对态度的测量存在偏误。例如，只测量了消费者对某种产品的态度，而没有测量消费者对同类其他竞争品的态度；只测量了家庭中某一成员的态度，而没有测量家庭其他成员的态度；或者离开了具体情境进行测度，而没有测量态度所涉及的其他方面，等等。

⑤态度测量与行动之间的延滞。态度测量与行动之间总存在一定的时间间隔。在此时间内，新产品的出现，竞争品新的促销手段的采用，以及很多其他的因素，都可能引起消费者态度的变化，进而影响其购买意向与行为。时间间隔越长，态度与行动之间的偏差或不一致就会越大。

6.4.2 消费者态度的改变

（1）消费者态度改变的含义

消费者态度的改变包括两层含义：一是指态度强度的改变，一是指态度方向的改变。消费者态度的改变，一般是在某一信息或意见的影响下发生的，从企业角度，又总是伴随着宣传、说服和劝导。从这一意义上，态度改变的过程也就是劝说或说服的过程。

霍夫兰德（C. I. Hovland）和詹尼斯（I. L. Janis）于1959年提出了一个关于态度改变的说服模式，如图6-5所示。这一模式虽然是关于态度改变的一般模式，但它指出了引起态度是否和如何改变的过程及其主要影响因素，对理解和分析消费者态度改变具有重要的借鉴与启发意义。霍夫兰德认为，任何态度的改变都涉及一个人原有的态度和外部存在着与此不同的看法。由于两者存在差异，由此会导致个体内心冲突和心理上的不协调。为了恢复心理上的平衡，个体要么是接受外来影响，即改变自己原有的态度，要么采取各种办法抵制外来影响，以维持原有态度。

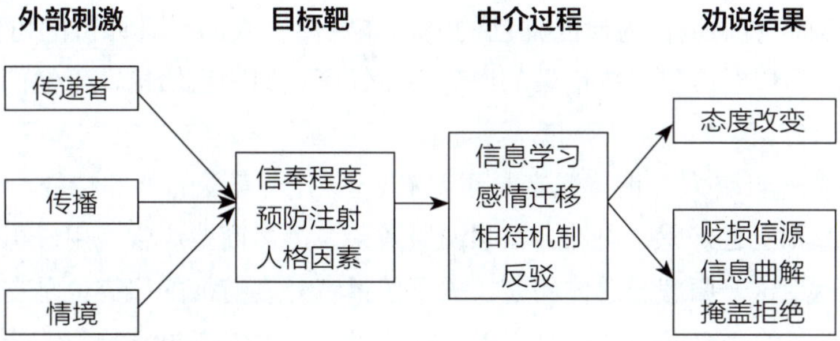

图6-5　霍夫兰德说服模型

图6-5所示的这种模式将态度改变的过程分为四个相互联系的部分。第一个部分是外部刺激，它包括三个要素，即传递者或信息源、传播与情境。传递者是指持有某种见解并力图使别人接受这种见解的个人或组织。如发布某种劝导信息的企业或广告公司，劝说消费者接受某种新产品的推销人员，都属于传递者的范畴。传播则是指以何种方式和什么样的内容安排把一种观点或见解传递给信息的接收者或目标靶。信息内容和传递方式是否合理，对能否有效地将信

息传达给目标靶并使之发生态度改变具有十分重要的影响。情境因素是指对传播活动和信息接收者有附带影响的周围环境，如信息接收者对劝说信息是否预先有所了解，信息传递时是否有其他干扰因素等。

第二个部分是目标靶，即信息接收者或企业试图说服的对象。说服对象对信息的接收并不是被动的，他们对于企业或信息传递者的说服有时很容易接受，有时则采取抵制态度，这在很大程度上取决于说服对象的主观条件。例如，如果某人在多种场合公开表示过不喜欢某种产品，那么，要改变他的这一态度，难度就比较大，因为那样将意味着他对自己的否定。

第三个部分是中介过程，它是指说服对象在外部劝说和内部因素交互作用下态度发生变化的心理机制，具体包括信息学习、感情迁移、相互机制、反驳等方面。

第四个部分是劝说结果。劝说结果不外乎两种：一种是改变原有态度，接受信息传递者的劝说；一种是对劝说予以抵制，维持原有态度。从劝说方的角度看，前述第一种结果当然最为理想。但在很多情况下，劝说可能并未达到理想目标，而是出现前述第二种情况。在此情况下，信息接收者或目标靶可能采用各种方式对外部影响加以抵制，以维护自己原有态度。常见的方法有：贬损信源，比如认为信息发送者存有私利和偏见，其信誉很低，以此降低劝说信息的价值；歪曲信息，如对传递的信息断章取义，或者故意夸大某一论点使其变得荒唐而不可信；掩盖拒绝，即采用断然拒绝或美化自己的真实态度的方法抵御外部劝说和影响。例如，面对舆论对“大吃大喝”“公款消费”的指责，个别领导会以“工作需要”为搪塞理由，拒绝改变其态度。

（2）传递者对消费者态度改变的影响

一般来说，影响说服效果的信息源特征主要有四个，即传递者的权威性、可靠性、外表的吸引力和受众对传递者的喜爱程度。

①传递者的权威性。指传递者在有关领域或问题上的学识、经验和资历。一种新药的评价如果是出自一位名医之口，显然会较普通人的评价更具有说服力。在报刊、电台上，经常请有关专家、学者宣布某项消息或信息，目的就是增加信息的可信度和影响力。

②传递者的可靠性。指传递者在信息传递过程中能否做到公正、客观和不存私利与偏见。再有名的医学权威，如果是在为自己开创的公司作宣传，人们对其评价的可信度就会存在疑问。很多消费者之所以对广告和推销员的说辞表示怀疑，原因也恰恰在于他们认为后者在宣传中难以做到客观、公正。

③传递者外表的吸引力。指传递者是否具有一些引人喜爱的外部特征。传递者外表的魅力，能吸引人注意和引起好感，自然会增强说服效果。很多商业广告，用俊男靓女作为打动顾客的手段，就是运用这一原理。总体而言，关于传播者外表特征的研究也是支持上述原理的。邱肯（S. Chaiken）的研究发现，在改变人们的信念方面，外表更富魅力的传播者更容易获得成功。此外，人们更倾向于对有外表吸引力的传播者形成好的印象。例如，有一个研究发现，男女大学生普遍将有外表魅力的人想象更加敏感、热忱、谦虚和幸福。总之，这些研究结果可以概括为一句话，那就是“美的事物总是好的”。

研究人员也发现，传递者的外表魅力不一定能单独发挥作用，而可能受制于一些其他因素。在一项实验中，具有高外表吸引力和低外表吸引力的人为两种产品，即咖啡和香水作广告。结果显示，当产品是香水时，具有高吸引力的传达者能引发更多的购买意向；相反，当产品是咖啡时，不太具有吸引力的传递者能产生更好的影响效果。由此表明，使用外表漂亮、性感的模特作广告，并不是任何情况下都合适。

④受众对传递者的喜爱程度。指受众或消费者对传递者的正面或负面情感。消费者对传递者的喜爱程度可能部分基于后者的外表魅力，但更多的可能是基于其他的因素，如举止、谈吐、幽默感等。喜爱之所以会引起态度改变，是因为人具有模仿自己喜爱对象的倾向，较容易接受后者的观点，受他的情趣的影响，学他的行为方式。

喜爱程度和相似性有着密切关系。人们一般更喜欢和自己相似的人接触和相处，从而也更容易受其影响。布罗克（T. Brock）曾于20世纪60年代做过一个有趣的试验。他让一些化妆品柜台的售货员劝说顾客购买一种化妆品，有的售货员充作有专长但与顾客无相似身份，另一些则充作与顾客有相似身份但无专长。结果发现，没有专长但与顾客有相似性的劝说者比有专长而与顾客无相似性的劝说者对顾客的劝说更为有效。

（3）传播特征与消费者态度改变

严格地讲，传播特征也应包括传递者的特征。关于传递者与消费者态度改变之关系在前面已作了讨论，下面主要论及其他传播特征对消费者态度变化的影响。所谓“其他传播特征”，主要包括：传递者发出的态度信息与消费者原有态度的差异；恐惧的唤起；单面与双面论述。

①传递者发出的态度信息与消费者原有态度的差异。一般而言，传递信息所维护的观点和消费者原来态度之间的差异越大，信息传递所引起的不协调感会越强，消费者面临的改变态度的压力越大。然而，在较大的差异和较大的压力之下，能否引起较大的态度改变则要看两个因素的相互作用：一个因素是前面说的差异或差距，另一个因素是信息源的可信度。差距太大时，信息接收者不一定以改变态度来消除不协调的压力，而可能以怀疑信息源的可信度或贬低信息源来求得不协调感的缓解。多项研究发现，中等差异引起的态度变化量大；当差异度超过中等差异之后再进一步增大，态度改变则会越来越困难。

②恐惧的唤起。恐惧唤起是广告宣传中常常运用的一种说服手段。头皮屑带来的烦恼、蛀牙所带来的严重后果、脚气患者的不安表情，无不是在用恐惧诉求来劝说消费者。在过去三十多年里，对于恐惧诉求的有效性的看法，经历了相当大的变化。早期一个关于恐惧唤起的研究试图运用恐惧诉求劝说消费者更频繁地刷牙。研究中，一组高中学生目睹牙龈溃疡的可怕镜头，并被告知牙龈感染会导致心脏、肾脏等多种器官损坏的严重后果；其余一些组的被试则看到的是一些没有如此令人恐惧或根本没有恐惧感的场面。结果显示，高恐惧组的被试者更少有行为的改变。此结果使不少学者得出恐惧诉求在劝说中没有什么效果的结论。

然而，近些年来，恐惧诉求在改变消费者态度方面越来越多地被视为是有效的。人寿保险公司、防盗器具生产商、汽车制造商日益增多地运用恐惧诉求唤起消费者对其产品的兴趣。

正如很多研究人员所指出的，如果对上述各方面给予充分重视，高恐惧信息较陈述或事实性信息将产生更好的劝说效果。之所以如此，关键性原因是恐惧诉求更易于激发情绪性反应，由此会使消费者更多地集中精力应付问题和在此基础上学会如何对威胁做出反应。

③单面双面论述。在说服过程中，是陈述一方面的意见或论据好呢？还是同时陈述正、反两方面意见与论据好呢？这是信息传递者或说服方经常遇到的一个问题。研究显示，在有些情况下，双面论述是一种有效的说服手段。双面论述给消费者一种客观、公正的感觉，可以降低

或减少后者对信息和信息源的抵触情绪。霍夫兰德等人的研究表明：当听众与劝说者的观点一致，或前者对所接触的问题不太熟悉时，单面论证效果较好；如果听众与劝说者观点不一致，而且前者对接触的问题又比较熟悉时，单面论证会被看作传递者存在偏见，此时，采用双面论证效果将更好。

（4）情境因素与消费者态度改变

说服过程不是在说服方和被说服方之间孤立进行的，而是在一定的背景条件下进行的。这些背景条件或情境因素对于说服能否达到效果有着重要的影响。

①预先警告。如果某一消费者在接触说服信息前，对劝说企图有所了解，他有可能发展起反驳的论点，从而增强抵御劝说的能力。弗里德曼（J. L. Freedman）和西尔斯（D. O. Sears）于1965年做过一项关于警告、分心与对传播影响的抵制的研究。研究人员在一场报告开始前10分钟告诉一部分青少年被试，他们将去听一个关于为什么不许青少年开汽车的报告，而另一些孩子则在报告开始时才听到这一主题。结果得到预告警告的一组被试受报告影响的程度比未受到预先警告的被试要小得多。

预先警告并不总是对信息接收者起抵制说服的作用。研究表明，如果一个人不十分信服他原来的观点，预先警告会起相反的作用，即能促进态度的转变。还有一项研究显示，警告的作用和意见内容是否涉及个人利益有紧密联系。预先警告，对没有个人利益介入的人，能促进其态度转变；对于有较深利益牵连的人，能阻挠其态度的改变。

②分心。分心是指由于内外干扰而分散注意力或使注意力不能集中的现象。在劝说过程中，若情境中存在“噪声”致使受众分心，就会影响劝说的效果。若引起分心的“噪声”太大，使目标靶听不到信息，则劝说等于没有发生。例如，广告节目中，若背景部分太吸引人，由此反而会淹没主旨，影响受众对广告主题内容的回忆。研究也发现，如果情境中有某些“噪声”适当地分散受众的注意力，不让受众集中精力去思考和组织反驳理由，劝说效果会更好。所以，分心对态度转变的影响，实际上应视分心程度而定。适度的分心有助于态度的改变，过度的分心则会降低劝说效果，从而阻碍态度改变。

③重复。前文已经较详细地讨论了重复与学习和记忆之间的关系。这里想强调的一点是，重复对消费者态度变化亦会产生重要影响。两因素或双因素理论（Two-Factor Theory）认为，当消费者接收重复性信息时，两种不同的心理过程将同时发生作用。一方面，信息的重复会引起不确定性的减少和增加对刺激物的了解，从而带来积极的和正面的反应。另一方面，随着重复增加，厌倦和腻烦也随之增长。在某一点上，重复所引起的厌倦将超过它带来的正面影响，从而引起消费者的反感。所以，为了避免或减少受众的厌倦感，企业在做广告时，最好是在不改变主题的条件下对广告的表现形式不时做一些小的变动。

案例链接

改变消费者态度的三个小案例

1. 加州葡萄干

加州葡萄干的种植者发现他们已大量积压了葡萄干，他们面临的重要障碍是消费者对这种皱皱巴巴的零食的态度。通过市场调研发现，消费者认识到葡萄干是有营养的，但它的形象“令人生厌”。加州葡萄干顾问理事会设计出了葡萄干跳舞的广告，葡萄干从这一地跳到那一地，它唤起人们情感上的诉求，加州剩余的葡萄干就这样卖完了。

2. 美国猪肉生产商理事会

在1985年，美国人的猪肉消费从1980年的平均每人68磅下降到59磅。全美都在抵制牛肉和猪肉，喜欢瘦型、少热量的家禽肉。虽然养猪工艺实际上因采用了新饲料和新饲养法而得到改进，但公众继续认为吃猪肉是不健康的选择。美国猪肉生产商理事会委托波士尔广告公司改变猪肉的形象，并在全国市场上年投放广告费1200万美元。新广告语是“猪肉，另一种白色的肉”。1986年开始做广告，到1988年，猪肉销售上升了11%——相当于鸡肉的增加数量，同期比牛肉增加了2%。

3. 对敞篷车和吉普车的态度

在20世纪90年代的美国，人们开始喜欢敞篷车和运动型车。许多消费者对豪华轿车不再感兴趣，取而代之的是一些四轮驱动型车和敞篷小车。在1994年，运动型车的销售量是140万辆，而豪华车的销售量是110万辆。一些分析家预测，到1996年运动型车的市场将扩大40%，而豪华型车仅为13%。

尽管对高价轿车征收高税是导致其销售量下降的一个原因，但最主要的原因是消费者对轿车的态度发生了改变。福特汽车的一个销售商就说：“运动型车也像豪华车那样得到了大众的普遍接受。对某些人来说，其甚至更受青睐。”

这类车很受欢迎。Once Spartan这种装有各种豪华设施，如地毯、CD唱机的流行运动型车是这类车中最受欢迎的。尽管其售价在25000美元甚至更高一些，但与日本和欧洲一些豪华轿车相比其售价还是便宜的。

运动型车对年轻的购买者（40岁左右）的吸引力比豪华型车对年老的购买者（55岁左右）的吸引力更大。汽车制造商认为，富裕起来的新一代在购买运动型车之后，最终的选择还是豪华轿车，这种态度将最终重振豪华轿车市场。制造商应密切注意消费者态度的变化，以便随时作出应变，在竞争中处于不败之地。

（资料来源：保罗·彼德，杰里·C.奥尔森.消费者行为与营销策略：第4版[M].大连：东北财经大学出版社，2000）

6.4.3 态度改变的影响因素

态度的改变受到消费者的个人、家庭、群体、情境及广告宣传等因素的影响。不同的消费者个体以及同一个体在不同的情境下态度转变的难易程度是不一样的。

（1）消费者群体的影响

每一个消费者都在一定的群体中生活，群体的态度会影响到消费者的态度。美国心理学家勒温（K. Lewin）研究群体影响个人态度方面，提出了群体动力学理论，把个人在群体中的活动分为主动性和被动性两种。主动性的人积极参与群体的各项活动，参与群体规范的制定，主动自觉地遵守群体的各项规范和要求；被动性的人则服从于权威，听从别人的安排，遵守群体的规范和要求。

群体态度对个体态度的影响方式有三种：一是个体对某种商品已有一定的态度，并且个体的态度与集体的态度相一致，这种情况下就会进一步强化个体的态度；二是消费者对某种商品还没有形成自己的看法，但是所在的群体已经对这种商品形成了一定的看法，这时候如果个体认同其所在群体的态度，就会与群体的态度保持一致；三是消费者对某种商品有一定的态度，但是其态度与所在群体的态度不一致或者冲突，这时候个体迫于群体的压力，往往会改变自己的态度以获得群体的认同。

（2）传播者的信用、形象

接受者改变态度的决定条件，首先是传播者的信用、形象。“信用较好的传播者比信用较差的传播者容易引起接受者改变态度”。虽然随着时间的推移，传播者信用好坏对消费者态度的转变没有多大差别，但就营销而言，为使接受者暂时改变态度，聘用信用好、形象优秀的传播者是决定性的措施。权威引起人们改变态度，是由于人们很注意专业的论点，并认真考察；喜欢引起人们改变态度，是由于吸引。为长期引起消费者态度的转变，应充分重视消费信息的真实性与科学性。

（3）接受者的效果

由于受众的知觉、需要、个性等不同，因而产生传播信息效果上的差异。

1）态度改变者的原有态度。

如果信息与原有态度的距离过大，就应该分阶段来改变态度。否则，要求过高，非但不能改变受众原有的态度，而且会使受众对新信息加以拒绝、排斥。

2）态度改变者的人格特征。

自尊心强的人比自尊心弱的人更难以改变态度，智力高的人比智力低的人更不容易被说服。

3）态度改变者的社会背景。

目标对象所处的家庭、社会地位、社会文化、居住条件等因素都会影响对劝导者信息接收。

（4）消费者对产品的参与程度

消费者对产品的参与程度较低时，其态度容易改变。低参与度的产品特点包括：产品的个性色彩不浓、消费者对产品没有什么感情、产品没有象征意义。例如，纸巾通常被认为是一种低参与度的产品，不具有象征意义，也难以成为某种身份的标志。因此，消费者极易转换购买纸巾的品牌。对于参与程度较高的产品，例如，享乐性产品，消费者的态度改变就比较困难。只有在信息与其信念相一致时，消费者才会接受信息，改变自己的态度。

思考与技能实践

1. 名词解释

（1）消费者态度（2）消费者信念（3）消费者态度改变（4）说服模型（5）预先警告

2. 填空题

（1）阿司匹林具有抑制血栓形成功能，就是关于产品具有某种______的信念。

（2）______作为一种潜在变量，无法直接被观察到，但可通过人的语言、行为以及对外界的反应等间接地进行测量。

（3）卡茨的功能说具体指适应功能______、______、______知识或认识功能______、______。

3. 简答题

（1）举例说明李克特表测量情感成分词。

（2）用点式法表述李克特量表（等级评价法）。

（3）测量消费者态度时如何避免测量错误？

（4）认知反应模式对市场营销的启示有哪些？

案例分析

强生公司与泰诺——猝击之下的反应

强生公司是全球驰名的保健品制造商。在1982年《幸福》杂志评选出的全美500强中，强生公司位居第68位，其销售额高达59亿美元。自创立之日起，强生公司一直致力于创立和保持对用户负责、让顾客信任的企业形象。经过百年的发展，强生公司的产品对所有消费者——从婴儿到老人来说，都是亲切与安全的化身。

泰诺（Tylenol）是强生公司20世纪70年代末80年代初的明星产品。1955年麦克尼尔实验室为克服阿司匹林的副作用，开始研制用于替代阿司匹林的新型止疼药物，并将这种止疼药物命名为泰诺。1959年，强生公司收购兼并了麦克尼尔实验室，泰诺自然而然归属到强生产品序列中。

为全力推广这种没有副作用的止疼药物，强生公司大做广告。第一阶段的广告攻势是针对内科医生的。到1974年，在各医院、诊所的内科医生的积极响应下，泰诺的销售额已突破5000万美元。从1976年开始，强生又展开了面向普通消费者的第二阶段广告攻势，使人们树立泰诺是家庭必备药品的概念。经过3年的强大的广告攻势，泰诺一举成为美国日常保健用品中销量最大的品牌。而以前占据这一市场18年之久的产品，是PG公司的宝洁冠牌牙膏。一种药品的销售量竟然超过人们天天不离的牙膏的销量，这足以说明泰诺的市场多么巨大。到1982年，泰诺已占据了止疼药零售市场35.5%的份额，其销售额达到3.5亿美元。在竞争激烈的止疼药市场，泰诺独领风骚。

但1982年9月，灾难降临了。9月底的一天上午，芝加哥居民詹努特感到胸口有点疼痛，于是他到附近的超市买回一瓶泰诺胶囊，他服用了一粒，很快死了。同一天的晚些时候，斯坦里夫妇服用泰诺胶囊后双双毙命。周末又有4名芝加哥地区的居民在相似的情况下死亡。经化验，杀手是含在泰诺胶囊里的氰化物。强生公司的主管人员是在接到各媒体记者要求他们就这一事件加以评论的电话后，才知道这一悲剧的。很快，各超市、药店、医院、毒剂控制中心以及惊慌失措的消费者的咨询电话铺天盖地而来。

猝击之下的强生迅速采取行动，收集相关资料来核查事实，他们很快搞清了受害者的情况、死因、有毒胶囊的药瓶标签号码、出售时间和地点等详细资料。强生公司同时警告所有用户在事情原因没有搞清楚之前不要服用泰诺胶囊。全美所有药店和超市都把泰诺胶囊从货架上取下来，对泰诺胶囊的恐慌情绪弥漫在整个美国。

在100名联邦调查局和伊利诺伊州警察局侦察人员的追查下，强生公司最终洗清了嫌疑，证实了自己与中毒事件无关。但在中毒事件发生一个月后强生公司举行的一次民意调查中，依然有94%的消费者认为泰诺胶囊与中毒事件有关。虽然他们中有87%的人认为泰诺的制造商对致死事件没有责任，但61%的受访者表示以后再也不会购买泰诺胶囊。更糟糕的是，50%的消费者甚至连强生公司提供的更加安全的泰诺药片也不愿购买了。

强生公司面对进退两难的境地，是否应该保留泰诺这一摇摇欲坠的品牌呢？答案是挽救!为此，公司在弄清氰化物不是在生产过程中被投入的事实后，公司进入了挽救的第二阶段。它对媒体采取了全面合作的态度，向媒体提供最准确、最及时的信息，以阻止对泰诺胶囊的恐慌情绪蔓延。与此同时，公司在全国范围内回收所有进入市场的胶囊，还向各医院、诊所和药店拍发了50万份电报，并通过各种传媒发表声明，称暂时将泰诺胶囊改为药片。

与此同时，强生公司的决策层决定重建泰诺这一品牌形象。他们将首要的工作放在以前经常服用泰诺胶囊的老顾客身上，希望老顾客会接受泰诺胶囊和药片两种形式。为了重新赢得老顾客，强生公司通过电视广告声称将不惜一切代价捍卫泰诺的荣誉。麦克尼尔实验室的医务主任马斯·盖羡在电视上说："20多年来，泰诺赢得了医务人员和一亿美国人民的信任，我们对此无比珍惜，决不让它受到玷污。我们期盼您继续信任它!"

与此同时，强生公司还设计了一种防污染破坏的三层新包装，以防芝加哥悲剧的重演。并且对老顾客采取了大量的优惠措施，在周日的报纸上印发了7600万份每份价值2.5美元的优惠券。对原来的分销商也采取了25%的折扣优惠。除了大做广告和促销外，强生还发动了其国内各经销处2000多名推销人员游说医生和药剂师，请他们继续推荐泰诺胶囊和药片。7个月后，《今日心理学》杂志组织了一次读者调查，发现94%的消费者对泰诺品牌持肯定态度。其中一位23岁的姑娘表示，她会继续使用泰诺胶囊，因为它可靠、真实!一位老妇人写道，强生公司非常"诚实和真诚"！

讨论题：

1. 猝击伊始，强生公司为什么会处于困难的境地？

2. 强生公司是如何让消费者改变态度的？

（资料来源：江林.《消费者行为学》习题与案例：第3版[M].北京：首都经济贸易大学出版社，2009）

第7章

个体因素对消费者行为的影响

学习目标

1. 个性与消费者行为
2. 自我概念与消费者行为
3. 生活方式与消费者行为

导引案例

看美国人、欧洲人和中国人怎么买车

美国、欧洲和我们的买车方式存在着差别，但不是差距，那不是适合与不适合的差别，是汉堡、雪茄和全家福的差别。

当欧洲人有了买车的想法后，他们会漫步到经销商那里订购，订购的车将在数星期之后被送到。整个过程，就像坐在岸边的酒吧里品尝雪茄那般慢条斯理，充满了诗意和悠闲。与美国人比起来，欧洲的买车族更像从经典油画中走出来的贵族。而美国人走进汽车销售公司，一边随意吃着免费提供的汉堡，一边认真听着销售员讲解。在我国，买车就好像读一个工商管理硕士，首先是温习功课：哪里产的、有啥配置、发动机什么型号、什么性能等都要了如指掌。

在中国，想要买车的人好像都要达到博导级，才觉得不会吃哑巴亏。以后想买车的人也都像专家。是的，中国人买车似乎在拍一张合家欢，往往要拖儿带女去看车。所以车主大多是没有“主权”的，还往往紧张得就像被检验入学资格一样。渐渐地，中国经销商普及试车，增加了买车的时间成本，但并没有对购买决策有什么实质帮助。事实上，大多数人试完车后，还得回家上网搜索和反复研究报刊上的试车报告。买车真累，于是才发现美国人的潇洒。但是回过头来想一想，美国式的潇洒中，多少还体现着负债消费的冲动。大多的美国人往往驾驶着一辆自己原本不需要的车离开车行。他们希望银色时尚型的，却开走了一辆酷似邮政车的绿色玩意儿。他们被业务员的怂恿所诱惑，买了2000美元的导航系统，而实际需要的只是廉价天窗。欧洲人通过订购表现出了悠闲、贵族气质。据报道，60%法国制造的雷诺车是订购的，而通用汽车在德国的欧宝品牌有52%是订购销售。事实上，这种气质并不仅仅在汽车订购上显现出文化印记，即使在成衣工业异常发达成熟的今天，高级时装的订购在时装界仍然意味着最高特权。在很多欧洲人看来，像在超市购物一样选车买车，就像平庸之人没品位的生活方式。而为一辆新车等上几个星期，中国人压根儿就没有过这种概念。在这个讲求实效的国度里，耐心指数比道琼斯指数低得多。通用汽车在北美的销售中，订购所占的比例只有10%。我们走了一个多世纪，才刚跨入私家车的门槛。累点，但还值。特别是看到家人不受等车之苦，看到旁人羡慕的眼光，总还有理性消费之后最为感性的满足。

资料来源：选自：中国经济周刊，2005（36）

7.1　消费者的个性、自我概念和生活方式

7.1.1　个性与消费者行为

（1）个性的含义

个性一词来源于拉丁文Persona，原指演员演戏时所戴的假面具，后指演员自身和他所扮演的角色。心理学和行为学把这一概念借用过来，把个体在人

生舞台上扮演的角色的外在行为和心理特质都称为个性。个性主要指一个人的整个心理面貌，是个人心理活动稳定的心理倾向和心理特征的总和。个性心理包括个性倾向性和个性心理特征两个方面。

1）个性倾向性。

个性倾向性指人在与客观现实交互作用的过程中，对事物所持有的看法、态度和意识倾向，具体包括需要、动机、兴趣、爱好、态度、理想、信念和价值观等。个性倾向性体现了人对社会环境的态度和行为的积极特征，对消费者心理的影响主要表现在心理活动的选择性、对消费的态度体验和消费行为模式上。

2）个性心理特征。

个性心理特征是指区别于他人，在不同环境中表现出一贯的、稳定的行为模式的心理特征。它主要包括气质、性格和能力，是多种心理特征的独特组合，集中反映了人的心理面貌的差异。比如，在行为方面，有的人活泼好动，有的人沉默寡言，有的人热情友善，有的人冷漠无情，这些都是气质和性格方面的差异。在能力方面，有的人有绘画方面才能，有的人有数学才能，有的人有音乐才能，这是能力方面的差异。

（2）消费者个性的特征

消费者个性具有稳定性、可变性、整体性和独特性的特征。在营销中，企业应对消费者具体的消费个性予以了解，以利于制定有效的市场细分策略和营销组合策略。

1）稳定性。

消费者个性的稳定性，是指消费者经常表现出来的，表明消费者个人精神面貌的心理倾向和心理特征。偶然的行为和心理不能体现消费者个性，例如理智消费者偶然表现出冲动性购买行为，不能因此称他为冲动型购买者。消费者个性的稳定性特征对消费者行为的影响也是稳定和持续的，因此营销人员可以利用其来预测消费者的购买行为。

2）可变性。

消费者个性虽具有稳定性，但这并不意味着个性是不可以改变的。消费者个性的可变性，是指随着环境的变化、年龄的增长和消费实践活动的改变，个性也是可以改变的。通常情况下，个人在面对人生重大情境式冲击时，可能会改变个性。正是个性的可变性特点，才使消费者的个性具有发展的动力。此外，企业在长期的营销过程中，可以通过适当的营销手段对成长中的消费者形成一定的影响。

3）整体性。

消费者个性的整体性，是指消费者的各种个性倾向性、个性心理特征以及心理过程，不是彼此分割、孤立的，而是有机联系在一起的，紧密相连、相互依赖，形成个性的整体结构。例如，消费者的气质是多血质，其性格往往表现为开朗善谈，精力充沛，应变能力、交际能力和活动能力都比较强。

4）独特性。

消费者个性的独特性，是指在某一具体的、特定的消费者身上，由独特的个性倾向以及个性心理特征所组成的独有的、不同于他人的精神风貌。正是由于这些独具的精神风貌，使不同消费者的个性有明显的差异性。

相关链接

中外学者对个性的分析描述

国外学者卡特尔分析了个性特质，并以对比的形式表现出来，如表7-1所示。

表7-1 消费者个性特质

根源特质	低分特征	高分特征
开朗性	缄默、孤独	乐群、外向
聪慧性	迟钝、学识浅薄	智慧、富有才识
稳定性	情绪激动	情绪稳定
支配性	谦虚、顺从	好强、固执
兴奋性	严肃、谨慎	轻松、兴奋
有恒性	权宜、敷衍	有恒、负责
勇敢性	畏缩、退怯	冒险、敢为
敏感性	理智、着重实际	敏感、感情用事
怀疑性	信赖、随和	怀疑、刚愎
幻想性	现实、合乎成规	幻想、狂放不羁
机敏性	坦白直率、天真	精明能干、世故

（3）消费者个性与消费行为

1）运用个性预测消费者购买行为。

通常来讲，不同的消费者具有不同个性，有着不同的消费习惯。对消费者个性的研究，主要是为了预测消费者的购买行为。来自心理学和其他社会科学关于个性的大量研究，促使营销者认为，消费者个性特征有助于预测品牌或店铺偏好等购买活动。迄今为止，相关研究发现消费者个性与产品选择和使用时间存在着相关关系，但个性所能解释的变动量是很小的。个性对消费行为只有较小的预测力，这一状况并不奇怪，因为个性只是影响消费者行为的众多因素之一。要依据消费者个性特征来预测购买行为并据此细分市场，还需要和其他许多条件综合运用。

2）消费者个性与品牌选择。

消费者个性会影响其对品牌的选择，因为品牌的个性在某种程度上能激发消费过程中的反应。品牌个性是品牌形象中的一部分，是指产品或品牌特性的传播以及在此基础上消费者对这些特性的感知。例如，消费者对某一品牌是新潮的还是传统的、是呆板的还是富有活力的、是激进的还是保守的等方面的评价。品牌的个性无疑具有一定的主观性，然而它一旦形成，就会与其他刺激因素共同作用于信息处理过程，使消费者得出这一品牌适合或者不适合自己的印象。品牌个性不仅使其与其他品牌相区别，而且还具有激发情绪和情感、为消费者提供无形利益的功能。

3）消费者个性与新产品购买。

消费者对新产品的采用是有先后的，创新采用者会率先购买并使用新产品，而另一些人则是落后采用者。营销者特别希望了解区别创新采用者和落后采用者的特征，这与消费者的个性特质密不可分。消费者的创新性实际反映了消费者对新生事物的接受态度，有些消费者对几乎所有的新生事物采取排斥和怀疑的态度，而另一些消费者则采取开放和乐于接受的态度。教条主义倾向是一种个性特质，反映了个体对不熟悉的事物或与其现有信念相抵触的信息在多大程度下持僵化立场。通常，非常教条的消费者对陌生事物非常不安并怀有戒心，因此不太可能成为新产品的率先使用者；相反，少教条性的消费者更可能选择新产品。教条倾向严重的消费者更可能接受带有权威诉求的新产品广告，这也是部分企业运用名人和权威推广其产品的理由之一。

在消费者心理学领域，社会性格被用来描述个体从内倾到外倾的个性特质。内倾型消费者倾向于运用自己内心的价值观或标准来评价新产品，更可能成为创新采用者；相反，外倾型消费者倾向于依赖别人的指引做出是非判断，因此成为创新采用者的可能性相对要小。

4）消费者个性与购买决策。

消费者个性对购买决策过程中不同阶段行为的解释大有帮助，这方面的研究主要集中在消费者个性与信息处理的关系上。

①认知需要。

认知需要是指个体进行思考的努力程度。通俗来说，是指个体喜爱思考活动的程度。广告如何影响消费者对产品态度的形成与认知需要有着密切的联系。研究发现，高认知需要者更多地被广告的内容与陈述质量影响，而低认知需要者更多地被广告的边缘刺激影响，例如陈述者的吸引力。

②风险承担。

是否愿意承担风险将直接影响消费者对诸如新产品推广和目录销售等营销活动的反应。在个性研究中，风险不仅指决策后果的不确定性，而且还意味着对将要发生的损失个人的预期。有些消费者较一般人具有更高的寻求刺激的需要，很容易感到厌倦。具有追求冒险的内在倾向，更可能将成功和能力视为生活的目标；相反，风险规避者更可能将幸福和快乐视为生活的首要目标。

③自我掌控。

自我掌控的个性品质反映了个体是更多地受内部因素还是受外部因素的影响。自我掌控程度低的个体对自身内在的感受、信念和态度特别敏感，并且认为行为主要受自己所持有的信念和价值观等内在因素的影响；自我掌控程度高的个体，对内在信念和价值观不太敏感。当前，关于自我掌控方面的研究多集中在消费者与销售人员互动方面，因为这种互动很大程度上影响冲动性购买，影响产品与店铺环境。

案例链接

Swatch成功的原因

Swatch是全球闻名的一家生产钟表的瑞士公司，20世纪70年代中期，瑞士制表业曾一度陷入空前的危机。面对危机，该公司推出了Swatch。这是一款纤细的塑料腕表，内装51个机件（通常一块表有91个或更多机件），不仅品质一流，而且价格低廉。1983年，

Swatch开始正式上市。自那时起，Swatch品牌就不断发展，成为有史以来最成功的腕表。其母公司Swatch集团也成为全球最大、最具活力的制表公司。

从Irony（Swatch金属腕表）到Swatch SKIN Chrono（全球最薄的计时表），Swatch Snowpass（内置出入门控制功能，可在全球多家滑雪场充当滑雪场门票）和Swatch Beat（独创的互联网时间功能），多少年来，新产品开发一直与传统Swatch塑料腕表的发展齐头并进。

Swatch是多届奥运会和世界杯滑雪比赛的官方计时器，这是Swatch杰出技术能力与先进科技结晶的绝佳体现。当尼古拉斯·哈耶克把SMH从一家净资产11亿美元、年亏损1.24亿美元的公司变成一家净资产21亿美元、年创利2.86亿美元的公司时，许多人都认为他创造了一个奇迹，是什么原因促使他成功呢？在一次对他的采访中，采访人问道："你发现了什么别人未发现的东西"？他说："我意识到我们不仅在销售一种消费品，或是一种名牌产品，我们是在销售一种情感化的产品，是在提供一种个性文化。"

7.1.2 自我概念与消费者行为

（1）自我概念的含义

自我概念也称自我形象，是指个人对自身一切的知觉、了解和感受的总和。换言之，即自己如何看待自己。自我概念回答的是"我是谁"和"我是什么样的人"一类问题，它是个体自身体验和外部环境综合作用的结果。一般认为，消费者将选择那些与其自我概念相一致的产品、品牌或服务，避免选择与其自我概念相抵触的产品、品牌和服务。正是在这个意义上，研究消费者的自我概念对企业营销特别重要。

（2）自我概念形成的影响因素

自我概念是个人在社会化过程中，通过与他人交往以及与环境发生联系，对自己的行为进行反思而形成的。其中主要受到四个方面因素的影响。

①通过自我评价来判断自己的行为是否符合社会所接受的标准，并以此形成自我概念。比如，把有的行为归入社会可接受的范畴，把有的行为归入社会不可接受的范畴。人们对自己的行为进行反复不断的观察、归类和验证，就形成了相关的自我概念。

②通过他人对自己的评价来进行自我表现评价，从而形成自我概念。他人评价对自我评价的影响程度取决于评价者自身特点和评价的内容。通常评价者的权威性越大，与自我表现评价的一致性越高，对自我概念形成的影响程度也就越大。

③通过与他人的比较观察而形成和改变自我概念。人们的自我评价还受到与他人比较的影响，比较的结果相同或不同，超过或逊于他人，都会在一定程度上改变人们的自我评价，并驱动他们采取措施修正自我形象。

④通过从外界环境获取有利信息，来促进和发展自我概念。人们受趋利避害的心理驱使，往往希望从外界环境中寻找符合自己意愿的信息，而不顾及与自己意愿相反的信息，以此证明自己的自我评价是合理的，是正确的，这一现象证明了人们经常从自己喜欢的方面来看待评价自己。

（3）自我概念的分类

由于自我概念是由多种途径形成的，因此一个人往往拥有多种自我概念。美国心理学家沃特把自我概念分为以下四个组成部分：

①真实自我。真实自我是一个人完全客观的、真实的自我本质，但是任何人对于真实自我都不会有客观全面的认识。

②理想自我。理想自我是一个人希望自己成为的那样的人。这种自我和一个人所崇拜、所信仰的对象，以及所追求、所渴望的目标有很大关系。理想自我很难完全实现，因为人的追求与期望是无止境的。

③自我形象。自我形象是一个人对自己的看法、认识和评价，也是真实自我与理想自我的混合物。

④镜中自我。镜中自我是一个人自己认为别人对自己的看法。这种自我同一个人对别人的看法有关，如别人的学识、年龄、社会地位等，因此是一个互动关系。

沃特自我概念的组成理论对指导营销工作是有借鉴意义的。例如，有些企业凭借产品质量的优势，在促销时一味地夸耀产品的好处，称赞选用该产品是明智和有品位的，这样就有了为突出自身产品的优势而否定了消费者选择权的嫌疑，暗含了对消费者自我意识的贬低，否定了消费者的自我形象判断，当理性的消费者对自我形象的重视大于镜中自我时，消费者就会对其产品产生防卫心理。另一方面，营销人员的过分热情从表面上来看是对消费者的尊重，但从更深层次上看，他过分夸大了对消费者镜中自我的诉求，变相贬低了自我形象的肯定，消费者就会产生一种不安全感。可见，营销人员对自我概念四个方面分寸的把握很重要，如果把握得当，对促进销售是很有利的。如果把握不当，反而带来消极影响。

（4）自我概念与产品的象征性

1）消费者自我概念赋予某些产品以象征意义。

自我概念作为影响个人行为的深层个性因素，同样存在于消费者的心理活动中，并对其消费行为产生深刻的影响。商品和劳务作为人类物质文明的产物，除具有使用价值外，还具有某些社会象征意义，因为不同档次、质地、品牌的商品往往蕴含着特定的社会意义，代表着不同的文化、品位和风格。购买“劳斯莱斯”“宝马”“奔驰”汽车的消费者显然不是购买一种单纯的交通工具。一些学者认为，某些产品对拥有者而言具有特别丰富的含义，它们能够向别人传递关于自我的重要信息。

消费者表达自我形象及由现实自我向理想自我转变的重要途径之一，就是购买象征性产品。通过对某些具有象征性产品或劳务的消费，可以显示出消费者与众不同的个性特征，帮助消费者有效地表达自我概念，保持自己的某种形象或完善自己的形象，实现理想的自我形象。国外有些研究表明，消费者力求购买“威望类”产品，如高档服装、珠宝首饰、豪华轿车、私家游艇等就是要加强和突出个人的自我形象，或实现实际的自我向理想自我的转变。

2）消费者自我概念与产品象征性的联系。

大量消费实践证明，消费者在选购商品时，不仅仅以质量优劣、价格高低、实用性能强弱为依据，而是把商品或品牌特性是否符合自我概念作为重要的选择标准，即判断商品是否有助于“使我成为我想象或期望的人”。如果能够从商品中找到与自我认识或评价相一致（相似）之处，消费者就会倾向于购买该商品。例如，一个自认为气质不凡、情趣高雅、具有较高欣赏品位的消费者购买服装时，会倾心于那些款式新颖、色调柔和、质地精良的服装；而一个收入较高、处于上层社会的消费者在选购服装时，往往会挑选名牌产品。由此可以得出结论，消费者购买某种品牌的产品与他们的自我概念是比较一致的。消费者购买某种产品，不仅是为了满足特定的物质或精神需要，同时还出于维护和增强自我概念的意愿。在这一意义上，购买商品成为加强自我概念的手段，自我概念则成为控制购买行为的核心要素。

产品象征意义对消费者的重要性可以从图7-1中得到进一步说明。图7-1由三部分构成：个体的自我概念、参照群体和象征性产品。如图所示，消费者首先会购买某种能够向他人传递其自我概念的产品；其次，他希望参照群体体会到产品所具有的象征性；最后，他也希望参照群体将产品所具有的象征品质视为他人格的延伸部分或自我的一部分。概括地说，消费者购买产品是为了象征性地向社会传递关于自我概念的不同方面。

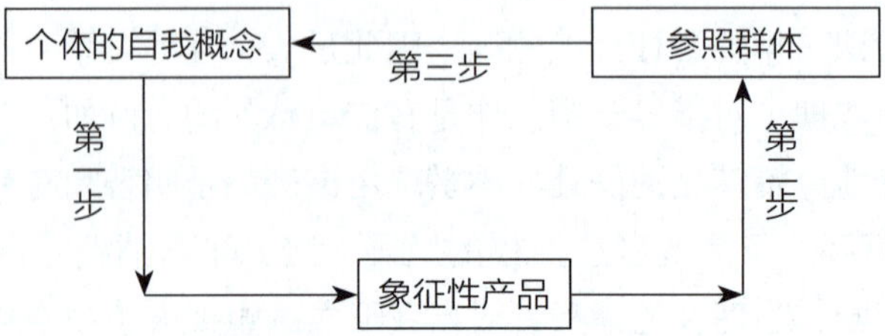

注：

第一步：个体购买象征自己的产品

第二步：参照群体将产品与个体联系

第三步：参照群体将产品的象征性视为个体个性的一部分

图7-1　消费者自我概念与产品象征性的联系

哪些产品最有可能成为传递自我概念的象征性产品呢？成为象征性产品一般应具有三个方面的特征：第一，应具有可见性。就是说，它们的购买、使用和处置能够很容易被人看到。第二，应具有变动性。由于资源禀赋的差异，这种产品少数消费者有能力购买，而多数消费者则无力购买。如果每人都可拥有一辆“奔驰”车，那么，这一产品的象征价值就丧失殆尽了。第三，应具有拟人性。就是说，产品能在某种程度上体现一般使用者的典型形象，像汽车、珠宝等产品均具有上述特征，因此，它们很自然地被人们作为传递自我概念的象征性产品。

7.1.3　消费者的自我概念与企业营销策略

就企业而言，关于消费者自我概念的研究，有着极其重要的意义，是企业营销决策和制定营销策略的基础。在通常情况下，消费者往往表现出与自我形象一致的行为特点。消费者自我概念的系统结构与对产品、服务或品牌的态度之间形成系统投射关系，消费态度是自我概念系统结构的外在表现，自我概念的系统结构是消费态度形成的心理基础。运用自我概念的理论，可以清楚地解释消费者购买动机和购买行为中的某些微妙现象，并揭示出这些现象背后的深层原因；同样，运用自我概念的理论，可以准确地设计出反映消费者自我概念的产品，并制定出显现适合这一消费群体自我概念的营销策略。

（1）生活方式与消费者行为

在许多情况下，生活方式是一个人自我概念的外在表述。也就是说，在给定的收入和能力的约束下，一个人所选择的生活方式在很大程度上受到一个人现在和欲求的自我概念的影响。在分析自我概念以后，我们讨论一下消费者的生活方式。

（2）生活方式的含义

关于生活方式的说法很多。简言之，生活方式就是人如何生活。它是个体在成长过程中，与社会诸因素交互作用时表现出来的活动、兴趣和态度模式。具体地说，是指人们在衣、食、住、行、劳动工作、休息娱乐、社会交往、待人接物等物质生活和精神生活中的活动模式。个体和家庭均有其生活方式。不同的个体和不同的家庭有着不同的生活方式。家庭生活方式部分地由家庭成员的个人生活方式所决定，反过来，个人生活方式也受家庭生活方式的影响。

生活方式与前面讨论的个性、自我概念既有联系又有区别。它们的区别是：

个性是一个人的心理倾向和心理特征，是个体先天因素和后天环境共同作用的结果。个性是客观的，是人的本来面目。自我概念是个人对自己个性特征的评价，是个体对自己的感知、认识和评价。自我概念是主观的，往往不具有真实性。个性和自我概念两者都是侧重从内部来描述个体，更多地反映个体思维、情感和知觉特征，具有内隐性。生活方式是人的活动模式，它是由人的主观意志来选择，以客观的形式表现出来，关心的是人们如何生活、花费、消磨时间等行为，侧重从外部来描述个体，具有外显性。

它们的联系是：个性是自我概念的基础，一个性格极其内向的人不可能形成活泼、开朗的自我概念。人的个性和自我概念对其生活方式的选择会产生很大的影响。一个具有保守、拘谨性格的消费者，其生活方式不大可能太多地包含诸如登山、跳伞、丛林探险之类的活动。

相关链接

美好时刻共同分享：肯德基

肯德基倡导的生活是一种全家团聚的生活。在作者对肯德基餐厅进行案例研究的时候，看到餐厅招聘员工的标语是“欢迎加入肯德基大家庭”。肯德基餐厅推出的食品也往往更适合全家人一起分享（如肯德基外卖全家桶），而其创始人的白胡子老爷爷形象更足可以使人联想到全家人其乐融融的温馨。

这一生活方式背后的核心理念就是“分享”：美好的事物、美好的时刻是不应该一个人享受的，应该和亲人、朋友共同度过。可以说，肯德基的企业文化十分契合中国社会的“家文化”传统，而肯德基在中国所获得的巨大成功也证明了这样一种生活方式的定位具有多么重要的意义。

（资料来源：现代营销理念的革命）

（3）生活方式的性质与作用

1）生活方式的性质。

生活方式反映出消费者同环境相互影响的全部特征。虽然它同社会阶层、个性等因素紧密联系，但是它既超越了社会阶层，也超越了个性。社会阶层说明某个群体或某类人的代表性特征，而无法说明某人的具体特点。个性侧重于从消费者的内部状况描述个体，而生活方式影响着消费者如何花费、如何消磨时间、收入与消费支出的比例关系，以及消费商品种类的选择等各个方面，与消费者的外部行为紧密相连，可以作为判断消费者购买行为的直接依据。

生活方式就是我们如何生活。如图7-2所示，它由我们过去的经历、固有的个性特征、现在的情绪所决定。生活方式影响消费行为的所有方面。一个人的生活方式是其内在个性特征的一种函数，这些个性特征在一个人的社会生活过程中通过社会交往逐步形成。因此生活方式同样受文化和亚文化、价值观、人口统计因素、社会阶层、参照群体、家庭，甚至消费者的购买动机、情感和个性等的影响。总而言之，生活方式就是如何表现消费者的自我概念。

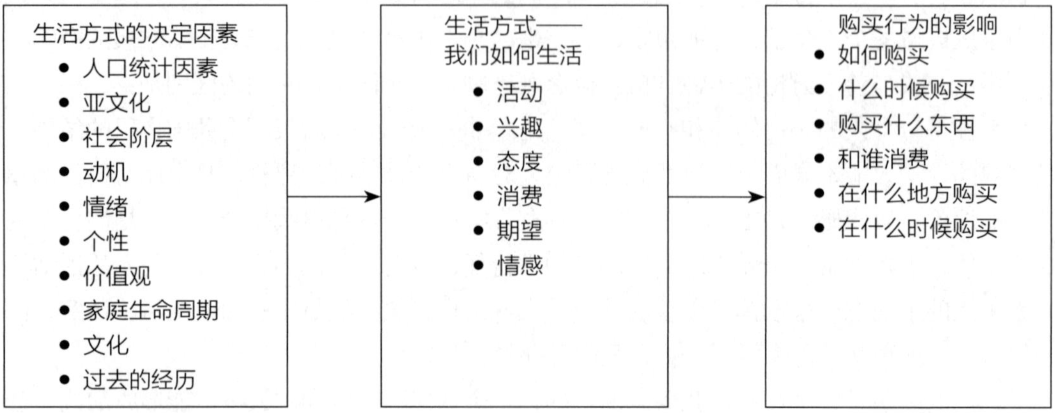

图7-2 生活方式和消费过程

个人与家庭都有生活方式。虽然家庭的生活方式部分是由家庭成员的个人生活方式所决定的，但是，反过来个人生活方式也受家庭生活方式的影响。

我们追求的生活方式影响我们的需要与欲望，同时影响我们的购买行为和使用行为。生活方式决定了我们许多的消费决策，而这些决策反过来强化或改变了我们的生活方式。

消费者很少明确地认识到生活方式在他们购买决定中所起的作用。比如，很少有消费者会这样想："我买肯德基快餐，以保持我的生活方式。"然而，那些追求积极方便，寻求变化的生活方式的人也许会出于其便捷等原因，去肯德基购买快餐。因此，生活方式通常为消费者提供了基本的动机和行动指南，尽管往往是以间接和微妙的方式表现出来的，但也足以让人们感觉到这种影响。

2）生活方式的作用。

生活方式的作用可从以下两点反映出来。

①生活方式影响着消费者的需要、态度和购买行为，需要、态度和购买行为反过来强化了生活方式。比如，近几年我国都市中产阶层的闲暇生活方式区域日趋集中，旅游地、健身房、网络、娱乐消费场所等逐渐成为中产阶层固定化的休闲活动区域。这些区域化方式不仅引导着都市中产阶层成员在其日常休闲消费活动中遵循的时空路径，而且对其他社会成员的休闲消费方式影响巨大。

②生活方式的分类和识别为市场细分和市场营销组合提供了依据。生活方式的营销目标是使企业营销组合符合消费者的生活方式，使消费者实现自己所选择的生活。企业营销更重要的任务是确定哪些产品或服务与消费者特定的生活方式相联系。因为某一生活方式往往与一组产品相联系，这组产品成为该生活方式的消费组合。比如，20世纪80年代的雅皮士的消费组合为：劳莱克斯手表、宝马车、古奇公文包、软式网球、新鲜的绿色沙司、白酒和乳酪。这一社会角色对当时的文化价值和消费偏好的导向都有重要的影响。

经典案例

全力以赴地包围“80后”的生活方式

进入21世纪以后的品牌营销法则之一就是：全力以赴地包围“80后”的生活方式，在他们高频出现的场所或语境，以浩大声势出现，让“80后”触手可及、唾手可得。更高的境界是，品牌还可以采取联合营销的方式，同已经让“80后”在生活中形成某种依赖的品牌进行捆绑，然后再予以营销纵深，在自己的产品或传播中打下合作者的烙印，从而形成品牌营销的爆破。比如，可口可乐怎样来争取年轻一代消费者？可口可乐发现，网络游戏已成为不少“80后”根深蒂固的生活方式。正是基于此洞察，可口可乐以先行者的姿态，联手暴雪娱乐与第九城市的“魔兽世界”，展开对“80后”的营销攻势。2005年6月，近万名年轻人聚集在上海新国际博览中心，共同体验可口可乐“要爽由自己，冰火暴风城”嘉年华派对。之后，可口可乐还展开了历时两个月的市场推广活动。一系列的营销变脸，让可口可乐在市场上大获成功。

7.2 人口统计特征与消费者行为

7.2.1 年龄与消费者行为

消费者的人口统计变量是指消费者在人口上的特性，这些变量是指消费者身上一些明显可见的特性。一般而言，人口统计变量相当清楚明确，因此很多厂商经常采用人口统计变量来作为细分的变量。常见的人口统计变量包括年龄、性别、区域、资源、职业、宗教以及收入等。

随着消费者的年龄改变，其价值观、信念、生活形态以及消费形态都会随之发生变化。由于相同年龄的人在价值观、信念、生活形态以及消费形态上会呈现很高的同构性，因此营销人员可以用年龄来进行市场细分，或是将年龄当作一种亚文化。消费者的需求与消费能力会随着年龄而改变。不同年龄的人生理上的需要也不同，因而其购买行为也表现出不同的特点。按照一般的分类方法，消费者在年龄段上被分成以下四类：少年儿童、青年、中年和老年。

（1）儿童的消费行为。

一般来讲，把少年儿童的年龄界定为0～18岁，这一时期是人的心理发展和智力开发的重要时期。这一阶段又可以细分为婴儿期、幼儿期、学前期、学龄期和少年期。为了方便起见，我们把它简单地分为儿童期和少年期。少年儿童是特殊类型的消费群体，是家庭消费的中心，而且这一年龄阶段的消费者属于未成年消费者。在人的一生中，儿童时期是一个迅速发展的时期。儿童期的心理发展和生理发展正逐渐趋于成熟，表现在生理上，从完全依靠别人照顾到自己照顾自己并能帮助他人做事情，在心理上，有了一定的分析问题和解决问题的能力，并形成了最初的个性倾向，在行为上，逐渐地由被动变为主动。儿童消费者的消费行为主要表现在以下几个方面：

①从纯生理性需要逐渐向带有社会内容的需要发展。儿童在婴幼儿时期的需要，主要是生理性需要，以满足生理性需要为其消费的欲望和目的。这一时期，父母注重的是婴幼儿的营养与健康，以及使婴幼儿得到心理和智力开发的玩具和早教。随着年龄的增长，婴幼儿不断接

触到外界环境的各种刺激，消费的中心从物质、生理的需要向精神、文化的需要转移，精神、文化和知识的需要占据了中心地位。父母开始有意识地培养孩子的兴趣，让孩子学习绘画、弹琴、舞蹈等，有些父母还会为孩子购买计算机、钢琴等。

②从依赖性消费逐步过渡到半依赖性消费。儿童在婴幼儿时期，生理和心理都不成熟，没有选择能力，完全依赖父母满足消费需求。随着年龄的增长，生理和心理发展迅速，有了一定的自我意识，独立自主意识逐步增强，会将自己的喜好和意愿告诉父母，并影响父母的购买决策。虽然这一时期的儿童主要是商品的使用者而非购买者，但他们的消费行为已经是半依赖性消费。

③从模仿性消费逐步向带有个性特点的消费发展。模仿是儿童的天性，到了三四岁之后，儿童的模仿心理活动逐渐增多。由于他们没有生活经验和知识，缺乏选购能力，所以电视的精彩产品广告或者同龄小朋友拥有的一些物品，父母的言谈举止、穿着打扮等方面都会影响到他们的需要。这体现了模仿性消费的特点。随着年龄的增长和自我意识的不断提高，儿童的模仿性消费逐渐被有个性特点的消费所代替，“与众不同”的意识或“比别人强”的意识常常影响他们的消费行为。

④消费情绪从不稳定发展到比较稳定。儿童对事物的认识主要是外观和自己的喜好，所以儿童的消费心理很不稳定，易受别人影响，易转移变化，刚才还吵闹着要得到的物品，得到后可能会毫不爱惜地抛弃。随着年龄的增长和控制自己情感的能力不断增强，儿童的偏好逐渐显露出来，因而其消费情绪逐渐稳定下来。

⑤儿童消费品中娱乐用品的消费比重比较大。玩耍也是儿童的天性之一。为了满足儿童的这一生理和心理需要，家长们毫不吝啬地为孩子买各种玩具、娱乐性和知识性的少年儿童读物以及光顾各种有助于儿童身心发展的少年儿童娱乐场所。可以说，在所有的年龄阶段中，儿童消费者用于娱乐消费的比重最大。

（2）少年消费者的消费行为。

从年龄上来说，少年时期一般指的是11～18岁的年龄段。在我国，这一群体其实差不多指的就是整个中学时期。这一年龄段的少年处于生长发育的重要时期，由于受教育、文化和社会的影响，其独立性和自我意识得到加强与发展。这一阶段的少年能够意识到自己的某些需要，而且还会要求家长购买指定品牌的商品，甚至有独立购买的意愿。他们的消费行为表现为以下几方面：

①喜欢与成年人相比。由于少年期自我意识的发展变化迅速，他们在主观上认为自己已经长大成人，在心理上要求得到与成年人一样平等的地位和权利，渴望像成年人那样独立地处理自己的事情。在消费行为上，表现出不愿受家长束缚，倾向于自主独立地购买自己喜爱的商品的特点，同时，在生活习惯和嗜好等方面喜欢与成年人相比。

②从受家庭的影响逐步转向受社会群体的影响。儿童消费心理主要受家庭的影响，尤其是父母的消费观念和消费行为对他们的影响很大。但到了少年期以后，由于自我意识的提高和自理能力的增强，他们有了一定的独立性，特别是在集体学习和集体活动中，通过与其他人的经常接触，使得他们的消费观念和消费行为不断由受家庭影响逐渐转向受集体或群体的影响。

③购买的倾向性开始确立，购买行为趋向稳定。处于少年期的消费者，知识不断丰富，对社会环境的认识不断加深，兴趣趋向稳定，有意识的思维与行为增多。随着购买活动次数的增

加，少年消费者感知经验越来越丰富，对消费品具备了初步的判断、分析、概括能力，购买行为趋于习惯化、稳定化，购买的倾向性也开始确立，购买动机与现实条件的吻合度有所提高。

（3）青年消费者的消费行为。

从心理学角度来说，青年期通常是指18～35岁的这一年龄段。由于青年消费者年龄跨度大、人口众多，消费能力和购买潜力都很大，使得青年消费者在整个消费活动中处于重要的位置。因此，了解青年消费者的消费行为特点，对市场营销人员来说是非常重要的。

青年消费者消费行为的特点表现在如下几个方面：

①追求新颖、时尚的消费趋向。

青年人富于幻想、善于猎奇，对新生事物比较敏感，而且易于接受新鲜事物，因此，他们往往是各种新产品、高新技术产品的首先购买者、使用者和传播者。在他们的带领下，出现一轮又一轮的消费时尚。总之，一种新的消费趋势总与青年人分不开，时尚的特征也从青年消费者身上最充分地表现出来。

②购买行为中有较强的感情色彩。

青年人处于少年向中年过渡时期，少年期的未成熟心理和中年期的成熟心理并存。与中、老年人相比，青年人的生活经验还不丰富，对事物的分析和判断能力还没有达到成熟阶段，他们的思想感情、兴趣爱好、性格特征还不完全稳定，因而往往容易感情用事，爱冲动。在购买商品的过程中，青年消费者情感和直觉因素起着重要作用，特别看重商品的外观、款式、品牌、颜色等，而对于内在质量、价格等不会过分计较。因此，不少青年人是在头脑发热、冲动的情况下产生购买行为的，但常常在买完某商品以后，才发现当初的决策欠考虑，所购商品往往用不了几次就束之高阁了。

③具有较强的购买力和较广的购买范围。

我们这里所讲的青年消费者，主要是指具有独立购买能力的青年人。他们有一定的经济来源，而经济负担又不太重，特别是现在的青年人，大多没体验过什么苦日子，因此花起钱来比较大方，显示出较强的购买力。另外，他们的消费观念也比中、老年人更开放，追求现代化的生活方式，注重享受和娱乐。因此，凡是能满足他们这方面消费需要的商品，都能引起他们的兴趣，促发其购买动机。尤其是新婚青年的购买行为，更是令其他任何年龄阶段的消费者只能望其项背的。对于很多中国的传统家庭来说，往往是父母积攒了大半辈子的钱就是为了操办儿女的婚事。

④追求个性，表现自我。

随着生理、心理发育的成熟，社交面的扩大，青年人希望形成完美的个性形象，追求个性色彩。因此他们的每一种行为都力求表现出“我”的内涵。在购买商品时他们喜欢能够体现个性的商品，并且往往与自己的性格、职业、兴趣、理想相联系，形成自己独特的购买需求。

⑤超前消费。

青年人的消费观念新颖，时代感强，易于接受新观念。而且青年人较自信，加上没受过苦，却贪图享受，爱虚荣，所以往往超前消费。例如现在的很多青年人会贷款买车、买房。

（4）中年消费者的消费行为。

中年人一般是指35～60岁的人。中年人一般是家庭购买的决策者。由于他们的子女尚未独立，购买商品的决策权往往由父母承担，而且他们的父母年岁高，外出购物不方便，所以往往把购物的决策权交给儿女，因此中年人在消费活动中处于重要的决策地位。中年人在消费行为方面主要表现出以下特点：

①理智性购买多于冲动性购买。

中年人具有较高的文化知识，加之具有丰富的工作经历和知识阅历，因此比较理智，会控制自己的情绪，很少感情用事。表现在购买活动中，中年人从购买欲望的形成到购买行为的实施，都是经过深思熟虑的。他们会准确地接受和分析商品信息，很少出现像年轻人那样毛手毛脚地把东西买回家后又后悔的情况。

②计划性购买多于盲目性购买。

中年人是家庭经济的主要负担者，既要赡养老人，又要负担子女的生活和教育费用。特别是近几年来我国家庭用于子女教育的费用不断提高，子女受教育的费用已经成了很多家庭一笔不小的开支。因此，很多中年人要考虑经济合理，懂得理财当家、量入为出，在实施购买行为前就要计划好所购买商品的价格、数量、质量、用途等，盲目性少。

③多方选择，注重商品的实用性与便利性。

由于经济条件的限制以及繁重的工作压力，中年消费者在购买商品时更注重商品的实用性与便利性。他们一般会货比三家，多方选择，而且对购物环境、具体商品、售后服务等都会反复比较，并对华而不实的商品不感兴趣。因此他们选择商品时着重考虑其内在质量（特别是功能、使用寿命以及操作的方便性等）和价格，然后才是款式和颜色等。

相关链接

一项对中年消费者的调查显示，中年消费者存在如下消费趋势：①求质量。52%的消费者把商品的质量放在消费决策因素的首位，即使价格偏高或者款式普通，也愿意选择质量优质的商品。②51%的中年消费者注重商品的使用价值，不过分挑剔商品的款式、外观和色调。③求方便。32%的中年消费者注重商品的便利性，包括使用便利和维修便利，购买商品时愿意选择售后服务好、跟踪安装、上门调试维修的品牌。④求价廉。27%的中年消费者以价格低廉作为购买目的，他们在观念上保持着简朴的传统，对款式、花色、功能等均无过高要求，在同类产品的选择中，多以价格低廉商品代替价格较高的商品。⑤求信誉。10%的中年消费者对产品信誉表示重视，对质量好、信誉高的商品长时间保持使用。

（资料来源：徐萍.消费者心理学教程[M].上海：上海财经大学出版社，2005：245、246）

（5）老年消费者的消费行为。

一般情况下，60岁以上的人称为老年人。老年消费者在心理和生理上同中青年消费者相比都发生了明显的变化，形成了具有特殊需求的消费者群体。在身心方面，老年消费者的生理和心理都发生了重大的变化。与之相对应，他们对消费品的需求以及表现出的消费行为有以下几方面的特点：

①对消费品的种类和结构有特殊的需求。

老年人视觉、听觉、味觉、嗅觉、触觉等能力较年轻时明显下降，反应迟缓，记忆力减退，睡眠减少，对冷暖等外界刺激较为敏感，容易疲劳、厌倦等，这使得他们对消费品的需求，从范围广泛、品种繁多渐渐集中到他们最需要、最感兴趣的商品上。而这些商品主要是指能够弥补老年人身体方面的某些缺陷与不足、有助于老年人身体健康、给老年人的生活带来更多的方便与舒适的各种商品。如有营养、易消化的食品，各种滋补品，家用治疗保健器械以及各种消遣性的商品。在需求结构方面，老年人货币支出的大部分用于食品和医疗以及保健用品上，而穿和用的支出相对减少。

②有比较稳定的消费习惯和品牌忠诚。

老年人喜欢怀旧，在选购商品时，他们喜欢凭过去的经验、体会来评价商品的优劣，并对老牌子的商品、名牌商品有深刻的记忆，多年养成的固定消费习惯行为，使购买动机有较强的理智性与稳定性，不易受外界因素的干扰，也不为商品的某一特点所动。因此，老年消费者的消费兴趣和爱好比较稳定，对老牌子产品有特殊感情，而培养新的习惯和嗜好相对较难。

③购买商品讲求方便，希望得到尊重和礼遇。

一般老年人的体力和精力都有不同程度的减弱，行动也变得不方便，所以老年消费者希望能提供方便、良好的购物环境，比如，购物场所交通便利、店内有供消费者休息的设施、商品陈列便于挑选、购买程序比较简单等。老年人在社会上和家里都是长者，他们唯恐受到冷遇，总希望得到尊重和礼遇。在消费过程中，他们希望销售人员能够对商品给予详细介绍，且语言行为有礼貌。

④具有较好的经济基础。一部分老年消费者具有补偿性的消费行为。

我国城市的退休职工有着稳定的退休工资或社会保障金，而且中国人有储蓄的习惯，到退休时已积蓄了一笔钱财，所以经济并不困难。这使得很多老年消费者在消费时也有很潇洒的一面，特别是那些经济条件比较好的或者觉得年轻时太委屈了自己而到了老年才突然想得开的那部分消费者。这部分消费者大多同意这样的提法："退休才是新生活的开始"，解脱了工作负担并完成了养儿育女的任务以后，他们更愿意"换一种活法"，以享受生命，享受生活。因此，这部分老年人是很有潜力的消费者，尤其在旅游、健身、购买消费品和营养品方面，是企业不可忽视的一个日益重要的消费者群体。

⑤喜欢迹象征兆。

老年人都希望自己无病无灾，能够久安长寿，所以，凡是与长寿健康有关的物品都会引起他们的兴趣，被他们视为吉祥瑞福。在选购商品时，老年人喜欢有利于健康长寿的商品，喜欢带有与"吉庆""长寿""健康"相关联的商品包装或者广告宣传。

7.2.2 性别与消费者行为

不同的性别在生理上的需要和心理上的差异是不同的。正如我们常常会说男人理性，女人感性，这确实是一种客观存在，无论你信不信，它都是客观存在的。而这种对待事物的差别影响了消费动机和行为。营销人员可以根据这些差别来进行针对性的营销，如对于衣服、化妆品、个人保养品、杂志、珠宝、鞋子等产品，都可依性别的差异来细分市场。在过去，汽车设计主要是以男性为诉求对象，但是随着女性拥有汽车数目的增加，汽车制造商也开始注重设计某些能吸引女性的特色汽车。

（1）男性消费者消费行为的特点

1）购买行为的目的性和迅速性。

与女性相比，男性很少去“逛”商店，他们常常在缺货时才产生购买动机，所以他们购买的目的性很强，而且是到了目的地（商店）后买完就走，很少能在不同的商店之间反复比较和选择。另外，男性善于控制自己的情绪，处理问题时能够冷静地权衡各种利弊因素，从大局着想，具有较强的独立性和自信心的特点直接影响他们在购买过程中的心理活动。因此，在需要购买某样产品时他们能果断迅速地形成动机，并能立即导致购买行为，即使是处在比较复杂的情况下，也能够果断处理，迅速作出决策。

2）购买行为的理智性。

男性比女性更善于控制自己的情绪，在购买活动中心境变化比女性小，因而更具有理智性。特别是在购买一些高档或大型商品方面，男性消费者的购买决策过程不易受感情支配，他们更注重商品的性能、质量、品牌及维修等。

3）购买动机的被动性。

就普遍意义讲，男性消费者的购买活动远远不如女性频繁，购买动机也不如女性强烈，比较被动。在许多情况下，购买动机的形成往往是由于外界因素的作用，如家里人的嘱咐，同事、朋友的委托，工作的需要等，动机的主动性、灵活性都比较差。

4）购买动机感情色彩比较淡薄。

男性消费者在购买活动中心境变化不如女性强烈，不喜欢联想、幻想，感情色彩比较淡薄。所以，当动机形成后，稳定性较好，其购买行为也比较有规律。男性消费者在购买某些商品上与女性的明显区别就是决策过程不易受感情支配，如购买汽车，男性主要考虑商品的性能、质量、品牌、使用效果、转售价值和保修期限。如果上述条件符合他的要求，就会作出购买决策。而女性则喜欢从感情出发，对车子的外观式样、颜色严加挑剔，并以此形成自己对商品的好恶。另外，男性消费者认为男性的特征是粗犷有力，因此，他们在购买商品时，往往对具有明显男性特征的商品感兴趣，如烟、酒、服装等。

5）购买过程的独立性与缺乏耐性。

对熟悉的商品或已经决定了要购买的商品，男性消费者在购买时表现出更多的自信，不易受外界的影响。与此同时，他们在购买过程中缺乏耐性，表现为对商品挑选不仔细，不愿意讨价还价，不愿意在商店或柜台之间进行比较和衡量等。

（2）女性消费者消费行为的特点

在我国，女性角色的重要性与地位的提升已经是一个不可忽略的事实。据调查所得，家庭每月消费中，由女性所花的钱，平均占到3/4，所以，女性是家庭的消费主力，也是社会消费的重要一环。

女性消费者购买行为的特点主要表现在以下几个方面：

1）购买行为的主动性和灵活性。

女性天生爱逛街，购买行为经常发生在逛街当中。女性进行购买活动的原因是多方面的。有的是迫于客观需要，如操持家务；有的则是为满足自己的需要，如爱美、追求时髦等；有的把买商品作为一种乐趣或消遣等，所以购买动机具有较强的主动性、灵活性。而且这种主动性和灵活性也时常体现在购买具体商品上，如原打算购买某种商品，但商店无货，这时男性往往放弃购买行为，而女性会随便逛逛，在逛的过程中购买一些没打算购买的商品。

2）具有浓厚的情绪和感情色彩。

女性心理特征之一是感情丰富、细腻，心境变化剧烈，富于幻想、联想，因此购买动机带有强烈的感情色彩。特别是在逛商店的时候，食品的诱人香味、化妆品的外观和芬芳、服饰的款式和色彩等符合她们的心理需要，就能激发起她们的购买动机。如看到某种儿童服装新颖漂亮，马上会联想到自己孩子穿上这套服装会是什么样子，从而引起积极的心理活动，产生喜欢、偏爱等感情，促发购买动机。而且女性的购买动机受情绪影响较重，很多女性在特别开心或特别苦恼的时候都容易产生购买行为。特别开心的时候她觉得一切都那么美好，对预期的收入比较乐观，因而购买时出手比较大方。同样，在苦恼的时候，很多女性把逛商店作为排遣自己受压抑的情绪的一种方式。在这种情况下，有的人为了赌气，也有的人是为了在购买中享受到快乐而产生购买行为。

3）购买行为受环境因素的影响，波动性较大。

由于女性消费者具有较强的自我意识与敏感性，心理活动易受各种外界因素的影响。所以她们在选购商品时，比较容易受购物环境因素的影响。商品广告宣传，购买现场的状况，营业员的服务，其他消费者的意见等都会影响到女性消费者，从而容易出现从众行为，即所谓的“随大流”现象。例如，许多商店为了招徕顾客，用醒目大字标明“减价商品”“处理商品”“出口转内销”等，这些往往对女性具有特别吸引力。再比如，有时并没打算买某种商品，可是看到现场有很多人在抢购，有的女性消费者就会不由自主地加入到购买的行列中，即使排着长队也无所谓。从这个意义上说，女性消费者比男性消费者更容易出现购买冲动。

4）注重商品的具体利益与实用价值。

女性消费者富有处理家务劳动的经验，掌管家庭收支，她们往往在购物时更重视所买商品的实用性，商品在生活中的实际效用和具体利益越能看得见越好。女性消费者既要工作，又要操持家务，所以她们希望减轻家务劳动工作量，因此她们对日用消费品和主副食品的方便性、实用性有强烈的需求。她们最喜欢的购物场所是超级市场，因为那里品种齐全、价格合理、环境较好，能达到一站式购物的目的。而职业女性最喜欢操作简单而又功能齐全的高科技产品，因为这样的商品既能减轻家务劳动，又显示出了一定的档次与品位，同时还不用仔细研究产品说明书。

5）消费倾向的多样化和个性化。

当今中国的女性，在经济收入和在家庭中的地位提高的同时，自我意识也不断提高。越来越多的女性开始关注自己的社会形象，希望自己与众不同。特别是在穿着打扮方面，既希望跟上社会潮流，又不愿意与别人雷同，年轻的职业女性更是如此。最常见的就是本来在商店里看好了一套衣服，在决定购买之前突然想到本单位的某人也有一套这样的衣服，这时大多数女性都会放弃购买。当然反过来也是一样。如果看到本单位的某人穿着和自己一样的衣服，她很可能把这套衣服“打入冷宫”。特别是对于休闲装，女性更愿意穿出自己独特的品位，以表现自己独特的风格与气质。

鉴于女性消费者在购买行为中的上述特点（当然不止这些），以及当今女性在家庭和社会中消费能力的提高，企业在制定营销策略时，就应该采取适当的符合女性消费者心理需求的各种措施。例如橱窗的设计与布置、商品的包装装潢以及色彩、款式等，都要考虑女性消费者的心理特点与购买行为特征。

7.2.3 经济因素与消费者行为

（1）经济因素与消费者行为

经济因素是制约消费者行为的一个基本因素，它包括宏观和微观两个方面。宏观经济因素是指整体的经济环境，经济的周期性变化，经济繁荣时，消费者的收入增加，可支配收入增多，消费水平相应提高；与经济衰退时，随着收入减少，人们会节约开支，消费水平自然也就相应降低。微观经济因素则主要涉及消费者以往的经济状况、一定时期内消费者收入的多少、储蓄所占的比重、能否取得消费信贷、市场物价水平及其变动状况，这一切都制约着消费者的行为。对于一般的消费者而言，收入是决定其能否发生购买行为以及发生何种规模的购买行为，决定着购买商品的种类和档次。所以，在这个问题中，我们着重讨论消费收入与消费行为的关系。

1）消费者的收入。

在研究消费者收入时，常使用以下指标：

①消费者的个人收入。指城乡居民从各种来源所得到的收入。改革开放以来，我国城乡居民的收入不断增加，各地区居民收入总额，可用以衡量当地消费市场的容量，人均收入水平则反映了购买力水平的高低。

②个人可支配收入。从个人收入中减去个人纳税后的余额和其他经常性转移支出后所余的实际收入，即能够作为个人消费或储蓄的数额。

③个人可任意支配收入。从个人可支配收入中减去维持个人和家庭基本生活必须支付的费用和固定支出费用（包括食物、房租、水电、交通、购买耐用消费品的分期付款、保险、孩子上学费用），就是个人可任意支配收入，这是影响消费需求变化的最活跃的因素。

2）消费者的绝对收入与相对收入。

①消费者的绝对收入，变化是指消费者所获得货币及其他物质形式的收入数量的升降变动。对大多数以货币收入为主的消费者来讲，影响其心理的主要因素是货币收入绝对数额的上升与下降。一般来说，消费者货币收入增加时，消费者的心理需求欲望也随之增强。反之，消费者货币收入减少时，其心理需求欲望也随之减弱。这种增强与减弱的心理倾向，常与消费者的简单思维活动有关。

②消费者的相对收入变化是指在消费者绝对收入不变时，由于其他社会因素，如价格、分配等的变化，引起原有对比关系的变动，而使收入发生实际升降的变动。相对收入变化时，对消费者的心理影响主要表现在：

一是消费者本人的绝对收入没有发生变化，而其他消费者的绝对收入发生变化；或消费者本人绝对收入的变动幅度大于或小于其他消费者绝对收入的变动幅度。这种变动，消费者在短时间内一般不易察觉，对短期消费心理也不构成影响。只有经过一段时间的对比之后，才会构成对消费心理的影响。比如，当某消费者或消费者群体的消费收入相对于其他消费者或其群体下降时，最初并未察觉，由于模仿心理的作用，继续与其他相对收入已提高的消费者或其群体在同等水平上进行消费，经过一段时间以后，便会感到由于消费支出能力降低，已不能与那些相对收入已提高的消费者保持同等的消费方式，而必须逐步降至与自身收入相等的消费水平上来。

二是消费者的绝对收入没有发生变化，而市场商品价格发生变化，使原有收入可购买的商品量发生了增减变化，或者是消费者绝对收入的变化幅度大于或小于价格变动的幅度。这种变动对消费者心理预期会产生直接影响，对消费者的货币投向、消费结构及消费数量都会产生明显的制约作用。比如，发生在2010至2011年上半年的通货膨胀，商品价格普遍大幅度上涨，而消费者的收入却上涨得很慢，有的甚至没有变化，这就意味着消费者相对收入减少了，直接影响消费者的购买心理和行为。

③消费者的绝对收入与相对收入之间存在着两种变动关系。

当消费者的绝对收入与相对收入呈同向变动时，即同升或同降，对消费者心理变化不会产生过大的影响。

当消费者的绝对收入与相对收入呈反向变动时，即一升一降，对消费者心理的影响较大。它一般表现为绝对收入的上升，相对收入的下降。比如，当消费者的绝对收入增加以后，需求和购买欲望随之增加，但是当消费者进入市场以后，发现物价上涨幅度快于自己收入上升的幅度，或他人收入增加幅度大于自己收入增加幅度时，就会使原已膨胀的消费欲望受到打击，转而出现不稳定或失望的心理感觉。

3）消费者的现期收入与预期收入。

①现期收入。指消费者在当前一定时期内所获得的收入，包括工资、奖金、利息、消费信贷收入等，也可以包括能转化为货币的财产。一般来说，消费者收入增加时，消费也会增加；收入减少时，消费也会减少。但是，收入和消费并不总是按相同比例增加或减少的。经济学家认为，从较长时期看，消费增长的幅度小于收入增长的幅度，因为消费者会按一个不断增大的比例把收入的一部分转化为储蓄。现期的实际收入与其他收入的最大区别在于它为消费支出额规定了一个客观上限。

②预期收入。指消费者以现期收入为基础，以当时的社会环境为条件，对今后收入的一种预计和估算。这种预计和估算取决于消费者对个人能力的信心和对社会发展前景的信心。

在一般情况下，当消费者的预期收入将相对地高于现期收入时，他可能增加现期的消费支出，甚至敢于举债消费，以提高现期的消费水平。反之，当消费者估计预期收入将绝对或相对低于现期收入时，他将降低现有消费水平，减少日常支出，而较多地用于储蓄或投资，以期取得未来收益，以使未来消费水平不致下降，或可以提供基本生活保证。这种估计的心理基础往往是出于对社会发展和个人能力成长缺少信心。

4）消费者的过去收入。

实际上消费者的消费行为并非仅仅受现期收入的约束，过去收入和过去收入养成的消费习惯，也往往对消费者的购买行为产生显著影响。过去收入使消费者养成一种消费习惯，使消费支出水平难以逆转。因此，当现期实际收入发生变化后，过去收入就对现在的消费支出有一种调节作用。

（2）消费者的支出结构和恩格尔系数

在研究消费者收入与消费支出关系时，常使用以下指标：

收入在很大程度上影响着消费者支出模式和消费结构。随着消费者收入的变化，支出模式与消费结构也会发生相应变化。

在1853—1880年间，德国统计学家恩斯特·恩格尔曾对比利时不同收入水平的家庭进行调查，并于1895年发表《比利时工人家庭的日常支出：过去和现在》一文，分析收入增加影响消费支出构成的状况，指出收入的分配，适应收入阶层为一定比率，此比率依照收入的增加而变化。在将支出项目按食物、衣服、房租、燃料、教育、卫生、娱乐等费用分类后，发现收入增加时，各项支出比率的变化情况为：食物费用支出所占比率趋向减少，教育、卫生、娱乐费用支出所占比率迅速上升。换言之，一个家庭收入减少，其支出中用于购买食物的比例增大。这便是恩格尔定律。食物费用占总支出的比例，称为恩格尔系数。一般认为，恩格尔系数越高，生活水平越低；反之，恩格尔系数越低，生活水平越高。在我国，随着城乡居民收入水平的提高，恩格尔系数呈现明显下降的趋势。2010年统计年鉴数据表明，改革开放的1978年城镇居民家庭的恩格尔系数为57.5%，2000年为39.4%，2005年为36.7%，2009年为36.5%，同期农村居民家庭的恩格尔系数则由1978年的67.7%下降到2000年的49.1%，随后又下降到2005年的45.5%，2009年为41.0%。

当然，消费者支出模式与消费结构不仅与消费者收入有关，还受到家庭生命周期所处的阶段、城市化水平、商品化水平、食物价格指数与消费品价格指数变动是否一致等因素的影响。

（3）不同收入阶层的消费行为特征

消费者的收入水平不同，其消费特点也不同。根据消费者的收入水平，我们把消费者分为三种类型，即低收入阶层的消费者、中等收入阶层的消费者和高收入阶层的消费者。

1）低收入阶层消费者的行为特征。

低收入阶层消费者主要是下岗职工、失业人员、靠打零工或摆小摊养家糊口的人、较早退休或内定退休的集体企业职工、停产或半停产企业职工以及领取最低生活保障的残疾人和孤寡老人。这部分人收入非常低，预算约束上没有什么回旋余地，安排消费时，仅看眼前的现期收入，是“短视的、原始的”消费者。由于他们的预算约束是一期的，相应地，他们追求的是即期的效用最大化，他们的消费行为是短期行为。这部分消费者能够意识到未来的风险，有比较强的储蓄欲望，但他们的经济实力决定了他们不可能有太多的储蓄，而必须将收入的大部分消费掉。其消费相对于其他阶层来说难以压缩，因为这个阶层的人，消费的绝大部分都是以食物支出为特征的生活必需品消费。如果贫困阶层的恩格尔系数高达0.8以上，这意味着低收入阶层消费中至少有80%是为了吃饭，在这种情况下，压缩消费极为困难。即使低收入阶层的收入提高，他们的收入增量中绝大部分也不会用于储蓄。其原因在于，这个阶层的储蓄，是在消费受到高度压抑的前提下出现的，也就是通常所称的“从牙缝里攒出来的”。所以，此阶层的收入若有提高，首先将导致他们被压抑的消费释放出来，储蓄则是排在第二位的。

2）中等收入阶层消费者的行为特征。

中等收入阶层主要由政府公职人员、国有企业职工、科教文卫人员、个体经营者等组成。他们年龄大都在30~45岁，有较高的受教育程度，多为所在行业的骨干力量。年轻、拥有丰厚的收入、从事知识密集型职业，这些外显特征只构成这一群体的物质基础。中等收入阶层不仅仅是一种经济范畴，它还是一种生活方式，一种内在生活理念。中等收入阶层崇尚自由、快乐、平等，具有非常强的社会责任感和独特的政治见解，讲究情调、品位，有较高的审美水平，追求自然朴素的生活状态，更加追求自我，更加喜欢表现自我。这些因素都对其购买行为产生深刻影响。

①具有较高的消费倾向。中等收入阶层消费者普遍拥有超前享受的消费观念，不断追求时尚和走在时尚的前端。他们有着较为丰厚的经济收入作为保障，乐于进行消费活动，有着较高的收入消费倾向。

②需求趋向多样化、个性化和高档化。在生理需要得到满足之后，中等收入者开始更多地关注生活品质和自身技能的提高，开始求“精”求“好”，消费趋向高档化。中等收入阶层群体追求时尚，对于新兴产品，特别是科技含量较高的产品更为青睐，更注重产品的智能化和能否满足自己个性化的需要。为了保持自身的职业竞争力和顺应时代的发展，他们对继续教育、对身体保健的需求不断增加。较高的收入和提高生活品质的内在需要，使他们对住房、旅游、娱乐等产品或服务的现实需求也明显高于低收入者。因此，中等收入者的需求趋向多样化和个性化。

③社会责任感强，更加关注自己在心理上、精神上的满足程度。由于所受教育程度和具有的认知程度较高，中等收入阶层相对来说具有更强的社会责任感，他们关心国家政治、经济生活和社会可持续发展，关注企业的社会责任表现和承诺。因此，企业在劳工、安全、环保等社会责任上的所作所为对中等收入者购买决策的影响越来越大。哪些企业更关心员工的健康、安全和发展，更关注环境保护和减少资源消耗，哪些企业就更容易赢得消费者的青睐，进而建立起良好的市场形象和品牌忠诚。人的需要是分层次的，有初级的生理需要，也有高级的自我实现的需要。调查与研究表明，中等收入群体在购买商品时受自我观念影响比较大。如果产品的形象符合他们心理上、精神上的需要，就会对此产品形成积极的评价或偏好。因此，他们在购买产品时不单单考虑产品本身，更注重产品的象征性意义（即整体产品概念中的外延层），关心它们是否达到心目中对自己的期望。

④中等收入阶层有着强烈的消费示范作用，是社会消费潮流的引领者。一方面，中等收入阶层易于接受新生事物，站在时尚的前端，有自己独特的品位；另一方面，目前的中等收入阶层大多是知名企业的白领、企事业单位的领导者或骨干力量，有着丰厚的收入，社会活动参与程度高。这两方面的原因，使得他们的生活方式、消费行为很容易成为大众追随、效仿的榜样。一种新产品、新消费方式的出现，中产阶级群体往往是最先的尝试者和推动者。他们追逐着时尚，同时也制造和引领着时尚。对于营销人员，应该密切捕捉中等收入阶层在消费动态上发生的任何细微的变化。因为，今天中等收入阶层流行的东西，明天也许就是整个社会流行追赶的东西。同时，一种产品占领了中等收入阶层市场，就更容易打入其他阶层市场，特别是普通收入阶层市场。

3）高收入阶层消费者的行为特征。

高收入阶层消费者主要是企事业单位的管理人员、演艺界和体育界的明星、律师、医生等。从外部环境设定来看这部分人，有如下一些特点：

①预算约束。这部分消费者的收入在近几年增长较快，在满足日常消费后有大量的结余，资产积累较多，具有了跨时预算的能力，但并不像生命周期假说所描述的那样以一生的收入作为预算。

②流动性约束。虽然由于我国私人消费信贷市场目前还处在起步阶段，但由于其收入水平较高，资产积累较多，他们受流动性约束的影响很小。

③不确定性。他们的收入水平非常高，其住房、医疗和社会保障问题都已得到了妥善解决，因而他们受宏观经济不景气和住房、医疗及社会保障体系改革带来的不确定性的影响很小。从内在因素设定看，高收入水平及较多的资产积累，使他们具有了跨时预算约束的能力，与此相应他们追求的是跨时效用最大化；在我国经济转轨时期进行的各项制度改革所形成的不确定性虽然对他们的影响不大，但也使他们的风险意识和风险预期行为在逐步加强；对他们而言，时间偏好仍然不显著。

这个阶层消费者的消费行为较接近持久收入消费理论。他们的收入较高，在满足了对生活必需品和高档消费品的需要之后，还有大量剩余，这些剩余在转化为储蓄之后，能够为这个阶层提供大量的财产收入。所以，无论在现期还是未来，无论在退休前还是退休后，这个阶层的人均不会面临生活水平下降的危险，除非他们的财产受到某些意外的损失。此阶层的消费有其独特之处：①由于他们在消费上几乎不存在预算障碍，所以就不存在消费压抑现象，即他们的消费已经在现期得到满足。如果暂时收入增加，则绝大部分将转化为储蓄。②由于消费存在生理极限，因此他们的收入增长只能带来微弱的消费增长。

思考与技能实践

1. 名词解释

（1）个性（2）自我（3）高物质主义倾向（4）认知需要

2. 填空题

（1）______是个体对自身一切的知觉、了解和感受的总和。

（2）不太愿意为移植目的捐献器官的人，往往被视为具有高______倾向的人。

（3）从消费者角度理解，______就是人如何生活，它对个体应选择何种消费模式，包括消费观念、如何使用时间和金钱等均有重要影响。

3. 简答题

（1）生活方式与个性的联系和区别是什么？

（2）对品牌与个性，应该从哪些方面考察品牌？

（3）阐述个性与决策的关系，列出主要观点？

案例分析

儿童：手机的最后一个战场

诺基亚、三星、摩托罗拉和迪士尼公司之间有什么共同之处？它们都为世界各地的儿童生产手机。随着成年人和青年人的手机市场的迅速饱和（美国65%的青年人拥有手机），手机产业开始寻找其他细分市场。在不久的将来，手机产业的市场潜力在于儿童，特别是8～12岁甚至更小的孩子。父母们已经给5岁大的孩子购买他们自己的手机了。

早在2005年，许多公司就向儿童市场推出了手机产品。迪士尼、美泰等公司都推出颜色鲜艳的手机，这些手机通常带有明星图片。它们为儿童的小手设计这些手机，减少传统的按键。父母可以设计手机的工作程序，控制呼入和呼出电话，并预测话费。

但是，孩子们真的需要手机吗？许多孩子认为需要，但是，各类评论家却不这样认为。一些批评者认为，手机制造商已经通过不断的营销策略宣告向孩子的“捕鱼期开始”。一些人甚至恳求美国国会调查这一逐渐升温的趋势。

手机公司为它们的行动辩护。许多公司声明，它们没有向儿童营销产品（甚至与孩子友好的产品），而是向他们的父母营销。迪士尼公司说，它们开发迪士尼移动电话是一种满足家庭需要的服务，它们的产品和服务对所有的家庭成员开放，包括成年人。营销人员声称，他们只是在回应消费者的需要。当然，孩子们想要这些产品是因为它们很酷，因为他们的朋友都有手机，因为他们想长大。事实上，许多青少年拒绝小孩版手机，他们需要的是成年人风格的手机。对于Firefly手机，一位年轻的顾客说：“它是三年级小孩的手机，到了五年级以后，你应该有一部真正的手机。”

酷和威望的需要还不足以让父母动心为孩子们购买手机。然而营销人员基于不同的原则把手机定位在爸爸妈妈身上：手机为焦虑的父母提供了额外的安全保障，他们可以随时找到他们的孩子。许多孩子的手机都提供GPS跟踪和父母控制功能。当父母相信与孩子保持联系可增强安全感，购买决策就简单了。“突然，你们不再是过分放纵的父母，你们是看护孩子的父母。”科罗拉多大学营销学教授玛格丽特说。

无论是出于安全考虑，还是仅仅因为父母正在服从他们孩子的需要，手机营销人员的努力似乎是值得的。已有46%的9～11岁的孩子和20%的6～8岁的孩子拥有手机。如果公司让孩子们习惯使用手机，孩子们将成为终身消费者。这是不是一件好事仍在争论中。

讨论题：

对于儿童手机，谁是顾客？讨论为孩子购买手机这一决策的过程。

第8章

社会群体因素对消费者行为的影响

学习目标

1. 掌握社会群体的含义、分类；掌握从众的特征、角色与购买行为的关系；掌握参照群体的特征、分类和影响方式；掌握社会阶层、家庭对消费者行为的影响
2. 能够对社会群体、参照群体、社会阶层和家庭对消费者进行区分
3. 能够根据社会群体、参照群体、社会阶层和家庭区分对消费者采取不同的营销方式

导引案例

20世纪30年代，谢里夫将游动现象用于遵从行为研究而进行了一项研究。他利用游动错觉的特点。首先告诉被试黑暗环境下的光点在运动，然后让大家判断一个光点运动的距离。由于人们一般没有游动错觉的知识，因而就做出了各种各样的距离判断。随后谢里夫再让一位实验助手以肯定性的口吻指出距离判断的尺度，结果发现经过几次实验之后，被试的距离判断越来越接近于实验助手所做出的距离判断。这一错判现象的社会心理学依据是：所有被试由于处在一种不能确信自己的情境中，因而，被试只好慢慢地遵从他人的判断。该实验结论是，人们在不知情况不能确信自己的情境中，出现了一种遵从行为。而这种遵从行为是由于缺乏必要的信息所引起的，而不是盲目地服从。

这个实验说明虽然最初个人环境下的判断彼此差异很大，但随着在群体情境中实验的进行，个人对自己的判断不断地调整和修正，最后越来越接近群体判断结果的平均值，并且这个判断标准会固定下来，并在以后的判断中发挥作用。

这个实验结果显示了在模糊情境下群体依赖、群体压力的存在和群体规范的形成，同时显示，群体的影响或者说压力能够超越群体的存在，出现在没有群体的环境中。谢里夫的研究让我们看到了群体压力和群体规范对人们的认知行为所具有的巨大影响力。

8.1 社会群体的影响

消费者行为在很多方面受到社会群体的影响。对消费者行为影响比较大的社会群体有参照群体、社会阶层和家庭。本章首先通过对社会群体的剖析，引出参照群体与消费者行为的关系，然后讨论社会阶层与消费者行为的关系。在此基础上分析社会角色对消费者行为的影响，最后分析群体压力与从众心理对消费者行为的影响。

8.1.1 社会群体的含义与特征

分析消费者行为，离不开社会群体因素对消费者行为的影响研究。古希腊的亚里士多德说："不在社会生存的人，不是禽兽就是神明。"因此，结群是人类生活的基本特征。首先，群体成员在沟通和接触过程中，通过语言、行动等表达个性和思想，在这一过程中会相互影响与学习，产生一些共同的信念、态度和规范，它们对消费者的行为将产生潜移默化的影响。其次，每一个群体都存在一定的正式或非正式的规范，这些规范及其压力会促使消费者自觉或不自觉地与群体的期待保持一致，使群体内的消费行为具有一定的共性。比如，企业规定员工上班需要统一着装，佩戴共同的企业标识；再如，旅行团中一些游客的购买行为常使无购买意愿的游客加入其中等。

（1）社会群体的含义

社会群体是人们通过一定的社会关系结合起来进行共同活动和感情交流的集体，是人们社会生活的具体单位，是组成社会结构的一部分。群体规模可以比较大，如几十人组成的班集体；也可以比较小，如经常一起上街购物的两位同学。

（2）社会群体的特征

1）分工和互赖。

群体的职能分工既能使群体成员区别于其他群体成员，也能使一个群体区别于其他群体。就个人来说，群体为了最有效地达到它自己的目标，必然会对群体每位成员的地位和角色做出相应的安排，每个人也总是以某方面独立的能力胜任某项分工，从而成为群体成员。正如荀子所说："人生不能无群，群而无分则争，争则乱，乱则离，离则弱，弱则不能胜物。"

此外，群体中的互赖性也十分突出，群体成员在物质和精神上的满足有赖于与他人的合作才能实现。不仅群体成员之间的关系是这样，就是群体之间的关系也是如此，像邻里关系。个人不能离群索居，群体也不能闭关自守，任何群体总是与别的群体互通有无的。群体生活范围越扩大，人的关系越复杂，群体的分工越细密，这种互赖性也越强。

2）共同的归属感。

归属感也就是"我们感"，是个体自觉地归属于所参加群体的一种情感。每个成员参加群体，首先要感到自己与群体成员的共同感情，接受这种共同感，才能获得这个群体成员的资格。

有了这种"我们感"，个体才会自觉遵守群体的规则，维护这个群体的利益，并与群体内的其他成员在感情上发生共鸣，表现出与群体相同的情感和一致的行为。如果个体的归属感增强，那么群体的凝聚力就会加强；反之，就会下降。一个人在一生中可以同时或先后参加几个不同的群体，他会对这些群体产生归属感，而最强烈的归属感是来自对他生活、工作等方面影响最大的那个群体。一般来讲，人们对家庭的归属感比对工作群体的归属感要强烈得多。

3）具有特定目标和行为规范。

目标是人们想要达到的境地和标准，任何群体都有一定的目标，这是群体活动的方向和目的。正是由于目标的一致，使人们产生了共同的兴趣和愿望，产生对社会现象较为一致的看法和评价，从而联合成群体。没有目标，群体就没有动力，更谈不上存在与发展。

群体规范是群体为了实现目标而产生的一系列制约成员的行为准则，它是全体群体成员熟知和接受的，人们依此指导自己的行为，从而使群体生活有序进行。

8.1.2 社会群体分类

（1）正式群体与非正式群体

按照群体建立的原则和方式不同，可以把群体分为正式群体和非正式群体。

正式群体是指有明确的组织目标、正式的组织结构，成员有着具体的角色规定并为完成组织规定的任务而产生的群体，如机关、学校、工厂等正式群体有一定的规范。作为其成员在行为上应遵守一定的准则。这些规范和准则，有些作为某种制度、纪律，成为群体对成员的组织约束手段；有些则属于重要的影响，如观念、情感、情趣等方面的心理规范，它影响消费者的价值观念、审美情趣的形成。例如，在购买服装时，科技群体成员对服装的面料、做工较为重视，文艺群体成员对服装的款式、色泽及服装的社会效果更为注意。

非正式群体是指人们在交往过程中，由于共同的兴趣、爱好和看法而自发形成的群体，一般结构比较松散、自由，如临时组成的旅行团和各种各样的同学会等。非正式群体可以在正式群体之内，也可以在正式群体之外，或是跨几个群体。

（2）主要群体与次要群体

主要群体也称初级群体，是指成员之间有经常性面对面的接触和交往，具有亲密人际关系的群体，如家庭、邻里、朋友群体等。在主要群体中，成员之间不仅有频繁的接触，而且有强烈的情感联系，正因为如此，像家庭、朋友等关系密切的主要群体，对个体来说是不可或缺的。

次级群体以间接交往为基础，是人类有目的、有组织地按照一定社会契约建立起来的社会群体，如党、团组织、公司、学校等。次要群体规模一般比较大，人数比较多，群体成员不能完全接触或接触比较少，不容易建立浓厚情感关系。

（3）隶属群体与参照群体

隶属群体是消费者实际参加或隶属的群体，如家庭、学校等一个60岁以上的老年人，不论其心理状态如何，年龄因素使其自然成为老年人群体中的一员。

参照群体是成员在身份上并不归属，但在心理上向往归属的群体。参照群体使成员把该群体作为自己活动的参照点。参照群体可以是自己参加的所属群体，也可以是所属群体以外的群体。消费者希望自己的行为与参照群体一致。比如，一些青少年希望能成为歌星或影星，他们从动作、发型到服装都模仿自己心目中崇拜的“明星”。也有人把文艺作品和影视中的某些形象当成自己的参照群体。

另外，按照群体成员数量的多少还可以把群体分为大群体和小群体；或以群体功能为依据，把群体分为家庭群体、经济群体、政治群体、教育群体、宗教群体、游戏和娱乐群体等。

8.1.3　群体压力与从众

从众是指消费者个体在群体的压力下改变个人意见而与多数人取得一致认识的行为倾向。从众行为是一种常见的社会生活现象，在消费领域中表现为消费者自觉或不自觉地跟从大多数消费者的消费行为，以保护自身行为与多数人行为的一致性，从而避免个人心理上的矛盾和冲突，这种个人因群体影响而遵照多数人消费行为的方式，就是从众消费行为。

影响消费者个体从众行为的因素来源于群体特征和消费者特征两个方面。

（1）影响消费者从众行为的群体特征

影响消费者从众行为的群体特征主要有群体的一致性、群体的规模和群体的权威性。

1）群体的一致性。

群体的一致性是指群体内部信念、态度或行为保持一致的程度。群体内部的一致性越高，个体消费者感受到的群体压力就越大，从众的可能性也会随之相应地增加。例如，群体中若仅有一人持不同意见，他要承受很大的从众压力；如果有人出来附和，就会大大缓解他的从众压力。

2）群体的规模。

一般来说，群体的规模越大，持一致意见的人数就会越多，消费者个体所承受的从众压力就会越大。

3）群体的权威性。

群体在产品知识和购买经验等方面越有专长或越有权威，消费者个体在购买决策上受群体的影响越大，从众的可能性也就越高。

（2）影响消费者从众行为的个体特征

影响消费者从众行为的个体特征主要有个体的知识经验、个体的个性心理特征以及个体对群体的忠诚程度等。

1）个体的知识经验。

个体消费者对所要购买的产品或服务越是了解，掌握的购买信息越多，就越不容易从众。相反地，如果购物风险越大，消费者产品知识和购买经验不足，群体的影响就会相应加大，从众的可能性随之增加。

2）个体的个性心理特征。

个体消费者的智力、自信心和社会赞誉要求等个性心理特征直接影响从众的可能。智商水平高的消费者，思维活跃，学习能力强，掌握的购买信息较多，自信心较强，不太容易发生从众行为；社会赞誉要求高的消费者，重视别人对自己的评价，期望通过从众行为来获取他人的肯定和称赞，性格较为软弱的消费者，行事决策不够果断，自信心不强，较多地表现出从众倾向。

3）个体对群体的忠诚程度。

当群体对个体具有较大的吸引力，或者个体强烈期望成为群体成员，或者个体高度认同群体的信念、规范或价值观时，就会努力与群体保持高度的一致性；反之，随着个体消费者对群体忠诚度的下降，从众的压力也相应降低。

8.1.4 群体与角色

（1）角色概述

每一个人都在社会或群体中占据一定的位置，围绕这个位置，社会或群体对个体会有一定的要求或期待，当消费者个体依照社会或群体的期待去履行义务、行使权利时，就是在扮演一定的角色。在现实生活中，消费者需要扮演各种各样的角色。具体来说，角色就是消费者个体在特定社会或群体中占有的位置和被社会或群体所规定的行为模式。因此，要了解消费者行为，就必须了解消费者所扮演的角色。要完整了解角色，可以从了解以下几个和角色相关的概念着手，它们分别是：角色形态、角色全貌、角色超载、角色冲突、角色转变。

1）角色形态。

角色形态是指消费者个体在担任某种角色时，所表现出来的种种构面或变量。例如，一位警察的角色形态可以由认认真真、秉公执法、保护大众、全心全意为人民、惩治坏人等构面和变量组成。

2）角色全貌。

角色全貌是指消费者个体所扮演的全部角色。例如，某个消费者在公司中是一位老总，在家中是位父亲，在一个协会中是一位会长，在某个俱乐部中是一位会员，这位消费者所扮演的全部角色便构成了角色全貌。

3）角色超载。

角色超载是指消费者个体所扮演的角色数量过多，从而超过了其个人在精力和能力上所能容许和负荷的范围。例如，这些年来，在上班族中出现了许多“过劳死”的案例，不少的情形便是由于角色超载。

4）角色冲突。

角色冲突是指消费者个体同时扮演很多角色，而这些角色的期望行为刚好彼此冲突，此时便会产生角色冲突。例如，许多上班族因为工作忙碌而不能兼顾家庭便是一种典型的角色冲突，因为公司的角色（尽职员工）和家庭的角色（称职的父亲和丈夫）产生了冲突。

5）角色转变。

角色转变是指消费者个体会随着时间的推移，不断获取某些新的角色并抛弃过去的某些角色。例如，当某位消费者通过自身的努力由一名业务员晋升为业务经理，或是某位消费者从结婚到生子，她就获取了母亲这一新的角色。这些都属于角色转变。

（2）角色与消费者购买行为

1）角色关联产品集。

角色关联产品集是指承担某一角色所需要的一系列产品。这些产品或者有助于角色扮演，或者具有重要的象征意义。角色关联产品集规定了哪些产品适合某一角色，哪些产品不适合某一角色。在营销活动中，要让消费者产生对某一产品的购买行为，必须让产品进入消费者的角色关联产品集。要使产品顺利进入消费者的角色关联产品集，首先必须让消费者意识到其承担这类角色，其次要想方设法确保其产品能够很好地帮助消费者扮演好角色或具有重要的象征意义，从而使消费者认为该产品适用于该角色。

2）角色超载和角色冲突。

如今越来越多的消费者会遇到角色超载和角色冲突的问题。例如，一位教师既面临教学、科研、家务的多重压力，同时又担任很多的社会职务或在外兼职，此时，由于其角色集过于庞大，他会感到顾此失彼和出现角色超载。角色超载的直接后果是个体的紧张、压力和角色扮演的不称职。角色冲突有两种基本类型：一种是角色间的冲突；一种是角色内的冲突。很多现代女性所体验到的那种既要成为事业上的强者又要当贤妻良母的冲突，就是角色间的冲突。

每位消费者都不希望在这种由于角色超载和角色冲突而带来的紧张状态下生活。因此，这种角色超载和角色冲突会导致消费者产生新的需求并引发新的商机。

3）角色演化。

角色演化是指人们对某种角色行为的期待随着时代和社会的发展而发生变化，随着越来越多的女性参加工作和女性在家庭中地位的上升，传统的男、女角色行为已经或正在发生改变。在我国的很多家庭尤其是城市家庭，洗衣做饭、照看小孩、家庭清洁、上街购物等各种家务活动，越来越多地由夫妻共同分担，在有些家庭甚至更多地由丈夫分担。

角色演化既给营销者带来机会，也提出挑战。例如，妇女角色的转变，使她们同男性一样可以从事剧烈运动，许多公司因此向妇女提供各种运动用品和运动器材，职业女性人数的日益增多，使得方便女性携带和存放衣物的衣袋应运而生，妇女在职业领域的广泛参与，改变了她们的购物方式，许多零售商也因此调整其地理位置和营业时间，以适应这种变化。研究发现，全职家庭主妇视购物为主妇角色的重要组成部分，而承担大部分家庭购物活动的职业女性对此并不认同。显然，在宣传产品和对产品定位的过程中，零售商需要认识到基于角色认同而产生的购物动机上的差别。

4）角色获取与转变。

在人的一生中，个人所承担的角色并不是固定不变的。随着生活的变迁和环境的变化，个体会放弃原有的一些角色，获得新的角色和学会从一种角色转换成另外的角色。在此过程中，个体的角色集相应地发生了改变，由此也会引起他对与角色相关的行为和产品需求的变化。

当你大学毕业，走上工作岗位，你会发现很多原来非常适合你的产品如服装、手表、提包等，很可能需要重新购置。新的角色会在穿着打扮、行为举止等多个方面对你提出新的要求，从而使你感到适合学生角色的那些产品，很多不适应于新的角色，这无疑为企业提供了很好的营销机会。

案例链接

大学生从众案例

消费从众

进入高等学府，可谓是“大开眼界”，校园里不乏“穿衣戴帽各有一套，抽烟喝酒各有所好”“吃的高档、穿戴时髦、玩的够派、抽烟名牌”之辈。有些大学生下餐馆、赶舞场、览名胜、春游、秋游、过生日、会朋友、吃奖金、喝补助，名目繁多，五花八门，大学生纷纷搭上宿舍、班级、朋友、老乡的班车，无视自己的经济基础，钞票大把大把地花。有当局者一语道破天机：无可奈何，为了面子，只好不顾底子喽。

学习从众

高校常有这样一种现象，入校时随意安排的学生班级之间、宿舍之间，一年左右时间，便在各个方面显示出不同层次，出现明显的“不同步”现象。优等生、英语过级、研究生录取等相对来说，班级、宿舍都比较集中。宿舍成员集体出动参加各种证书培训班，已是大学校园蔚然流行的风景，一男生直言：“哥儿几个都在拼命学，我不上进，岂不丢人?”

宿舍效应

从众于老生、老乡也是新生中较为普遍的现象。新生涉世不深、情况不熟，易简单模仿和随从于他人的行为。他们有的把“信得过”的老生、老乡作为他们学习的“楷模”，有的干脆“跟着‘二老'走，永远不回头”，盲目从众。学习上表现为“老生（乡）怎干就怎干”，在遵守校规校纪方面表现为“向老生（乡）看齐”，如此，很容易导致“从良则良，随莠则莠”的结局。

随着大学生活的深入，同兴趣的同学相聚在一起，形成“趣缘圈”，成为大学生社交最广泛的形式。“趣缘圈”对大学生有极大的吸引力，往往对大学生思想观点的形成有很大的影响。

某大学一个班有几名爱好长跑的同学，男生健壮、女生苗条以及运动会上的风光引得同学啧啧称赞，不知不觉大部分同学成了他们的追随者，冬季全校越野赛前10名中，竟有5位是该班同学。某医学院93级6名学生，大学五年一直同室而卧，早晨6时起床，晚上11时入睡，该室同学能弹会拉，运动会上“屡建奇功”，演讲比赛叱咤风云，毕业分配前5人报考研究生全被录取。“班级效应”“宿舍效应”在班风、舍风中的作用，由此可见一斑。反之，庸俗的从众行为往往会导致班风、舍风消极落后。

择业从众

就业对每个大学生来说都占据着非常重要的地位，但有一部分同学抱着“不考上研死不休”的想法，一心考研。当毕业的双选会来临时，看到周围的同学忙于找工作，同班或同宿舍的同学签了约，原本一心考研的心，乱了分寸，打破了自己的学习计划，影响了考研；有的同学择业不从自己的兴趣和本身的特长出发，而跟着别的同学意愿走，签不到自己满意的工作。在考研与就业抉择中，盲目从众，对个人发展不负责任。

8.2 参照群体

8.2.1 参照群体的含义与特征

（1）参照群体的含义

参照群体是指那些作为判断事物的标准或仿效模范的群体，即任何会成为个人在形成其态度、价值或行为上的参考或比较对象的个人或群体，是对个人的行为、态度、价值观等有直接影响的群体。

（2）参照群体的特征

1）群体规范。

群体规范是指群体所确立的、每个成员必须遵守的行为准则。每个群体都有特有的行为准则。这种准则，有的是明文规定的，有的是约定俗成的，但都有约束和指导成员行为的效力。群体成员的态度和行为，如果符合群体规范，就会受到群体的肯定，如果成员偏离或破坏其准则时，群体就会运用各种方法加以纠正。当然，群体规范不是一成不变的，随着形势的变化，它也会发生变化。而且，参照群体对成员行为的影响既可以是主动的，也可以是被迫的。也就是说，成员既可以主动模仿别人的行为，也可能在群体压力下不得不采取某种行为。后一种现象在社会心理学中又被称为社会从众。

2）角色。

角色是指社会对具有某一特定地位的个人所规定和期待的行为模式。现实生活中，每个人在某一群体中都会扮演一种角色，如有的人在企业中是经理，有的人是秘书，有的人是司机等。而且，我们所有人在同一时间都可能扮演不同的角色，如一个人既是经理，又是父亲、丈夫、某俱乐部会员等。不同的角色要求有不同的行为。也就是说，在不同场合的行为要符合特定的角色身份，不能混淆。比如，单位里经理的行为与家中父亲的行为就应该有所区别。另外，随着时间的推移，个人所扮演的角色是会发生变化的，有时是获得新的角色，有时是放弃现有的角色。所以，随着新角色的获取或原有角色的放弃，个人应该学会适应角色的变化。比如，由一个学生转变为一个职员，其穿着打扮、言谈举止都要随着角色的变化而变化。

营销人员了解角色理论是很有帮助的。首先，不同的角色有不同的角色关联产品集。营销者的主要任务，就是确保其产品能满足目标角色的实用或象征性需要，从而使人们认为产品适用于该角色。比如，计算机制造商正在努力使笔记本电脑成为“商人角色关联产品集”中的核心产品。其次，角色的获取或转换会使产品或品牌与新的角色相联系，从而为营销者提供了机会。比如，随着单亲家庭的增多，一些企业像银行、保险公司等已经开始向发生这种角色转化的人提供特殊的服务项目。最后，社会角色能影响人们的消费态度和消费习惯，比如，知识分子家庭对于书籍、计算机等文化产品的消费要高于一般的工人家庭。

3）观念领导者。

参照群体中经常包括观念领导者或者叫作意见领袖的个人，是指那些影响他人的人。显然，说服这些人购买他们的产品或服务对营销人员来说是非常重要的。很多在今天成为人们生活一部分的产品或服务最初就是受到了这些有影响的意见领袖或观念领导者的推动。

8.2.2 参照群体的分类

（1）主导群体和辅助群体

主导群体是形成个体消费者社会本质的基础，如家庭、邻里、工作单位等。消费者从孩提到暮年，日复一日的消费行为都要有意无意地受到其主导群体成员的影响。辅助群体多是由于个体某种专门兴趣、某种信念或某方面的特殊需要而从属或参加的群体，其成员之间也存在着直接交往，所以辅助群体的影响作用也常在消费者行为中体现出来。

（2）参与群体和期望群体

参与群体是消费者确实参加的群体，它可以较为直接地影响每个成员的消费行为。期望群体是消费者目前尚未加入但渴望加入的群体，它可以促使消费者通过比较和追求，改变原有的消费行为。

（3）自觉群体和回避群体

自觉群体是消费者按自己的年龄、性别、民族、教育、职业等指标自动地将自己归属于某个群体，个体能有意识地用这一群体的特征约束自己的消费行为。回避群体与自觉群体相反，它是个体消费者自认为与自己不相符的、极力避免归属的群体。这类情况可以影响到市场上某种商品的销售或工商企业的形象。如国外某种啤酒曾被认为是低阶层消费者饮用的，在中、高阶层消费者中就难以找到消费市场。

（4）长期群体和临时群体

长期群体是个体在较长的一段时间内参加的群体，其成员对个体的消费行为有较长期且稳定的影响。临时群体是消费者暂时参加的群体，如同一购买现场的其他消费者在选购过程中结成群体，一旦选购完成，便退出群体。这种消费群体对消费行为产生一时的、不稳定的影响，但对消费者是否采取购买行动起着非同小可的作用。

8.2.3 参照群体的影响方式

（1）群体心理对消费者行为的影响

人们在群体中相互作用、相互影响，就产生了群体心理，如从众、模仿、流行和暗示等。这些群体性的心理现象对消费者心理及行为产生制约作用。

1）从众。

心理学认为，个体在群体中常常会不知不觉地受到群体的压力，而在知觉、判断、信仰以及行为上，表现出与群体中多数人一致的现象，这就是从众现象。从众现象是一种较普遍存在的心理现象，在消费领域中更是屡见不鲜。如前些年城市居民攀比竞相购买耐用消费品，“许多人家都有了，我家没有显得寒酸”的心理，致使一些收入不高的家庭也节衣缩食去争购。又如，有一个班级的学生在谈到野炊时，大家七嘴八舌地说：包猪肉馅饺子，而你恰恰讨厌吃猪肉，但是听到大家都说要吃猪肉馅饺子，你也不好坚持自己的意见，只好随大流。再如，在我国近几年来办婚事的消费急剧膨胀，其中也有从众心理的原因。

从众行为既有积极意义，也有消极意义，这主要看从众从的是什么样的行为。针对一种良好的社会风气，就要在社会上大力宣传，造成一种社会舆论，使人们感到一种无形压力，从而产生从众行为。如宣传消费要量力而行，合理安排，讲究实效，不图虚荣，形成一种社会风气，使人们产生从众行为，这是有积极意义的。在消极方面，如果经济条件不许可，却不顾自己的收入水平，硬去与别人攀比，甚至借债，更有个别人不惜铤而走险，以非法手段来达到目的，这样的从众心理显然是消极有害的。

影响消费者从众行为的因素有如下一些：

①团体因素。一般来说，团体规模越大，团体内持相同意见的人越多，所产生的团体压力越大，越容易产生从众行为。同时，团体的内聚力越强，团体领导者的权威越大，影响力越大，从众行为也越容易发生。个体在团体中地位越低，越容易被影响，从众行为也越容易发生。

②个体因素。一般来说，容易发生从众行为的消费者，都是对社会舆论和别人意见敏感的人，或者是缺乏自信心的人，他们非常注重社会和别人对自己的评价。有资料表明，女性比男性更容易出现从众行为。

2）模仿。

所谓模仿，是指在没有外界控制的条件下，个体受到他人行为的影响，仿照他人的行为，使自己的行为与之相同或相似。由此我们可知，模仿就是自觉或不自觉地效仿一个榜样。

模仿是普遍存在的一种心理现象，从个体对他人的无意识的动作到衣、食、住、行及对他人的风度、性格、工作方法、生活方式乃至对整个社会生活有关的风俗、习惯、礼节、时尚等，都存在着模仿。如影迷们总是喜欢模仿他们崇拜的电影明星的装束打扮。总之，衣着、发型、交际风度等，都是模仿的对象。

模仿的影响力，取决于榜样的崇高威望和地位，也取决于榜样行为的大众化、实用化的程度。有时也取决于榜样的专业性质和地域范围。学习雷锋，我国人民有口皆碑，连美国西点军校也开展学雷锋活动，可见影响之大。孙中山先生首创的“中山装”，引起群众的广泛模仿，这除了中山装确有不少优点外，不能不说与孙中山先生的崇高威望和显赫地位有关。因此，工商企业的经营者应充分利用榜样的感染力，推出新颖、健康的商品，丰富和美化人们的物质生活和精神生活，以达到最大的经济效益和社会效益。

值得一提的是，在一些消费领域中盲目模仿的后果，在美感上可能成为东施效颦，在经济上则可能入不敷出。如表现在服饰方面，不顾自己的身材、肤色、年龄、职业，而盲目模仿别人穿着，结果反倒显得难看。用的方面，凡是现代化商品都想要，人家房里有的，自己最好也有，弄得房间里转身都转不过来。因此，对他人的消费方式要有分析地对待，不要盲从。消费者在打扮自己时，首先要了解自己，善于设计自己。女性美各有特色，如雍容华贵、端庄大方、热情活泼、清淡素雅都取决于不同的审美观，不同的性格、修养和精神面貌。重要的是把握住气质，定准基调，再根据肤色、身材等考虑衣式色彩，最后运用发式、饰物、化妆等来完成形象塑造。

3）流行。

许多人竞相模仿，从而成为一种风尚的结果，就会出现流行。流行这种群体心理现象，是指社会上相当多的人在较短时间内，由于追求某种行为方式，使人们相互之间发生了连锁感染，并使之在整个社会中到处可见。模仿可以是个别行为，而流行则已成为社会现象。

消费行为的流行，就是一定时期内常常出现的一种为一个群体或一个阶层的许多人都接受和使用的商品样式。在消费流行中，形成了对某种商品、劳务的需求热，以及对某种消费形式的追求热。它既包括有形物质商品的消费热，如“彩电热”“冰箱热”“电子琴热”等，也包括非物质商品的消费热，如“美术热”“气功热”等，还包括消费观念上的意识形态领域的流行热，如“出国旅行热”“进口家电热”等。消费者通过对所崇尚的商品的追求，从而获得一种心理上的满足，这在物质消费上，特别是服装打扮、家庭陈设等方面尤为突出。在精神生活领域也有反映。

商品行为的流行方式有：①自上而下依次引发的流行方式，如中山装、列宁装，首先是由社会上层领导人物或名士带头使用或穿戴，引起人们纷纷模仿和效仿，从而形成社会流行。②社会各阶层间相互诱发横向流行的方式，如高跟鞋、喇叭裤等，它是由社会的某一个阶层率先使用，而后向其他阶层蔓延、普及。③自下而上的流行方式，即是由社会的下层先采用，然后向上层推广而形成时尚的方式，如“牛仔裤”原是美国西部牧牛人的服装，后来连美国总统里根也穿了。领带源于北欧渔民系在脖子上防寒的布巾，现在则已成为与西装配套的高雅服饰。

引发流行除了上述的榜样作用以外，宣传也起着推波助澜的作用，如苹果系列产品的广告宣传，使之成为人们争相购买的时髦商品。

消费流行是商品经济发展特有的社会经济现象，其产生的社会基础是生产力的发展和人们物质需要、精神需要的增长；否则，既不可能生产出流行商品来，也不可能使商品具有流行性。消费流行是消费者需要的重要表现，因此，我们研究消费流行，有利于新产品的开发。工业企业生产的新产品要适应消费流行期的不同阶段，要以消费流行规律为依据。

4）暗示。

所谓暗示，是指人或环境以含蓄、间接的方式向他人发出某种信息，而使之无意识地接受并做出相应的反应。营销活动中运用暗示方式对消费者的心理和行为施加影响，可以使消费者产生顺从性的反应，或接受暗示者的观点，或按暗示者要求的方式行事。

暗示的方式可以有营销人员个人的词语和语调、手势和姿势、表情和眼神以及动作等，使之成为传递暗示信息的载体，还可以有营销单位的集体大动作，如聘请名人为他们做广告，雇用一批人拥向摊位，造成一种“生意兴隆”的假象。在营销现场，经常能看到有人排队，马上就会有人跟着排队的盲目抢购现象，这是行为暗示的结果。

在购买活动中，消费者受暗示而影响决策的行为是很常见的。实践证明，暗示越含蓄，其效果越好。因为直接的提示会使消费者马上产生“想赚我的钱”或“想推销你的东西”的心理反应。德国生产的“奔驰”牌轿车的广告语是：“如果有人发现我们的奔驰牌车发生故障、被修理车拖走，我们将赠送您美金1万元。”这就以婉转的方式从反面暗示顾客，奔驰牌汽车的质量有绝对的保证。

(2)参照群体影响成员行为的程度

参照群体不会对消费者的每个购买决策都施加影响，即使在群体影响确实起作用的情况下，消费者也会受到其他变量的影响。因此，在不同的情况下，参照群体对消费者购买行为的影响程度是不一样的。也就是说，参照群体对消费者行为所起作用的大小是不一样的。其影响因素主要有以下几个方面：

1）产品与品牌。

参照群体对不同产品和品牌的影响程度是不同的。这种不同的影响至少体现在两个方面：第一个方面是这种产品是必需品还是非必需品。必需品是每个人都必须拥有的东西，非必需品是特定阶层的人或在特定的情况下才拥有的东西。第二个方面是他人对这种产品的认知程度，即公众的还是私人的。公众商品是指那些当自己拥有和使用时能引起其他人重视的东西，私人商品则是指那些在家里使用的、别人无法注意到的东西。一般来说，一件产品的必需程度越低，参照群体的影响程度越大；产品的公众性越强，即产品或品牌的使用可见性越高，群体影响力就越大。

2）个人与参照群体的关系。

一般来说，个人对参照群体越忠诚，他就越会遵守群体规范，参照群体对他的影响就越大。比如，当一个人要参加一个渴望群体的活动时，他就会非常重视自己的穿着打扮，而对于要参加一个非渴望群体的活动时，他就会显得很随便。

3）个人特征。

个人在购买中的自信程度越低，他越容易求助于参照群体成员，参照群体对他的影响就越大。特别是在购买他不太熟悉的产品或重要的产品（如汽车、保险等）时更是这样。此外，个性、安全感、地位等也对个体是否遵从群体规范起重要作用。个人在群体中的地位能影响他对群体规范遵守的程度。一般来说，一个人在群体中越受欢迎，或在群体中的地位越高，越能够自觉地遵守群体规范，与群体保持一致。

4）群体特征。

群体特征指的是影响个体遵从的参照群体的特征。群体影响个体的能力随着群体规模的大小、凝聚力的高低以及领导力的强弱而不同。群体人数越多，越难以达成一致，因而其影响力就会减小。群体凝聚力或领导力越强，其影响力就越大。

8.2.4 决定参照群体影响强度的因素

参照群体对其成员的影响程度取决于多方面的因素，下面对它们简要分析。

(1)产品使用时的可见性

一般而言，产品或品牌的使用可见性越高，群体影响力越大，反之则越小。最初的研究发现，商品的“炫耀性”是决定群体影响强度的一个重要因素。后来的一些研究探索了不同产品领域参照群体对产品与品牌选择所产生的影响。其中，拜尔顿（Bearden）和埃内尔（Etzel）的研究从产品可见性和产品的必需程度两个层面将消费情形分类，然后分析在这些具体情形下参照群体所产生的影响。

(2)产品的必需程度

对于食品、日用品等生活必需品，消费者比较熟悉，而且很多情况下已形成了习惯性购买，此时参照群体的影响相对较小。相反，对于奢侈品或非必需品，如高档汽车、时装、游艇等产品，购买时受参照群体的影响较大。

（3）产品与群体的相关性

某种活动与群体功能的实现关系越密切，个体在该活动中遵守群体规范的压力就越大。例如，对于经常出入豪华餐厅和星级宾馆等高级场所的群体成员来说，着装是非常重要的，而对于只是在一般酒吧喝喝啤酒或在一个星期中的某一天打一场篮球的群体成员来说，其重要性就小得多。

（4）产品的生命周期

亨顿认为，当产品处于导入期时，消费者的产品购买决策受群体影响很大，但品牌决策受群体影响较小。在产品成长期，参照群体对产品及品牌选择的影响都很大。在产品成熟期，群体影响在品牌选择上大而在产品选择上小。在产品的衰退期，群体影响在产品和品牌选择上都比较小。

（5）个体对群体的忠诚程度

个人对群体越忠诚，他就越可能遵守群体规范。当参加一个渴望群体的晚宴时，在衣服选择上，我们可能更多地考虑群体的期望，而参加无关紧要的群体晚宴时，这种考虑可能就少得多。最近的一项研究对此提供了佐证，该研究发现，那些强烈认同西班牙文化的拉美裔美国人，比那些只微弱地认同该文化的消费者，更多地从规范和价值表现两个层面受到来自西班牙文化的影响。

（6）个体在购买中的自信程度

研究表明，个人在购买彩电、汽车、家用空调、保险、冰箱、媒体服务、杂志书籍、衣服和家具时，最易受参照群体影响。这些产品，如保险和媒体服务的消费，既非可见又同群体功能没有太大关系，但是它们对于个人很重要，而大多数人对它们又只拥有有限的知识与信息。这样，群体的影响力就由于个人在购买这些产品时信心不足而强大起来。除了购买中的自信心，有证据表明，不同个体受群体影响的程度也是不同的。

自信程度并不一定与产品知识成正比。研究发现，知识丰富的汽车购买者比那些购买新手，更容易在信息层面受到群体的影响，并喜欢和同样有知识的伙伴交换信息和意见。新手则对汽车没有太大兴趣，也不喜欢收集产品信息，他们更容易受到广告和推销人员的影响。

案例链接

海尔品牌

一次农村家用电器品牌调查，发现有相当一部分农村居民根本不了解海尔，不知道海尔的主打产品是冰箱，电视只是延伸产品，但他们买电视时就买海尔，其他品牌不予考虑，在他们心目中海尔就意味着质量最好、服务最有保障，买了海尔就等于买了放心。究其原因，村民的从众心理和口碑效应使得海尔电器在村民心中占有很高地位。村民购买家电时意见领袖有较强的影响力，他们购买家电前，会主动询问农村家电修理人员、有使用经验的村民。因而，有些意见领袖简直成了“家电权威”，他们甚至拥有家电品牌的“解释权”。可见，海尔公司正是看准了意见领袖在村民当中的影响力并将其充分发挥，从而成功地开拓了农村家电市场。

8.3 社会阶层对消费行为的影响

8.3.1 社会阶层的概念与特征

(1)社会阶层的概念

社会阶层是指由具有相同或类似社会地位的社会成员组成的相对持久的群体。每一消费者个体都会在社会中占据一定的位置，有的人占据非常显赫的位置，有的人则占据一般的或较低的位置，这种社会地位的差别，使社会成员分成高低有序的层次或阶层。

产生社会阶层的最直接的原因是个体获取社会资源的能力和机会的差别。所谓社会资源，是指人们所能占有的经济利益、政治权力、职业声望、生活质量、知识技能以及各种能够发挥能力的机会和可能性，也就是能够帮助人们满足社会需求、获取社会利益的各种社会条件。导致社会阶层产生的终极原因是社会分工和财产的个人所有的不同社会分工形成了不同的行业和职业，并且在同一行业和职业内形成领导和被领导、管理和被管理等错综复杂的关系。当这类关系与个人的所得、声望和权力联系起来时，就会在社会水平分化的基础上形成垂直分化，从而造成社会分层。

社会分层表现为人们在社会地位上存在差异。社会地位是人们在社会关系中的位置，以及围绕这一位置所形成的权利义务关系。社会成员通过各种途径，如出生、继承、社会化、就业、创造性活动等占据不同的社会地位。在奴隶社会和封建社会，社会地位主要靠世袭、继承和等级制的安排所决定。在现代社会，个体的社会地位更多地取决于社会化、职业、个人对社会的贡献大小等方面，但家庭和社会制度方面的因素对个体的社会地位仍具有重要影响。

社会阶层是一种普遍存在的社会现象，不论是发达国家还是发展中国家，不论是社会主义国家还是资本主义国家，均存在不同的社会阶层。消费者行为学中讨论社会阶层，一方面是为了了解不同阶层的消费者在购买、消费、沟通、个人偏好等方面具有哪些独特性；另一方面是了解哪些行为基本上被排除在某一特定阶层的行为领域之外，哪些行为是各社会阶层成员所共同的。而了解消费者所归属的社会阶层的特点将有利于企业市场细分和目标市场营销的实施。因为，同一社会阶层的消费者往往表现出高度的同质性，他们通常拥有共同的价值观念、喜欢同样的生活方式、呈现相似的媒体偏好、选择类似产品或服务，光顾同一类型商店，等等。

(2)社会阶层的特征

1)社会阶层展示一定的社会地位。

一个人的社会阶层是和他的特定的社会地位相联系的，处于较高社会阶层的人，必定是拥有较多的社会资源，在社会生活中具有较高社会地位的人。他们通常会通过各种方式，展现其与社会其他成员相异的方面。社会学家凡勃仑所阐释的炫耀性消费，实际上反映的就是人们显示其较高社会地位的需要与动机。

由于决定社会地位的很多因素如收入、财富不一定是可见的，因此人们需要通过一定的符号将这些不可见的成分有形化。按照凡勃仑的说法，每一社会阶层都会有一些人试图通过炫耀性消费告诉别人他们是谁、处于哪一社会层次。研究发现，即使在今天，物质产品所蕴含、传递的地位意识在很多文化下仍非常普遍。

传统上，人们通过购买珠宝、名牌服装、高档电器等奢侈品，或出入星级宾馆酒店显示自己的财富和地位。今天，这一类显示地位的手段或符号仍然被很多人运用，然而，应当注意的是，随着社会的变迁和主流价值观的变化，它们的表现方式、作用都在发生变化。例如，随着收入水平的提高，很多过去只有上层社会才消费得起的产品、服务已经或正在开始进入大众消费领域，这些产品作为“地位符号”的基础开始动摇，另一方面，越来越多上层社会的消费者对通过消费显示其财富和地位感到厌倦。真正的富翁具有“普通人”的消费习惯，他们将大多数奢侈品视为那些财务上并不特别成功的人的选择。

2）社会阶层的多维性。

社会阶层并不是单纯由某一个变量，如收入或职业所决定，而是由包括这些变量在内的多个因素共同决定。在众多的决定因素中，其中某些因素较另外一些因素起更大的作用，收入常被认为是决定个体处于某一社会阶层的重要变量，但很多情况下，它可能具有误导性，例如，年均收入一样的三位社会成员，其中一位是大学教师，另外一位是业务员，最后一位是出租车司机，我们是很难将他们划归同一社会阶层的，除了收入，职业和住所亦是决定社会阶层的重要变量，一些人甚至认为，职业是表明一个人所处社会阶层的最重要的指标，原因是从事不同职业的社会成员受到社会尊重的程度也不一样，除了收入和职业变量以外，决定社会阶层的因素还包括政治变量（如权力、价值取向或阶层意识等）和社会变量（如个人声望或人际关系等）。社会阶层的多维性决定了社会阶层划分的复杂性，也决定了特定的产品或服务作为社会阶层象征的多重性。价格昂贵的产品或服务虽然将收入较低的消费者挡在门外，但并不能保证其顾客的高层次。如有些产品或服务虽然被标出天价，但他们往往将购买者视为暴发户，上层消费者即使买得起，也是不愿问津的。

3）社会阶层的层级性。

从最低的地位到最高的地位，社会形成一个地位连续体。不管愿意与否，社会中的每一成员，实际上都处于这一连续体的某一位置上。那些处于较高位置上的人被归入较高层级，反之则被归入较低层级，由此形成高低有序的社会层级结构。社会阶层的这种层级性在封闭的社会里表现得更为明显。我们可以从消费者个体所从事的职业、所受的教育程度、所热衷的社交圈子或者所购买的产品或服务等能够体现其身份和地位的活动中清晰地分辨出其阶层归属。

层级性这一点对营销者十分重要，因为社会阶层的层级性会促使消费者在购买活动中注重产品或服务的阶层象征，他们往往会购买与自己身份或地位相符的产品或服务，选择与自己同层次或更高层次社会成员经常光顾的商店，接触反映自己阶层归属的媒体。

4）社会阶层对行为的限定性。

大多数人在和自己处于类似水平和层次的人交往时会感到很自在，而在与自己处于不同层次的人交往时会感到拘谨甚至不安。这样，社会交往较多地发生在同一社会阶层之内，而不是不同阶层之间。一方面，同一阶层内社会成员的更多的互动，会强化共有的规范与价值观，从而使阶层内成员间的相互影响增强；另一方面，不同阶层之间较少互动，会限制产品、广告和其他营销信息在不同阶层消费者间的流动，使得彼此的行为呈现更多的差异性。

5）社会阶层的同质性。

社会阶层的同质性是指同一阶层的社会成员在价值观和行为模式上具有共同点和类似性。这种同质性很大程度上是由他们共同的社会经济地位所决定的，同时也和他们彼此之间更频繁的互动有关。对营销者来说，同质性意味着处于同一社会阶层的消费者往往拥有同样的消费观念或生活方式，他们会表现出相同的媒体偏好、产品选择标准和购物习惯，常去同一类型的商店购物和喜欢同样的休闲活动，这为企业根据社会阶层进行市场细分提供了依据和基础。

6）社会阶层的动态性。

社会阶层的动态性是指随着时间的推移，同一个体所处的社会阶层会发生变化，这种变化可以朝着两个方向进行：一是从原来所处的阶层跃升到更高的阶层。二是从原来所处阶层跌入较低的阶层。越是开放的社会，社会阶层的动态性表现得越明显；越是封闭的社会，社会成员从一个阶层进入另一个阶层的机会就越小。社会成员在不同阶层之间的流动，主要由两方面促成：一是个人的原因，如个人通过勤奋学习和努力工作，赢得社会的认可和尊重，从而获得更多的社会资源和实现从较低到较高社会阶层的迈进。二是社会条件的变化，如在我国“文化大革命”时期，知识分子被斥为“臭老九”，社会地位很低，但改革开放以来，随着社会对知识的重视，知识分子的地位不断提高，作为一个群体从较低的社会阶层跃升到较高的社会阶层。

8.3.2 社会阶层的决定因素

吉尔伯特（Jilbert）和卡尔（Kahl）将决定社会阶层的因素分为经济变量、社会互动变量和政治变量三类。经济变量包括职业、收入和财富，社会互动变量包括个人声望、社会联系和社会化，政治变量则包括权力、阶层意识和流动性。

（1）职业

在大多数消费者研究中，职业被视为表明一个人所处社会阶层的最重要的单一性指标。当首次与某人谋面时，我们大多会询问他在哪里高就和从事何种工作。一个人的工作会极大地影响他的生活方式，并赋予他相应的声望和荣誉。因此职业提供了个体所处社会阶层的很多线索。不同的职业，消费差异是很大的。例如，蓝领工人的食物支出占收入的比重较大，而经理、医生、律师等专业人员则将收入的较大部分用于在外用餐、购置衣服和接受各种服务。在大多数国家，医生、企业家、银行家和科学家是备受尊重的职业，近些年，随着信息产业的迅速发展，与信息技术相关的职业（如电脑工程师、电脑程序员、后勤管理经理等职业）日益受到社会青睐。

（2）个人业绩

一个人的社会地位与他的个人成就密切相关。同是大学教授，如果你比别人干得更出色，你就会获得更多的荣誉和尊重。平时我们说“某某教授正在做一项非常重要的研究”“某某是这个医院里最好的医生”，均是对个人业绩所作的评价。虽然收入不是表明社会阶层的一项好的指标，但它在衡量个人业绩方面却是很有用的。一般来说，在同一职业内，收入居前25%的人，很可能是该领域内最受尊重和最有能力的人。

个人业绩或表现也涉及非工作方面的活动。也许某人的职业地位并不高，但他或其家庭仍可通过热心社区事务、关心他人、诚实善良等行为品性赢得社会的尊重，从而取得较高的社会地位。

（3）社会互动

诚如前面所指出的，大多数人习惯于与具有类似价值观和行为的人交往。在社会学里，强调社会互动的分析思路被称为“谁邀请谁进餐”学派。这一派的学者认为，群体资格和群体成员的相互作用是决定一个人所处社会阶层的基本力量。

社会互动变量包括声望，联系和社会化。声望表明群体其他成员对某人是否尊重，尊重程度如何。联系涉及个体与其他成员的日常交往，他与哪些人在一起，与哪些人相处得好。社会化则是个体习得技能、态度和习惯的过程。家庭、学校、朋友对个体的社会化具有决定性影响。到青春期，一个人与社会阶层相联系的价值观与行为已清晰可见。虽然社会互动是决定一个人所处社会阶层的非常有效的变量，但在消费者研究中它们用得比较少，因为这类变量测量起来比较困难而且费用昂贵。

（4）拥有的财物

财物是一种社会标记，它向人们传递有关其所有者处于何种社会阶层的信息。拥有财物的多寡、财物的性质决定同时也反映了一个人的社会地位。对财物应作广义的理解，它不仅指汽车、土地、股票、银行存款等通常所理解的财物。它也包括受过何种教育、在何处受教育、在哪里居住等“软性”的财物。名牌大学文凭、名车、豪宅、时尚服饰，无疑是显示身份和地位的标记。然而，正如前面所指出的，对它们特别有兴趣的恰恰是缺乏这些财物或对其缺乏了解的人。

（5）价值取向

个体的价值观或个体关于应如何处事待人的信念是表明他属于哪一社会阶层的又一重要指标。由于同一阶层内的成员互动更频繁，他们会发展起类似和共同的价值观。这些共同的或阶层所属的价值观一经形成，反过来成为衡量某一个体是否属于此阶层的一项标准。不同社会阶层的人对艺术、对抽象事物的理解、对金钱和生活的看法所存在的不同看法，实际折射的就是价值取向上的差异。

（6）阶层意识

阶层意识是指某一社会阶层的人，意识到自己属于一个具有共同的政治和经济利益的独特群体的程度。人们越具有阶层或群体意识，就越可能组织政治团体、工会来推进和维护其利益。从某种意义上说，一个人所处的社会阶层是与他在多大程度上认为他属于此阶层所决定的。

一般而言，处于较低阶层的消费者会意识到社会阶层的现实，但对于具体的阶层差别并不十分敏感。例如，低收入旅游者可能意识到星级宾馆是上层社会成员出入的地方，但如果因五折酬宾而偶然住进这样的宾馆，他或她对出入身边的人在穿着打扮、行为举止等方面与自己存在的差别可能并不特别在意。在他们眼里，星级宾馆不过是设施和服务更好、收费更高的“旅店”而已，地位和阶层的联系在他们的心目中如果有的话也是比较脆弱的。相反，经常出入高级宾馆的游客，由于其较强的地位与阶层意识，对于星级宾馆这种“来者不拒”的政策可能会颇有微词。

8.3.3 不同社会阶层消费者行为差异

通常情况下，处于相同社会阶层中的成员有相似的兴趣、爱好，会表现出与该阶层相匹配的消费行为。不同社会阶层的消费者，会在诸多方面表现出差异化的消费行为。

（1）社会阶层与购物方式

处于不同社会阶层的消费者，在对购物商店、购物环境及支付手段等方面的选择呈现出很大的差异。消费者在长期购物活动中，会对不同购物场所的定位产生一定的认识。通常会选择与自己所处社会阶层或地位相适应的购物场所购买产品，很少去与自己社会地位相差甚大的场所购物。

处于社会下层的消费者因受到购买能力的限制，对价格较为敏感，多在中低档商店购物，且喜欢结伴购物。中层消费者对购物环境要求较高，喜欢到一些新开业的购物场所或折扣店购物。上层消费者对自己的购买能力非常自信，喜欢单独购物，偏向于选择环境幽雅、服务周到和名气显赫的商场购物。

当前，国内不同阶层的消费者在购物支付方式上也有所不同。通常，收入水平和教育程度都高的中上层消费者，更可能通过邮购、电话购物、网上购物等方式购买，常常使用电子银行、信用卡等进行支付，而教育程度和收入水平相对较低的下层消费者，则偏向于通过现金支付方式完成购买。

（2）社会阶层与信息获取和处理

处于社会不同阶层的消费者，在信息的获取与处理上存在较大差异。通常，随着社会阶层的逐渐上升，消费者获取信息的途径也会逐步增多。在社会底层的消费者只能从有限的信息源获取信息，对误导性和欺骗性的信息也缺乏足够的鉴别力。在购买决策中，他们更多地依赖身边的家人、亲友提供信息。中层消费者会比较多地从各种媒体上获得信息，且会更主动地进行外部信息收集。高层消费者则会拥有更多的信息获取途径，值得注意的是，特定媒体和信息对不同阶层消费者的吸引力和影响力也大相径庭，例如，越是高层消费者看电视的时间越少，因此电视媒体对他们的影响相对较小，他们更喜欢订阅报纸和杂志，可能印刷媒体的信息对他们的影响更大。消费者的社会地位越高，越具有发展观、全球观和长远的时间观，更倾向于关心国家大事。对新闻和时事也就更加关心，较低阶层的消费者则可能更加关注各种类型的娱乐节目。

（3）社会阶层与产品选择

消费者社会阶层的差异也会影响其对产品或服务的选择，不同阶层的消费者会选择不同类别的产品或服务。例如，研究表明，美国中产阶层常常会购买摩托艇、雪橇、豪华汽车或野营器具等产品；上层消费者更加愿意将钱花在私人俱乐部、子女教育、古董字画等文教活动上。在休闲活动选择上，不同阶层的消费者也表现出一定的偏好差异。例如，上层消费者倾向于在休闲时间去听音乐会，下层消费者则喜欢看电视或观看摔跤和拳击比赛等。

不同阶层的消费者即使在选择同一产品或服务时，也会表现出明显的差异。例如，同样购买住宅和家具，美国上层社会消费者会在有名气的社区购买住宅，喜欢选择社会名流作为自己的邻居，购买家具的档次和品位很高；下层消费者则没有过多的要求，也不太在意邻居的地位，家具只需要满足需求即可，档次和品位较低。

（4）社会阶层与价格敏感程度

处于社会底层的消费者对价格非常敏感，常倾向于购买低价产品，购买时也会把价格和质量联系到一起，认为价格反映一定的商品质量，中层和中下层消费者更多追求适中的价格，也会对打折商品感兴趣。但当产品价格过低时，他们也会产生怀疑，认为这必然意味着商品质量低劣，对于上层消费者而言，价格和质量是可以脱离的，因为他们评价和选择商品时，更多是依据自身的喜好或者注重商品的象征性。他们认为购买高价的商品是一种身份和地位的体现，越高的价格可能越会吸引他们，而过低的价格，他们可能视而不见。

案例链接

我国社会阶层结构

第一个阶层是国家和社会管理者阶层

他们是体制内核心部门的管理者或领导者。这个群体掌握最稀缺、在社会资源配置中处于优势的组织资源。由于实行“逢进必考”，且公职单位在我国职业市场中极具吸引力，整体看，我国公职人员队伍特别是进入中高管理层级的公职人员总体学历高，再学习能力强，拥有相对较高的文化资源。虽然这个群体的公开收入水平并不高，但由于福利保障较好，且不同程度地享受到一些职务便利，在社会资源和机会配置中处于优势地位。

第二个阶层是经理人员阶层，也是社会优势阶层

即在各类型企业中，虽然是非业主身份，但从事管理岗位，具有管理权力的高中层管理人员，包括国有企业、私营企业、外资企业的职业经理人员等。这个群体增长较快，2001年占比1.6%，2010年占比2.7%，当前估计占比超过3%。我国传统的经理人员阶层，主要是服务供职于国有、集体企业的中高级管理人员。随着现代企业制度的普遍建立，外资企业、私营企业大量出现，为了实现管理的专业化和职业化，主要依靠提供管理能力和经验、享有企业管理权力、超越工业社会“蓝领”“白领”的“金领”——职业经理人大量出现。

第三个阶层是私营企业主阶层

这是改革开放后的新生阶层，长期以来被认为是国内外衡量改革动向的风向标，目前占比大约为3%。他们是社会投资的重要力量，极大地带动了社会就业，也为底层人群提供了向上流动的空间、机会和希望。截至2014年年底，全国私营企业达到1546.37万户，注册资本59.21万亿元。企业投资人超过3000万。近年来，私营企业经济实力不断增强。在信息业、房地产、钢铁、化工、食品、零售等许多行业，出现了一大批体量巨大、在全国甚至在全球具有相当影响的企业。特别是20世纪90年代之后出现了一个新的财富群体，他们大多受到过良好的教育，利用电信产业以及互联网的兴起，在资本市场的推动下，财富快速增长。

第四个阶层是专业技术人员阶层

我们以前称之为知识分子阶层。知识分子阶层近30多年分化很大，有为数不少的知识分子分别进入党和国家管理者阶层、经理阶层、私营企业主阶层等。目前知识分子主要是指从事专业性工作和科学技术工作、具有中高级职业技术水平的人员。他们不占有生产资料，具有一定自主性，是体制内外的非体力劳动者。30多年来其人数规模持续稳定扩大，布局结构发生重要变化。体制内的专业技术人员，仍主要从业于公立的学校、医院、科研机构等单位，大约有3000多万人；但在体制外，随着企业竞争的加剧，对技术的要求不断提高，私营企业成为专业技术人员的孵化器。仅以信息产业为例，就出现了大量服务于私营企业的工程师。

第五个阶层是办事人员阶层

他们是协助单位和部门负责人处理日常行政事务的专职办公人员，是体制内外不占

有生产资料的较低层非体力劳动者，主要包括党政机关低层公务员、企事业单位基层管理人员和非专业性文职人员等。这个阶层在我国增长较慢。在国外，这个阶层也是中产阶层的一个重要来源。比如，在美国等专业分工很强的国家中，秘书是一个很庞大的群体，美国大约有200多万秘书，占就业人口数量的1%还多。

第六个阶层是个体工商户阶层

他们虽然不比私营企业主那样有实力，但在解决就业、增加财政收入、方便人民生活、促进社会稳定等方面也发挥着重要作用。近年来这个阶层人数稳定增长，经营规模持续扩大，有一部分经营者资产达到数百万元。截至2014年12月底，全国实有个体工商户4984.06万户，资金数额2.93万亿元。这个阶层是私营企业主后备力量，目前是城乡底层向上流动的重要阶梯，对我国经济社会发展和贡献不断增强。但同时，这个阶层量大面广，本小利薄，抗风险能力弱，由于城市管理、税收、社保等方面的制度支持不足，其变动频繁。

第七个阶层是商业服务业员工阶层

他们是商业和服务业中从事非专业性的、体力的或非体力的工作人员，包括体制内外第三产业中的受雇者和自雇者。在社会转型期，由于其技术要求低且无投资要求，所以能大量吸收劳动力阶层，但由于种种原因，2000年到2010年仅增加0.1%，发展严重不足。近年来，随着一些新技术、新产业、新业态的兴起，这个群体数量开始增长。比如，短短几年内，快递行业从业人员数量从几万增加到上百万。据中国快递协会预测，到2020年，全国快递从业人员总数将达到630万人。又如，旅游业的兴起特别是农家乐、定制游等各式旅游方式的出现，也成为商服人员就业的领域。

第八个阶层是产业工人阶层

这个阶层的一个变化是数量的变化。1978—1988年，产业工人占比由17.3%增加到22.4%，1997年增加到23.7%，2010年为22.7%。目前变化不大。随着我国工业化和城镇化的持续，未来工人阶层占比仍处数量上升期。另一个变化是体制内产业工人规模减小，社会经济地位总体下降，主人翁地位和风光不再。同期，体制外产业工人大增，出现了“农民工”阶层，人数达到2.6亿。他们为社会发展做出了贡献，但受到的制度性不公平待遇长期存在。农民工群体内部也在发生分化，出现了私营企业主、个体户、务工人员、无业或失业农民工等。

第九个阶层是农业劳动者阶层

2010年农业劳动者阶层占比是30.4%，比1978年减少37%。目前占比大约为25%。随着社会进步和新农村建设等政策推行，他们的现代意识日益增强，思想得到解放，观念得到更新，绝大多数农民的生活水平有明显提高。同时，在工业化、城镇化的进程中，农民阶层内部发生剧烈分化，出现了农业劳动者、乡镇企业工人、外出农民工、农村雇工、农村文教科医工作者、农村个体工商业者、农村私营企业主、乡镇企业管理者、农村管理干部等。总的来看，这个阶层规模仍然过大。从未来走向看，随着城镇化的推进，农业生产方式的改变，特别是农村年轻一代思想观念和生活方式的改变，其规模将来仍会进一步缩小。

第十个阶层是城乡无业失业半失业者阶层

包括生活处于贫困状况并缺乏就业保障的工人、农民和无业、失业、半失业人员。由于种种原因，他们沦为社会底层，基本不占有组织资源、文化资源和经济资源。

（资料来源：张林江：当前社会的十大阶层与其政策调试）

关键概念

社会群体　从众　参照群体　社会阶层　家庭　群体规范　群体压力　暗示　模仿

思考与技能实践

1. 基本训练

（1）简述社会群体的概念、分类以及特征。

（2）简述参照群体对消费者的影响方式。

（3）家庭生命周期分为哪几个阶段，每个阶段的特征有哪些？

（4）影响消费者从众的因素有哪些？

2. 技能训练

请分小组对某一产品意见领袖对消费者行为的影响进行分析。

案例分析

他们为什么这么激动和越轨

A市郊区的李家村本是一个非常平静的村庄，生活在这里的人们很团结和和谐，很少发生过激行为。李家村附近有一个旅馆。2003年4月下旬，“非典”扩散期间，旅馆服务人员发现入住人员中有一位疑似“非典”患者。A市有关部门立刻对这个旅馆实施了隔离措施。事隔一天，李家村流行了一种说法：旅馆里有多个“非典”患者，而且是从外地转移过来的，以后还将有“非典”患者入住。村民们群情激愤，立刻将旅馆包围起来。政府有关人员问：你们听谁说这个旅馆有“非典”患者？村民答不上来，但仍然不肯撤去。有几个带头闹事的人还抱来一些干柴，要把旅馆烧掉，一个情绪激动的人甚至将干柴点燃，幸亏公安人员奋力扑救，才没有酿成灾难。旅馆里被隔离的人员害怕被烧死，也迅速向外面跑，后被公安人员堵回。公安部门一方面用扩音器讲明真相，同时把村里几个德高望重的老年人集中起来，进一步向他们讲明真相和利害关系，让他们去做几个带头人的工作。后来经过多方努力，将事态平息下去，几个严重违法的人受到了法律的制裁。

1. 从上述案例分析群众容易产生从众行为的原因。

2. 群众的过激行为与谣言有直接关系，谣言是通过小道消息传播的。小道消息传播的途径是什么？为什么传得这样快速和广泛？

3. 请来村里几个德高望重的人向群众讲明真相，产生了积极的效果，这是为什么？

参考文献

[1] 徐龙，金志芳．消费者行为分析[M]．上海：复旦大学出版社，2008.
[2] 王旭．消费者行为学[M]．北京：电子工业出版社，2009.
[3] 符国群．消费者行为学：第2版[M]．北京：高等教育出版社，2010.
[4] 李东进．消费者行为学[M]．北京：机械工业出版社，2008.
[5] 费明胜，杨伊侬．消费者行为学[M]．北京：人民邮电出版社，2017.
[6] 张香兰．消费者行为学[M]．北京：清华大学出版社，2017.
[7] 肖立，孙爱东．消费者行为学[M]．北京：北京大学出版社，2017.
[8] 满丛英，蒋明霞，李子豪．消费者行为学[M]．武汉：华中科技大学出版社，2015.
[9] 王德胜．消费者行为学[M]．北京：电子工业出版社，2016.
[10] 张延斌．消费者行为学[M]．天津：南开大学出版社，2017.

图书在版编目（CIP）数据

消费者行为分析 / 庄小将主编. —北京：中国轻工业出版社，2024.6

高等职业教育“十三五”规划教材

ISBN 978-7-5184-1987-6

Ⅰ. ① 消… Ⅱ. ① 庄… Ⅲ. ① 消费者行为论—高等职业教育—教材 Ⅳ. ① F713.55

中国版本图书馆CIP数据核字（2018）第169670号

责任编辑：张文佳　李金慧　　责任终审：张乃柬　　整体设计：锋尚设计

策划编辑：张文佳　　责任校对：吴大朋　　责任监印：张　可

出版发行：中国轻工业出版社（北京鲁谷东街5号，邮编：100040）

印　　刷：河北鑫兆源印刷有限公司

经　　销：各地新华书店

版　　次：2024年6月第1版第6次印刷

开　　本：787×1092　1/16　印张：12.75

字　　数：330千字

书　　号：ISBN 978-7-5184-1987-6　定价：39.80元

邮购电话：010-85119873

发行电话：010-85119832　010-85119912

网　　址：http://www.chlip.com.cn

Email：club@chlip.com.cn

版权所有　侵权必究

如发现图书残缺请与我社邮购联系调换

240828J2C106ZBW